橙子 著

不焦虑

最好的养育是

CTS 湖南文艺出版社
HUNAN LITERATURE AND ART PUBLISHING HOUSE
博集天卷
CS-BOOKY

最好的亲子关系，
就是互不亏欠。
感受不到亏欠和压力的爱，
才是纯粹的爱。

感谢榨汁机先生、毛头、果果，
拥有你们，我很幸运。

经常抱抱孩子，
"拥抱"这个动作最简单直接地表达了"爱"。

只有那些有尊严、受尊重的孩子才可能拥有自控能力。

足够亲密，孩子爱你信任你，才会从内心认同你的话，
而不是表面上迫于强势而服从。

孩子虽然稚嫩，但是他们并不脆弱，
要让他们学会自己面对自己的情绪。

在养育孩子的过程中，我们常常忽略了真正的敌人——孩子的坏习惯。我们需要对抗的是孩子的坏习惯，而不是孩子本身。

多夸奖孩子，正向反馈是我们每个人灵魂里都渴望获得的东西。

亲爱的宝贝，

你值得被人爱护，你值得拥有最好的一切。

自序：为了不被亲生儿子气死，我变成了一个教育专家

我儿子，毛头小朋友，生来就有一种过人的天分——轻而易举就能把身边所有人搞崩溃。

他在婴儿时期就是个恶魔宝宝，不吃奶不睡觉，不分白天黑夜地哭闹，需要一刻不停地被抱着……为了让自己不至于被这个小东西折磨疯，我在当新手妈妈的阶段被迫学习了很多育儿知识，总算摸清了他的某些规律，读懂了他的一部分需求，也摸索出了很多可以搞定他的办法，也就有了第一本书《新手妈妈通关指南》。

总算熬过了苦难的婴儿时期，本以为这孩子长大了，能走会跑了，可以说话交流了，我应该会感到轻松一些，但是结果恰恰相反，这娃不但没有变得更好说话，反而脾气越来越大，成功从一个恶魔宝宝成长为一个大魔王，让养育他变成了一件更艰难的事情。

首先，他敏感得令人不可思议。

他的神经纤细得如同蛛丝，他能清楚地听见我会忽略的声音，感受到我毫不在意的震动，察觉到哪怕有一丝丝不对劲的气氛；他总是被某种轻微的不舒服折磨，可以凭空想象出很多并不存在的危险……

让他接受一个陌生的环境或者一个陌生的人，总是要大费周章。每一次带他出门，都是对我的心脏和血压的挑战；每一次奶奶或者姥姥来探亲，他

都要别扭很多天；每一次搬家或换学校，他都要适应很久，夜里总睡不好。这样"龟毛"挑剔的孩子，对老母亲的耐心真是极大的挑战。

然后，他还容易一言不合就崩溃。

上一秒还很开心，下一秒就大哭大闹的事情几乎每天都会发生很多次：水打翻了，衣服脏了，头发翘起来按不下去，他说的笑话我没笑，指甲变得不光滑了，妈妈换发型了，妈妈误解他的意思了，掉下来的球不是他想要的那个颜色的，有个他看不顺眼的人和他打招呼了……

不一定哪一件鸡毛蒜皮的小事就会引起一场情绪的暴风雨，不分时间地点，完全没法预防和阻止，这让我非常矛盾。

有什么话不能好好说，非要大闹一场呢？

最要命的是，他倔到一种让人生无可恋的程度。

这孩子几乎没有乖乖听话过，我无法用强迫的方式逼他去做任何事情。吼他一点用都没有，甚至打也不行，他非但不会屈服，还会进行更加激烈的反抗。只能用各种方法"套路"他，提前一点点铺路，让他感兴趣，让他觉得有道理，让他觉得这样做很自然，让他慢慢去习惯。如果他实在不愿意，我也毫无办法，最后不得不向他屈服。

有时候我觉得我并不是养了个孩子，而是供了个活祖宗。

养了这么个古怪孩子，不得不说，我对他的未来是很担心的。

毛头姥姥在毛头三岁的时候过来探亲，和他相处了两个月，回国之后给我打电话，郑重地问我：你现在给孩子买保险了吗？

我说，孩子这么小，不着急吧？

她说，早点买了吧，三岁看老，我看你家这孩子啊，出息不大，你得给他想想后路才行……

我听了真是很郁闷，但是又不得不承认姥姥说的好像有点道理。

这么一个"龟毛"穷讲究、爱发脾气、从不听劝的家伙，长大之后要怎么在社会上混啊？会不会招人讨厌，被人排挤，找不到对象，孤独终生啊？

摊上这样一个娃，对父母来说应该是最hard（困难）的模式了吧！

可娃是我亲生的，跪着也要养完，我有什么办法呢？日子还要继续过，父母的责任还是要尽到。

我只好继续拿起书本，学习如何对付这样一个有"spirit"（性情）的、"strong willed"（个性超强）的孩子，并试着去弄懂那些世界上非常先进有效的教育理念：正面管教、游戏力、有效沟通、情绪引导……身处北美国家的育儿环境中，也让我的思考和实践有了最佳的参照坐标！

人生总是知易行难，懂得很多道理，未必过得好这一生。为人父母也是如此，懂得很多育儿知识，未必能教育好一个熊孩子。

书上的理念只是死的文字，可熊孩子却是活生生的，"熊"得千姿百态，各有不同，如何把书上的理念用在自家独一无二的熊孩子身上，是为人父母最具挑战性的工作。

我非常温柔坚定，为什么孩子还是不肯屈服？

我和孩子使用游戏力，他为什么还是哼哼唧唧不配合？

我好好和孩子共情，他为什么还是哭个没完？

我教孩子说出情绪，他为什么还是无缘无故地发脾气？

…………

和孩子相处的每时每刻，我都会被类似的问题困扰，没有人告诉我答案，我只能继续摸索着往前走，不断地犯错，又不断地反思和调整，然后再犯错。

在这个过程中，我和孩子共同成长进步，也一起经历成长带来的种种阵痛：冲突与对抗、愤怒和崩溃、坚持或妥协……我经常自我怀疑，也经常感到悔恨和愧疚，有时甚至会感到失望和走投无路。

可岁月流转，毛头今年已经九岁了，看着他从那个敏感挑剔又倔强的小宝宝逐渐蜕变成一个友善、好学、自信、开朗、有爱心、懂规矩的小学生，我终于欣慰地发现，我还是做对了大多数事情。

如果你也有一个学龄前的倔强孩子，你一定会有很多和我当年一样的迷茫和矛盾：

孩子犯错误了要怎么办？是要严厉惩罚，还是要好好讲道理？

孩子大发脾气要怎么办？是要亲亲抱抱，还是不理他冷处理？

孩子不听话要怎么办？是要给他自由，还是和他死磕到底？

怎么让孩子养成好习惯？不吼不打能做到吗？

…………

对于所有这些困惑，相信你都可以从这本书里找到一个最简单、最可行、最接地气的答案。

作为成功养大了一个"宇宙超级无敌倔孩子"的"过来人"，橙子这里没有"鸡汤"，只有从数千个日日夜夜亲身带娃的实战经验中总结出来的实操技巧。

愿这本书可以帮助同样拥有一个倔孩子的你，在育儿路上拥有更多信心，更多力量。

CONTENTS 目录

第1章 习惯养成：让孩子主动合作

管教孩子有一个前提，就是孩子要在内心"认同"你，和你有足够的感情基础。

最好的养育是
不焦虑

第2章 **平等对话是实现良好亲子沟通的不二法门**

后来我发现，小孩子做出很多"不听话"的行为，根本原因是信息沟通不畅，家长根本没把话说得让孩子听懂，而且有可执行性。孩子消化不了信息，家长就开始训斥，孩子其实是很委屈的。

CONTENTS 目 录

第 3 章　培养学习力，让学习成为一件自然而然的事

比起"大人指出错误，孩子身心受挫地去改正错误"这种传统模式，孩子自我修正的过程才是真正充满内驱力和成就感的学习过程。

最好的养育是
不焦虑

第 4 章　**家庭教育是孩子整体教育的底色**

孩子是不是和你亲近，和你是不是有规矩、有原则无关，只
和你是不是用心爱他有关。

CONTENTS 目 录

第5章 放下焦虑，做自信妈妈

过于重视孩子的感觉和过于忽视孩子的感觉，本质上都是对孩子的一种伤害。没有人能够始终开心，父母的职责也并不是让孩子保持开心。

最好的养育是
不焦虑

CONTENTS 目 录

第6章 **对于多元的教育观念，我有自己的坚持**

很多家长推娃痛苦，是因为他们总喜欢把最复杂的任务留给孩子，把最简单的任务留给自己。

最好的养育是
不焦虑

习惯养成：
让孩子主动合作

管教孩子有一个前提，就是孩子要在内心"认同"你，和你有足够的感情基础。

想让孩子改掉坏习惯，
先放下家长的架子

闺密昨天很郁闷！

不，准确地说，她已经为这件事郁闷一年多了，昨天已经临近崩溃状态。什么事呢？很简单，她家娃的自我安慰方式是咬嘴唇，从五个多月开始，到现在快两岁了，没事就咬啊咬，困了累了无聊了更咬，嘴都咬肿了也不停。

传说中那些尊重孩子的办法一直在试：平心静气地提醒，讲道理，多表扬，转移注意力，尽量不让孩子闲着，引入其他安慰物，等等。没有用，依然咬。

她曾经用很激动的语气问我：打行不行？

这孩子来得坎坷，是闺密的心头肉，她本身也是个崇尚科学育儿、尊重孩子发展规律的妈妈，能问出这句话来，可见她已经焦躁成什么样子。她昨天和我说，她因为这件事失去了很多，只要母子俩在一起，她就忍不住要不停地提醒、制止孩子，搞得孩子都不喜欢亲近她了。而最令人沮丧的事情是，付出这么多代价，孩子的毛病依然没有改掉的迹象。

我的读者中也不乏这种急于想让孩子改掉坏习惯的焦虑妈妈。孩子总是"熊"的，有各种坏习惯：吃手指，尿裤子，爱发脾气，爱打人，夜醒要哄，等等。妈妈们纷纷表示，能想到的办法都用了，斗争得精疲力竭，依然收效甚微，打了当时会好，过后还犯，不打连当时的效果都没有，简直没辙了。

当然，不论让孩子改掉这其中哪一种坏习惯，我都可以讲出一堆应对办法。但是，我今天要讲的不是具体的技术问题，而是妈妈们面对这类问题的心态问题。**你战术再好再先进，就算赢得每场战役的胜利，整个战略不对头，依然会落得满盘皆输。**

那让我们想一想，如果真的把帮孩子改掉坏毛病比喻成打一场战争，那么交战的双方应该是谁呢？

在传统教育模式下长大的我们会凭直觉认为，对阵双方是英明神武的家长和不听话胡来的熊孩子。我们当大人的需要不停地指出孩子的错误，并且用各种方式制止孩子的坏行为，才能帮助孩子改掉毛病。当你这么想这件事的时候，你就会不知不觉地变成警察，孩子就变成了现行犯。你觉得警察和现行犯的关系能好得了吗？现行犯又真的会因为警察要抓他而不去做坏事吗？

不不不，现行犯会选择躲避警察，然后在做坏事的时候更加有打破禁忌的快感。用这种传统的"警匪模式"帮孩子改正坏习惯，耗尽精力却很难奏效，是因为我们根本就弄错了敌人。父母们，你们的敌人永远不应该是你们的孩子，如果你们不想让孩子也把你们当成敌人的话。在这场战争中，**我们需要对抗的是孩子的坏习惯，而不是孩子本身。**

我们要做孩子的战友，和孩子并肩作战，和坏习惯做斗争，就好像一起去战胜一个难缠的怪兽。改掉一个长期的坏习惯，无论对大人还是对孩子来说，都是不容易的。在这个过程中，**如果我们只是居高临下地摆起家长**

架子，去纠正去制止孩子，反而转移了焦点，你的对立态度会让孩子认为不能做这件事是因为爸爸妈妈不喜欢，而不会从内心认为做这件事本身是不对的。

如果孩子心里压根就不想改正，只是单纯躲避你的"追杀"，又怎么可能改掉毛病呢？做孩子的战友，避免和孩子陷入无休止的意气之争，消除内耗，才会让事情的焦点回到坏习惯本身上来，孩子才会产生真正的内驱动力去改变自己的行为。

只需要换个角度去想，你的想法和态度就会变化很多。

对待敌人，你无论怎么隐忍，怎么想保持风度，都不会有什么好情绪。紧张、焦虑、挫败、愤怒这些东西会不断消磨你的耐心，让你特别容易失控发火，也特别容易悲观绝望，丧失意志。对待战友，你内心会充满温柔。当他失败了，你只会心疼，安慰他不必灰心，下次再试，然后和他一起商量对策，争取下次不败；当他小有胜利时，你自然会欢呼雀跃，鼓励表扬。

当年给毛头做如厕训练的时候，我异常辛苦，明明他已经可以控制自己的大小便了，但就是不停地出"事故"，一天三五次是准准的，有时候明明憋得满地乱跑，也拒绝坐盆，气得我头昏脑涨。美国的公寓都是铺地毯的，一旦弄脏，特别难洗。这种状况持续了两周，终于有一次，我耐心耗尽，崩溃了，一边大哭一边冲着毛头使劲吼，把他吓得也使劲哭，事后我特别内疚后悔。

那天夜里，我看了许多关于如厕训练的资料，也好好梳理了自己的情绪，让自己从另一个角度来分析这件事情。其实，毛头尿裤子的时候是很害怕很内疚的，每次都会一边哭一边瞄我，因为他知道尿了裤子，妈妈会生气。就是因为有这种恐惧，他才想要逃避这种感觉，所以一直憋着，直到憋不住为止。

之后我再也不紧迫盯人，不停地问他要不要上厕所，再也不为他尿在裤子上发脾气，反而去安慰他，告诉他不要紧，妈妈没有生气，下次记得告诉妈妈帮你就好了。然后，很神奇的事情发生了，他出"事故"的频率不断降低，一周之后就不尿裤子了。后来这种频繁尿裤子的情况又反复出现过几次，我发现，只要我用帮助他的心态去应对，不出三天，他就会恢复正常。一旦我没忍住生气了，他尿裤子的行为就会变得更加频繁。

站在孩子的对立面，你只能看到孩子犯错不听话；站在孩子的同一侧，你才会看到他的脆弱和挣扎。现代所有的新式教养方式，包括尊重孩子的感受、PET①情绪控制、和孩子共情等等，都是建立在"和孩子站在同一侧"这个基础上的。

如果你内心依然觉得自己是大家长，是来纠正修理孩子的，那么无论你采用了多么科学的方法，都是只得皮毛不得精髓，可能还真没有直接呼巴掌有效。做新式父母，不光要有新的方法，也要能真正摆脱从原生家庭继承下来的心态。做到打心眼儿里尊重孩子，把他当成一个独立的人来对待，新方法才能奏效。如果你的孩子在你眼里浑身都是坏习惯，那就是时候好好检讨自己了。

---

① Parent Effectiveness Training（父母效能训练），美国心理学家托马斯·戈登博士创立的父母教育类课程。——编者注

为什么孩子
"怎么说都不听"？

橙子写了很多关于管教孩子的文章，也看了成千上万条留言，很多父母表示：懂得很多道理，却依然带不好一个娃。其实也没要求孩子能有多听话，但就连"不要打人""不要摔东西"这样的基本行为规范，孩子都遵守不了，上一秒纠正完，下一秒继续犯，让人绝望。有人看到熊孩子，就得出结论：就是打得少了。

也许吧，打孩子看起来确实包治百病，但真的要慎用，因为那只是一剂"止痛药"，治标不治本。如果你连病因都没搞清楚，就算一顿胖揍让症状有所缓解，那也是暂时的，你一眼没照顾到，孩子就又会开始"作妖"，因为病根还没除啊！

其实，每个孩子天生就想要满足父母的期待，被社会认可，没有一个孩子想要去当"坏孩子"。但是，他们为什么就是"怎么说都不听"呢？

把我家倔强难搞的毛头大魔王带到八岁多，现在带出去，终于人五人六像个守法好儿童了。再回望整个养育、管教他的历程，我终于可以跳出现象看本质，也终于知道每个"不听话"的小朋友都有他的苦衷。

一、听不懂

很多父母对孩子的期待有一道重要的分水岭。孩子会说话之前，把他当成"不懂事"的宝宝，什么行为都纵容；一旦孩子会说话了，就认为他什么都能听懂了，于是把他当成"懂事"的大孩子来要求，开始没耐心解释自己的指令，亲子冲突就开始大爆发。

其实，小孩子会说一个词，不代表他就确切懂这个词是什么意思；他懂你说的一些话，不代表他懂你说的所有话。学龄前的孩子对大人的语言都会进行不同程度的半蒙半猜，而且他们会为了取悦大人而努力表现出"听懂"的样子，但是其实很多时候，他们根本就不明白大人在说什么。

关于这个问题，第2章的《总觉得孩子不听话，你确定你说明白了吗？》一篇做了详细分析，这里就不具体说了。

总而言之，如果你觉得孩子不听话，首先反思一下你说的这"话"他真的明白是什么意思吗？你有没有用示范、举例、分步等各种方式来解释这"话"的意思？确认孩子明白你的"话"是什么意思，再来要求他"听话"。

二、做不到

很多父母可能意识不到，你的有些要求是超出孩子能力范围的，有的父母甚至要求孩子做到一些对大人来说也很难的事情。

譬如，让他们瞬间控制情绪——"不许闹""不许哭"。先问问自己，能不能每次都控制住，不对孩子吼叫？

譬如，要求他们具有优秀的意志品质——"忍着点""认真点""胆子大点"。先问问自己，你是不是一个勇敢、顽强、细心、谨慎的人？

譬如，要求他们控制无意识状态下的行为——不尿床、不走神、不吃手。先问问自己，能不能控制自己在无聊或紧张的时候不去摸手机？

更多的时候，父母会忽略孩子的年龄特点，对他们有不切实际的期待。

譬如打人这件事，很多父母会觉得这是品行问题，告诉孩子不许打人之后，孩子应该立即改好。但事实是，容易冲动打人是两三岁孩子共同的年龄特点，因为他们的语言能力和社交能力还不够成熟，没有能力妥善处理人际冲突，还需要慢慢学习。就算心里认同不应该打人，也难免有冲动憋不住的时候。所以，孩子反复犯错误是在情理之中的，大人要长时间耐心去纠正。

类似的问题还有下手没轻重、坐不住凳子、乱跑不知道危险、磨磨蹭蹭、粗心大意丢三落四等等。这些问题父母确实要干预，但是真的要做好长期斗争的准备，很多问题要等到孩子身体和心理足够成熟的时候，才能真正消失。

就像孩子刚能站起来，你不能要求他会跑一样，很多行为问题纠正起来需要的是细水长流的慢功夫，不是一蹴而就的，不要过分要求孩子。

三、陷入情绪中

被情绪淹没的时候，就算是成年人，也没办法运用理智行动。孩子就更是这样，当他们有情绪的时候，肯定什么话都听不进去。我们比较熟悉的是孩子遭受挫败或者非常生气的时候会崩溃大哭，这时候你说什么话都没有用，只能等他哭完。但是，就算孩子没有大哭，他依然会陷入某种情绪中，让本来就不多的理智更加"掉线"，表现出一副讨人厌的样子。

譬如孩子陷入"快乐"的情绪中，极度兴奋，不停傻笑的时候；

譬如孩子陷入"不爽"的情绪中，哼哼唧唧找麻烦的时候；

譬如孩子陷入"恐惧"的情绪中，缩成一团，想要逃离的时候。

太饿、太累、太热、有起床气等会引起身体不舒服的原因，也会让他们气鼓鼓，浑身带刺。这种情况下，他们已经被情绪淹没了，恨不得找个碴儿惹父母生气，然后爆发冲突发泄一下。

所以，你越是觉得孩子状态不对，越要保持冷静，不要被孩子的情绪带走，无论他多么不可理喻，一切道理都等孩子情绪平复的时候再讨论。如果你能够做到耐心安抚，贴心共情，那他们的情绪就可以快一点过去。如果你没有耐心去安抚，也可以试图转移他们的注意力，实在不行也可以什么都不做，等孩子的情绪自然消退。

把情绪的划归情绪，理性的才能回归理性。

四、要关注

缺乏关注的孩子会走两个极端，要么特别乖特别听话，什么事都要讨好大人；要么就特别淘气特别捣蛋，故意破坏规矩，搞出麻烦来让大人关注自己。从小被关注比较多，大了以后被关注变少的孩子会更倾向于后者。他们闯祸之后，虽然被训哭，但是内心暗爽，觉得就算有人来修理自己，也比没人理自己强。越是年龄小的孩子，需要的关注就越多，他们卖力地夸张表演，只是想告诉父母：看我看我快看我！

想要改善这个问题，还是那些老生常谈：平时安排固定的亲子互动时间，多和孩子进行肢体接触、眼神交流，经常对孩子微笑，主动和孩子多说话，而不是心不在焉有一搭没一搭地应付孩子。**孩子的内心被装满了，才不会一直要要要。**

要关注所带来的行为问题，最典型的一个例子就是在弟弟妹妹出生的时候，哥哥姐姐都会有不同程度的"返婴"现象：什么都不会了，什么规矩都不懂了，整天找各种麻烦。他们其实就是觉得父母关注婴儿太多，忽视了自己，所以想要抢回关注。

这个时候和他们讲道理或者惩罚他们，用处不大，多单独陪陪他们，让他们感受到你对他们的爱没有变，他们很快就会好起来。

五、不服气

管教孩子有一个前提，就是孩子要在内心"认同"你，和你有足够的感情基础。 如果亲密度不够，孩子就会觉得你没资格管他，无论你的道理多对，孩子对你这个人有意见，讨厌你，他都会不顾一切地和你作对，明着暗着反抗你。

并不是有血缘关系就是亲人，就算是亲生父母和子女之间，也要花费时间和精力培养感情。**足够亲密，孩子爱你信任你，才会从内心认同你的话，而不是表面上迫于强势而服从。**

经常看到这样的故事，小时候留守的孩子到了上学的年纪，父母把他接回身边，发现这孩子"被老人惯坏了"，根本没法管教。其实未必是被惯坏了，很可能只是孩子觉得父母陌生，对父母没有感情，"不服气"被父母管教而已。

六、父母行动力差

很多孩子不听话，是因为父母太懒，说太多做太少，只知道动嘴喊叫，却不想第一时间把屁股从凳子上挪开，去阻止孩子的恶劣行为，用行动告诉孩子：你这样做是不被接受的。如果没有行动，你喊得再大声，也是"纸老虎"。

当孩子做了不应该做的事情时，请一定先动手，再动嘴。想象一下，孩子要去捅电门，你还会坐得稳稳的，只用嘴巴喊吗？你一定会先把他抱开，再和他说不能捅电门吧。所以，请让纠正孩子的坏行为变成和阻止孩子捅电门一样十万火急的事情：

孩子打人：立马跑过去把孩子从被打的孩子跟前弄走，然后再和他说不许打人。

孩子摔东西：立马跑过去把他能摔的东西捡走，让他无东西可摔，再和他说不许摔东西。

孩子在安静场合大声喧哗：立马把他带离那个安静场合，再和他说这里不可以大喊大叫。

请坚持在孩子每次越界的时候都采取行动，坚持几十次上百次，让孩子知道你的坚决和底线，并且开始习惯，孩子才可能呈现出"一说就听"的样子，因为他知道，即便他不听，这道线也无论如何都过不去，自然就不会去浪费力气了。

养育孩子是个大工程，管教孩子也不是件容易的事，每个孩子的个性不一样，每个家庭的环境也不一样，导致孩子难管教的原因就更加不一样，有的是单纯的原因，有的是综合性的原因。希望父母们看到孩子身上的问题时，可以冷静思考，对症下药，而不是简单粗暴地给孩子贴上一个"不听话"的标签。

家长学着放手，
孩子更能分床睡

如果你家有个入睡困难的娃，每天需要陪睡，那真是一件非常令人痛苦的事情。

没经历过的人很难懂得，虽然躺在那里，全身却是僵硬的，想睡却总被吵，熊孩子一会儿找你说话，一会儿要你挠痒痒，一会儿又要在你身上滚来滚去。想醒着，等娃睡了做些自己的事情，却需要很强的意志力，什么解闷的事情都不能做，连翻个身都不太敢，经常最后撑不住，和熊孩子一起睡过去。

这样和孩子同步作息的日子，过一天两天可以，时间长了就会让人感到窒息，就好像待在一座无形的监狱中，没有娱乐，没有放松，没有自我，以及没有性生活……严重影响身心健康。

听说全世界都欠陪睡的妈妈一个拥抱。说得不对，拥抱哪里够，欠陪睡的妈妈一个假期和一个心理医生还差不多！

于是，很多陪睡的妈妈经常控制不住自己的情绪，陪睡时间一长，就焦躁不堪，最后经常吼或揍，才能放倒熊孩子。看着孩子哭哭啼啼地入睡，自己也很后悔，但是第二天依然会发火，陷入死循环。

见有的妈妈说，孩子晚上9点钟上床，折腾到11点钟还是睡不着，简直让人崩溃。睡个觉而已，为什么就这么难？我已经尽力陪着了，为什么还是睡不好呢？

问题就出在这里，很多孩子之所以难以入睡，就是因为有妈妈陪。

陪着就难免会有各种互动，影响睡意

想象一下你晚上躺在床上刷手机，疲倦又坚强地支撑着娱乐的感觉吧。孩子躺在床上也一样，不同的是，他不是用手机来娱乐，而是靠你娱乐。妈妈躺在孩子旁边本身对孩子来说就是一种娱乐诱惑，而且孩子不像你，要考虑第二天上班是否起得来床，他第二天又没有什么事情，只想拉着你整夜"嗨"！不动弹是吗？我戳戳脸挖挖眼睛，看你会不会动弹。找个理由呢？妈妈平时好像对上厕所、喝水、看书这种事情非常鼓励啊，一个一个试试看吧！反正不想睡的孩子会把你的底线踩一遍，确认你真的"关机"了或者"爆炸"了，才会罢休。所以，越是没底线、对娃有求必应的大人，陪孩子入睡的时间越长。是人都贪玩，有娱乐项目，谁要睡觉呢？

陪着让孩子担心妈妈离开，不敢睡

就算你陪孩子睡觉只是单纯扮演一个静态安抚物，坚决不互动，依然没办法治好孩子的"入睡困难症"，除非是那种一闭眼睛就像块木头一样睡一夜的"睡神"娃娃。鬼精的孩子总有一天会发现，自己睡着之后，妈妈会离开。从此之后，即便你陪着孩子睡，他心里也会不踏实：我一睡着，妈妈就可能会走，那我尽量不睡，看着妈妈好了。

于是，陪睡就变成了"撑着不睡"大赛，你等娃睡着想要离开，娃等你睡着才踏实，直到有人输了为止。虽然孩子一般撑不过大人，但他们撑一两

个小时还是可以的。这一两个小时，大人孩子都无比难受啊，何苦来哉呢？

总而言之，陪睡本身有时候是对孩子入睡的打扰，表面上好像不陪不行，但是你会发现，不陪孩子反而睡得多，睡得踏实。

在这方面，我是有亲身经历的，我家毛头和果果在两岁左右的时候，都因为环境改变开始要求陪睡。一开始还是很和谐的，睡得很快，5～10分钟就睡熟了。渐渐地，入睡时间越来越长，经常会出现一个多小时还睡不着的情况。

我还不是躺在床上陪，是坐在床边陪，还可以刷手机解闷。即便如此，也很折磨人，后来还是下决心慢慢断掉陪睡。虽然来回拉锯了很长时间，但断掉陪睡的效果还是很好的，又能恢复到10分钟之内就睡着了。那么，对于习惯让大人陪睡的孩子，如何才能断掉陪睡呢？下面提供一些"套路"：

1. 装饰新房间

如果你计划给孩子分房，那就让孩子参与到布置自己卧室的过程中，让他自己挑床单和被子枕头的花色，最好有他最喜欢的动画形象，譬如"小猪佩奇"床单之类的，这样会非常吸引孩子。当然，买一张有主题的床就更锦上添花了，譬如男孩子喜欢的赛车床或者女孩子喜欢的公主床。

还可以用孩子的照片和绘画作品布置房间的墙壁，买一些孩子喜欢的家具，让孩子把自己最喜欢的玩具挪进来，随便他如何摆放，让这个房间留下孩子个人喜好的烙印。

布置完房间，孩子肯定很兴奋，很想住一下。这个时候，你不要着急顺杆儿爬，先憋他几天，把孩子的兴奋点憋到最高，再找一个比较特殊的日子，譬如生日、节日之类的，开放这个房间给孩子睡。开放之前，孩子可以持续装饰这个房间，他花的心思越多，对这个房间的感情就越深。

2. 熟悉新的房间和床

新的房间、新的床品对孩子是有吸引力的，但是效果有限，很多孩子在自己的房间睡个一宿半宿之后就不干了，就会无情地抛弃新房间，说什么都要回到大床上。因为对孩子来说，新房间只是"新鲜"，但是不够"熟悉"，就像酒店再舒服，总让人少了一份"心安"的感觉。

所以，你要在与孩子正式分房之前，给他足够的时间来熟悉自己的新房间，平时要多和孩子在新房间里玩，尽量陪孩子在新房间午睡。

如果午睡这事变得天经地义了，你就可以开始尝试晚上陪他在新房间入睡了，孩子躺在床上，你搬把椅子在旁边坐着陪。如果孩子无论如何不接受你在旁边坐着陪，那你可以在孩子房间打个地铺，表示我会在旁边陪你睡，让孩子放松戒心。等孩子非常习惯在新房间里和妈妈不同床睡觉之后，就可以开始进行下一步——正式"戒陪睡"了。

3. 暂时离开法和逐渐远离法

在陪睡的过程中找借口出去一下，一开始只是出去拿个东西，半分钟就回来，然后可以是上个厕所、打个电话、洗个澡，总之时间越拖越长，每次陪睡，都借口离开2~3次，让孩子习惯"妈妈会出去"这件事，从而让他有机会慢慢熟悉自己待在卧室里的感觉。在间歇性离开的同时，也可以尝试离孩子越来越远。一开始坐在床边，孩子习惯了以后，可以不着痕迹地把椅子往远处挪一些，习惯了再往远处挪一些，渐渐坐到门边陪。一直到最后把椅子挪出房间，坐到走廊上孩子能看到的地方陪。

4. 正式不陪

当你可以坐在门外陪，孩子也没意见的时候，那你离成功就只有一步之遥了。下一步，你可以尝试在孩子隔壁的房间陪，和孩子说，妈妈就和你隔着一堵墙，你说话我都能听见，有事了可以叫我。孩子一开始可能会找各种各样的理由，想把你叫进房间，这个时候屁股要沉一点，能动嘴皮子就不要动腿脚，尽量及时用语言来安慰孩子：

怎么了啊？

喝水吗？水杯在桌子上。

哦，知道啦，我明天给你弄！

就算非要进孩子的房间，也要尽快离开。其实那些事都是次要的，孩子只是想确认你没有走掉，会一直在不远的地方，他在这里并不是一个人。一般来说，孩子不会总那么紧张地叫人，一般折腾个两三天，发现妈妈确实一直在隔壁，也就安心了。

这样，"戒陪睡"就完成了。

当然，之后会有反复，孩子有时候心情不好，会撒娇让你陪。你可以先说不可以，表个态，然后退一步，说妈妈只能陪你10分钟，10分钟一过，不管你睡不睡，妈妈都要走哦！对比一下，总比不陪好，孩子一般是会接受这样的条件的。或者给孩子画两张陪睡特权券，说一个月可以陪两次，具体什么时候用特权券，让孩子自己决定，让孩子有一种掌控感。这也是一个很好的方法。

几个让家长事半功倍的小贴士

1. 睡前要有足够的互动

孩子睡觉前，一定要和孩子进行大量密集的亲密接触，抱啊亲啊蹭啊，最好达到一种让孩子觉得你太黏人有点烦的程度，这样他会更加享受自己睡一个房间的清净的感觉。

有的孩子晚上之所以不愿意睡，只是因为舍不得放弃和妈妈在一起的时光，所以孩子独立入睡的时候，要和孩子进行一段高质量的睡前互动，可以给娃从头亲到脚，拉着小手温柔地说一会儿话，抱着他揉来揉去，等等。让孩子和你"腻歪"够了，他就不会因为想念你而跑出来了。

2. 让孩子带着喜欢的物品上床

我家果果的大半张床都被她的各种物品占领了，包括安抚小毯子，各种毛绒玩具、娃娃，甚至好看的盒子、喜欢的书，等等，身边围着一圈，她也不嫌翻身会硌到，反正她都喜欢，都要陪着她。有喜欢的东西陪着，孩子会觉得更有趣味性，也更有安全感。

实操中可能出现的问题

1. 半夜爬回大床怎么办？

最好能把娃抱回去，让他喝口水，安抚一下，再让他接着在自己房间睡。但是，三更半夜实在太困，很难贯彻这一点，实在要上大床睡，那也可以，但是要要求他立即睡觉，不能乱动。而且，要守住孩子在自己房间入睡的底线。

孩子慢慢长大，运动量更大，睡得更熟，独立性也越来越强，半夜跑过来的现象自然会消失。

2. 嫉妒弟弟妹妹睡在大床上怎么办？

俩娃家庭，总是很难让大娃分床分房睡，因为吃奶的小娃一般都会整宿睡在妈妈旁边，把大的赶走，会感觉偏心。其实，只要和孩子说清楚了，他就不会觉得你偏心：弟弟妹妹小，需要妈妈就近照顾，你这么大的时候，妈妈也一直搂着你睡啊，你要自己睡，是因为你长大了，弟弟妹妹长大了，也要像你一样睡自己的小床。

你还可以给大娃看他小时候睡觉的照片和录像，证明妈妈对待两个娃是一样的。我家果果婴儿时期也和我睡一个房间，毛头哥哥自己睡一个房间，哥哥明白这个道理，并没有嫉妒妹妹。

3. 实在不肯分怎么办?

当然了，不排除有死硬派的娃，死去活来就是不肯分开睡，努力半个月也不见有进展。遇到这种情况，也不必硬分，可以等孩子再大一点再试。但是，折腾过这么一回，至少要取得一些阶段性的成果。譬如，以前必须躺在床上陪，现在可以坐着陪了；以前走开一步都不行，现在可以暂时走开一两分钟了。

只要有一个分离的趋势，以后的事咱们细水长流，慢慢扩大战果。

说了这么多，橙子不是要劝所有家长都不要陪睡。有些父母陪孩子睡很舒适很开心，孩子入睡也快，继续这样睡下去也没什么问题，不会影响孩子的独立性。到底要不要继续陪，主要取决于你自己的感受，如果你觉得陪睡让你难受难过、心浮气躁，总想发火，而且孩子依然入睡困难，那陪睡这件事就非常不适合你和孩子了。

当妈妈已经很辛苦了，如果再一点自己的时间都没有，那就太可怜了，爱孩子，也得爱自己。不陪睡，孩子一样会和你亲；不陪睡，孩子一样有安全感。如果你真的因为陪睡而心力交瘁，那就是时侯做出一些改变了。

如何让害羞内向的孩子
学会和人打招呼?

毛头七岁了,我终于看到他可以大大方方、自自然然地和老师、朋友说"hello"(你好)和"bye"(再见)了。果果四岁,依然有时说,有时拒绝,就算说了,也还是会扭扭捏捏,声如蚊蚋。但是,他们都比我强,我学会这件事的时候,已经十五六岁了,而且仅限于对认识的人,才能做到很自然。

事实上,直到现在,我还是有一点"和陌生人打招呼"焦虑症。迷路的时候,就算遛断腿,也不愿意找人问路;逛商店的时候,如果导购员第二次过来问我需要什么帮助,我就没心思逛了,只想赶紧走掉。刚到美国的时候,住的镇子民风淳朴,人口又少,就算陌生人在大街上打个照面,也默认要说声"hello"。本来是挺友好温暖的一件事,却给我增添了许多烦恼,虽然我也可以打招呼,但是总觉得压力很大,一看到对面来人就紧张,经常为此改变行走路线。

作为一个轻度"社交恐惧症"患者,我觉得自己根本就没资格要求孩子和人热情地打招呼,因为"热情地打招呼"在我的整个童年里就一次都没有成功实现过。

我妈从一开始耐心地教,仔细地讲道理,到烦躁地抱怨,再到严厉地训斥，甚至动手打我，我一直死不开口。最后她黔驴技穷，终于来了招狠的：大冬天的让我站在街上，去找陌生人问时间，问不来就不许我回家。于是我就站在大街上哭了一个多小时，冻得手啊脚啊脸啊都没有知觉了，依然没把这个时间问来，到底把我妈哭得没脾气了，就让我回家了。

问时间这么可怕的事情，别说让我挨冻，估计上老虎凳、辣椒水，我都不会去做。张嘴打个招呼而已，为什么就能搞得和赴死一样？

我妈这种外向型的母亲，可能永远都不理解一个内向慢热的孩子内心的痛苦。对一个内向型的孩子来说，和一个亲近熟悉的人说话互动，尚且要耗费很多精神力量，主动和一个自己不熟悉的人说话，这道题根本就"超纲"了。

因为内向的孩子关注的是内心世界，只有对走入他们内心世界的人、事、物，他们才会采取主动姿态，所以内向的孩子在熟悉的环境中和亲近的人相处，会更加轻松自在。面对不太熟悉的人，他们首先会感到紧张，充满压力。等经过一段时间的观察和相处之后，变得熟悉了，内向的孩子才会敞开心扉，愿意交流。

需要多长时间呢？时间会随着孩子年龄的增长而减少，一两岁的孩子可能需要一两个小时，上小学的孩子可能只需要几分钟。问题是，内向孩子的父母基本等不了这么久，总期待孩子在见到来人的两秒钟之内就打招呼，如果做不到，就开始"扣帽子""贴标签"，这就给孩子造成更大的压力，让孩子直接破罐子破摔了。

我记得我小时候每次碰到我妈的熟人，还没做好心理建设，我妈就已经开始抱怨我"不懂事""不知道叫人""教了多少遍都没用"了。她一抱怨完，我反而感觉解脱了，反正都已经被"定罪"了，也别白担这个罪名，直接不开口了，不开口我还更舒服一些，反倒感觉赚了！

正因为自己经历过这些，当我家两岁的毛头对笑着和他打招呼的老奶奶翻白眼儿的时候，我虽然感觉自己的老脸都被他丢尽了，还是生生忍住了把他拎出来训一顿的念头，觍着脸和老奶奶说，我家娃慢热，需要时间，以后和你熟了就好了。

虽然要求内向娃和陌生人自来熟有点强人所难，但是毕竟我们都生活在社会中，有必要学会对他人友好、礼貌、尊重，不期待孩子能和陌生人侃侃而谈，说句"hello"和"bye"还是应该的，总不能由着娃一直对人翻白眼儿啊！

于是我开始进行艰难的尝试，摸索出了一套针对内向孩子的"礼仪训练方法"，下面分享给大家。

第一步，先不要求孩子主动打招呼，只要求他保持微笑。如果不想回答对方的问题，笑笑就好。如果可以做到这一点了，就进行下一步。

第二步，教孩子说"拜拜"。因为分别的时候，孩子已经和对方稍微熟悉一些了，说"拜拜"压力会更小一些。如果说不出来，可以让孩子用肢体语言来表达，譬如挥手。每次都要求孩子说"拜拜"，并且给他一分钟时间，实在不肯说，再让他用挥手代替。如果可以做到大声说"拜拜"了，就进行下一步。

第三步，教孩子微笑着一边挥手一边说"嗨"。就这样简短的一个音，不复杂，非常好说，压力会比较小。如果"嗨"也说不出来，那就先学会微笑着挥手。同样每次都要求孩子说"嗨"，并且给他一分钟时间，实在说不出来，就温柔地和他说："这次不行，那我们下次再说吧！妈妈相信你下次一定可以做到。"如果能做到说"嗨"了，就可以要求孩子说更复杂的打招呼用语，譬如"早上好"。每次孩子说出来之后，都要记得表扬他很棒。

　　第四步，教孩子"叫人"。千万不要期待孩子一夜之间就能学会所有亲戚朋友的叫法，这太复杂了，小孩子对不太在乎的人是有脸盲症的，我小时候就永远分不清我三个亲舅舅。所以，先从孩子每天都能见到的最熟悉的人开始，譬如幼儿园老师，要求他在打招呼和告别的时候加上称呼——"嗨，张老师""张老师再见"。称呼老师会了，再教他称呼一个经常碰到的邻居或者亲戚。从熟悉到陌生，一个一个地教，就越会越多了。当然，多了就容易忘，如果孩子忘了或者叫错了，要温柔地提醒他，而不能责怪他或者笑话他。

几件需要注意的事情

　　第一，在整个礼仪训练过程中，做父母的要保护孩子，不要让别人攻击孩子"不懂事""不大方""不开朗"等等，要平静地告诉对方，我们孩子性格很好，只是他对你不太熟，比较慢热，熟悉之后他可会说了。这样可以提升孩子的自信心。

　　第二，当父母的平时也不要总贬低孩子的外貌，说孩子皮肤黑眼睛小之类的，就算你充满爱意地说，孩子也会意识到自己的缺点并开始在意，产生自卑感。自卑的孩子在接触不熟悉的人时，内心戏就会很多，总害怕别人眼里的自己不够好，就更难从容去面对。

　　第三，当父母的在生活中也要做表率，尽量多找机会说问好和告别的用语，哪怕夫妻之间也要多说，让孩子觉得问好和说再见是一件很自然的事，随口就说，不需要特别郑重。

　　第四，孩子学会了打招呼这些事之后，可能一开始做得很好，过一阵又觉得别扭，不愿意说了。这也很正常，实在不愿意就算了，用肢体语言代替就好，过一阵他又会愿意的。

　　这个训练过程会很长，可能会长达数年，中间可能会遭遇很多尴尬情况，孩子不能活泼可爱地"撩"人，确实很让老母亲没面子。但是，比起"给我长脸"，我更倾向于让孩子把学习社交礼仪当成人生中的一个小挑战：这方面你固然做得不好，但是没关系，妈妈可以一点点教你，给你时间和空间，让你慢慢去克服害羞的心理，这对你来说有点难，但我相信你可以做到。

　　愿每个害羞内向的孩子都被世界温柔以待。

怎样让孩子在享受快乐的同时，又拥有自控力？

糖果吃多了会让孩子嗜甜，引起蛀牙和肥胖，还会增加患糖尿病的风险。

垃圾零食热量高，没营养，吃多了会影响正餐食欲，让孩子缺乏营养。

手机、电视等电子产品看多了，不光会影响孩子的视力，还会破坏孩子的专注力。

……………

每当看到这样的科普内容，很多父母的小心肝都会发颤，暗暗下决心：唉，这些东西害处这么大，真不应该纵容孩子，我要当好父母，做正确的事！可是，回头面对孩子恳求的眼神，乃至不被满足时的哭闹，又会纠结无比，没两下就"破功"：好吧好吧！今天吃最后一次/再看最后10分钟！然后，当你发现孩子不肯好好吃饭，或者一边看电视一边狂揉眼睛的时候，又很想扇自己。

这个世界太邪恶了，为什么总有那么多让人快乐但又危险的东西来勾引孩子呢？

很多父母为了让孩子养成好习惯也是很拼，不惜伤敌一千，自损八百——从来不给孩子买零食糖果，也不让孩子看见任何电子产品，觉得规矩严一点，就能控制住孩子。

　　但是，孩子不可能永远生活在父母给他建造的象牙塔中，他总有一天会从其他渠道接触到这些东西。当他品尝到糖果零食的滋味，体验到玩电子产品的乐趣，那种致命的诱惑只会反扑得更加厉害。你越是严防死守，孩子越会开动脑筋和你玩各种心机，想方设法地得到他想要的快乐，不惜欺骗父母，甚至偷盗……

　　橙子从小牙不好，我妈一直禁止我吃任何甜的东西，可是越禁止，我越嗜甜。六岁的时候，为了买糖果，我偷偷把家里存钱罐里的硬币挖光一大半，我妈发现后，把我一顿好打，但我依然无法抑制想要吃糖的欲望，抓住一切机会搞糖吃。直到成年后，我依然对甜品没有丝毫抵抗力（人胖是有原因的），每次吃到甜的东西，不光会有口舌上的愉悦感，甚至心理上也会有一种打破禁忌的快感，可以说是落下病了。

　　正因为我本身有这个经历，所以我对这个问题也思考了很多，我觉得**严防死守不让孩子接触这些东西是双输的做法，不但肯定守不住，还会使亲子关系产生裂痕，甚至会让孩子产生强烈的心理失衡——“别的孩子可以，我为什么不可以”，最终出现心理问题。**

　　而且，当孩子长大开始社交的时候，这些好吃好玩的东西还是社交货币。譬如说，小朋友的父母分零食糖果，就你家娃说妈妈不让吃，是不是显得有点不给面子？譬如说，所有小朋友都在谈论《小猪佩奇》《汪汪队立大功》，就你家娃不知道，是不是会感到被排斥？孩子上小学之后，更要靠这些吃喝玩乐的东西来交朋友，水至清则无鱼，越是那种“洁身自好，家教甚严”的孩子，越是没朋友。这对孩子来说也是很残酷的。

　　所以，完全不让孩子接触肯定是不行的，问题是怎么接触才能让孩子在感受到快乐的同时，又拥有自控能力？

　　橙子的两个娃长这么大，都有自己的小嗜好，毛头爱玩游戏，果果爱吃糖（遗传这种事情不得不服），但是他们在我适度的提醒下都能做到有节制，基本没有因为这种事闹腾过。我个人也有一些心得和大家分享。

一、让成长有仪式感，并制定规则

　　现在很多孩子都不想长大，为什么？因为越长大，父母的要求就越多，要学这学那，要自理，要遵守规则，要自己玩……听上去好像没什么好事情啊！那为什么不打滚卖萌当个小baby（宝宝）呢？所以，**我们要让孩子认同自己是个大孩子，并用更成人化的标准来要求自己，就要让他感受到长大的好处**。譬如，长大了就可以吃一点糖，喝一点饮料，晚睡一点，可以看电视，乃至可以有一些自由支配的零花钱。

　　孩子每过一个生日（不一定是生日，节日也可以），你就可以正式地宣布一项他的"成长福利"：你又长大了，从今天开始，你每天可以吃一些甜食，看一段时间电视。（搞这个仪式还有个好处，就是在宣布之前，你可以用更人性化的方式拒绝孩子：你现在不能吃糖，你还不够大，再过两个月到三岁就可以吃了。）

　　而具体吃多少甜食，看多少电视，在什么时间、什么地点可以看可以吃这种细节，你需要让孩子参与讨论："电视虽然很好看，但是看多了对眼睛不好，所以不能一直看，你觉得每天上午吃零食的时候看一集《小猪佩奇》，你可以接受吗？"如果不能接受，可以让孩子提出自己的意见，然后和他讨价还价一番，最后把讨论结果写在纸上，贴在墙上。孩子不认字也不要紧，重要的是写在纸上会有一种仪式感，让孩子觉得这件事很郑重。

　　当然，最终定下规矩的是你，但只要让孩子参与到制定规矩的过程中，孩子就会对这个规矩更加认同。

制定完规矩的一段日子里，孩子会有试探底线的行为，提出"再看最后一分钟好吗？"，或者撒泼耍赖哭闹。你要温柔地安抚他的情绪，并且坚定地坚持原则，在孩子停止哭闹之后，再给他读一遍纸上的内容，让他知道规矩就是规矩，不可以破坏。孩子试探几次之后，知道底线所在，以后就会自动遵守了。

二、接纳孩子的嗜好，并和他分享感受

一切管教的基础都是和谐的亲子关系，只有当孩子喜欢你、依恋你、信任你，和你有足够的感情联系时，他才会从内心深处认同你的想法，你才有可能真正从内部影响他。如果你只是一个规矩的制定者，总是冷冰冰地讲大道理、数落人，不停地挥舞惩罚大棒，孩子就算乖乖执行了规矩，也会心不甘情不愿，一旦逮到机会，就会钻空子。而接纳孩子的那些小嗜好，并和孩子分享从中获得的快乐和喜悦，就是走进他们内心的一条捷径。

你可能一点都不喜欢吃糖果零食，也可能觉得孩子看的那些电视、玩的那些游戏简直"弱智"爆了，但是也不要轻易贬低孩子的这些心头所好，还是尽量拼一拼演技。让孩子和你分享糖果零食，并且装作觉得很好吃，很感谢他分享的样子；和孩子讨论动画片的情节，并且装作很感兴趣的样子。让孩子觉得你是理解他的，和他是"一国"的，然后他看见你很有节制，他也会有样学样的。

三、充实孩子的时间，让他不无聊

大多数时候，那些喜欢不停地吃糖果零食或者看电视没够的孩子，都是

感觉大把时间无处挥霍的孩子。家长或者没有高质量地陪伴孩子，或者没有给孩子足够的室外活动时间，或者没有给孩子安排他感兴趣的活动，或者没有注重培养孩子自己玩耍的能力，孩子待在屋子里无聊透顶，想打发时间找乐子，那除了看电视和吃零食，他还能做什么呢？

其实，如果你仔细安排，会发现孩子每天的时间是很珍贵有限的，除去吃饭、睡觉、洗澡、上厕所的时间，剩下的时间充其量也就六七个小时，他需要至少两个小时的室外活动时间，至少一个小时的亲子共读时间，至少一个小时的互动游戏时间，剩下的时间你还需要和他搞点益智活动，画画、认字、拼图、做手工什么的，还要和爸爸有一定的"家庭时间"，没准还想培养点艺术体育方面的兴趣爱好……只要你想安排，时间只会嫌不够啊！孩子每天规律生活，到什么时间就有什么样的事情去做，每分每秒都很充实，就根本没什么机会为打发时间而去看电视、吃零食。

四、受到尊重、有价值感的孩子才有自控力

我们这样费尽心机地"管"孩子，最终目的其实是"不管"，**我们需要给孩子提供足够合适的环境，让他能够在成长的过程中学会自己管理自己，学会克制不放纵自己，这才是"管"的意义。**简单粗暴地严防死守、紧迫盯人，只会让孩子丧失自控能力，把所有管理自己的责任推给家长，自暴自弃地当提线木偶，一旦脱离家长控制，整个生活就会混乱坍塌。你应该见过太多考上大学之后就完全停止学习，天天只顾着打游戏，连按时睡觉都没法做到的年轻人吧。

那么，什么样的孩子才有自控能力呢？**只有那些有尊严、受尊重的孩子才可能拥有自控能力。**因为有尊严的孩子会从父母的反馈中感受到自己足够

好，对周围的人有价值，并且有能力控制自己，他会情不自禁地想让自己变得更好，而且会受不了自己不好的样子。

反之，如果孩子所处的环境充满指责和否定、冷漠和嫌弃、功利化的奖惩等等，他一切行为的驱动力就全都来自外部，内心却对自己充满否定，一旦外部力量不够，内心的力量就不足以支撑自己，他就会毫无节制，沉迷于某些事物。

所以，在给孩子定规矩的时候，一定要充分尊重孩子，在孩子熟悉规则之后，尽量设计让他自己管理自己的方法，譬如可以把遥控器给孩子，在节目结束的时候，让他自己关掉电视；糖果罐子放在那里，画好日历，让他自己去拿，不要像防贼一样防他，用吼叫来控制他。这种做法其实包含着父母对孩子的信任：你长大了，可以为自己的一部分行为负责了。孩子也会因为感知到这件事而变得更加有自尊、有自信，这种孩子如果真的违反规则，不但不会窃喜，反而会觉得良心不安。

其实，危险的东西又何止糖果和电视，等孩子再长大些，诱惑他的东西只会越来越多：小说、动漫、电子游戏、社交网络、性、消费物欲、酒精甚至毒品……每一种都可能只是让人有节制地消遣，对生活没有什么影响；每一种也都有可能会让人无节制地沉迷，一生都废掉。

你防得了一时，却防不了一世。

那还不如用糖果零食这样的东西给孩子上自控力的第一课，让孩子了解那些"少量很美好，过度则有害"的事物，从而渐渐懂得什么叫节制，什么叫适可而止，最终形成强大的内在驱动力，给孩子积极充实而有意义的人生奠定基础。比起获得"自控"的能力，吃糖和看电视的那些坏处其实是可以忽略不计的，不是吗？

如何让总要抱的孩子愿意自己走路？

养娃界有一个著名定律，叫作"自理矛盾交换律"，意思就是娃没有自理能力的时候，哭着喊着要自己来，搞得一团乱；等有了自理能力，又跟"残废"了一样，哭着喊着让妈妈帮忙。娃学任何技能，几乎都逃不过这个铁律。

吃饭穿衣之类的，着急的时候给娃帮帮忙倒也没什么，但能走不走非要抱真的是"要了亲命"，老母亲修炼到能用手臂撑起两岁左右的娃已经是极限了，两岁以后，就算再是"女汉子"，抱着30斤的娃超过10分钟，也会有想要扔出去的冲动。

想当年我也一直被这件事困扰，曾经问过前辈大姐：熊孩子到底要抱到几岁啊？大姐冷笑一声：至少抱到三岁，上不封顶，直到重得你真的抱不动了为止，孩子会激发出你最大的潜力。

结果大姐所言不虚，真的是三岁打底，果果现在都四岁多了，有时候依然耍赖要抱。孩子在这件事上真是"贪婪"得没有尽头啊！

其实，娃喜欢被抱着也很好理解，这就好比当年我不会开车的时候，天天哭着喊着要学车，等我真的会开车了，新鲜了一个来月，就一下方向盘都不想碰了，只要老公在，就都让老公开。一个道理！

被抱着多爽啊，视野好，不用自己受累，还和妈妈亲亲密密，美滋滋啊！傻子才要自己走呢，对不对！

所以，想要解放自己快要废了的老腰和已经练出肌肉的胳膊，逐渐摆脱当"人肉轿子"的悲惨命运，让孩子下地多走两步，你还是需要很多"套路"的！真的不要指望娃哪天"良心发现"，突然就自觉地不要你抱了。

其实，想解决这个问题很简单，说不抱就不抱，让娃哭够了，他就自己走了。但是，这么做比较简单粗暴，会损伤亲子之间的感情，让孩子觉得妈妈不爱我、不在乎我了，从而导致亲子关系问题，也是得不偿失的。所以，**解决这个问题，最核心的任务是让孩子认识到一件事：抱，非不想也，实不能也！**

你要用全方位立体化毫无死角的演技让孩子相信：妈妈还是很爱你的，妈妈也很想抱你，只是你太大太重了，妈妈抱不动你而已！所以，当孩子张开小手说"妈妈抱"的时候，你一定要毫不犹豫地先把他抱起来，充分表达一下爱意，求生欲要足够强！先把小朋友哄高兴了，你就可以开始想一些脱身的方法了。

方法一：溜须拍马+装娇弱法

哎呀，宝宝你怎么长得这么快，感觉没几天就重了这么多啊！再过不久，怕是要比妈妈高了呀！哎呀，宝宝好重啊，妈妈都抱不动了！哎呀，妈妈手好酸，宝宝你救救妈妈吧……记住，要领是先夸他长得大长得快，让他自我膨胀起来，感觉自己很强大。然后，你开始装弱小，没力气，抱不动，好可怜，配合着喘粗气，一副快被压垮的样子。这个时候，孩子就会想当小超人，拯救弱小的妈妈！

方法二：定目标法

你现在长这么大了，这么重，妈妈实在抱不了太久。这样，妈妈抱你走到那棵大树下面，怎么样？如果孩子不愿意，你可以让一步，定一个更远几步的目标。如果还不愿意，你可以再定一个下次抱起来的目标："妈妈会牵着你走，到前面路口那里再抱你一段，你觉得怎么样？"好好商量到这种程度，除非孩子太累，否则一般是会答应的。

执行的时候要注意，在把孩子抱到指定目标地点的过程中，不可以表现得过于轻松彪悍，放下的时候也不要表现得如释重负，好像甩掉了一个麻烦一样，一定要表现出"哎呀，好重啊，抱不动啊，好不容易才坚持下来"的样子，引起小朋友的同情。

方法三：降低舒适度法

妈妈的怀抱里那么舒服，当然想多待啊！所以，你平时可以注意，就算要抱，也要抱得让孩子不舒服一点。譬如，总是调整姿势，来回换手、换重心，各种折腾，让孩子有一种被抱得不稳定不安全的感觉。再譬如，胳膊稍稍放松一点，这样摩擦力就会变小，孩子就会总往下滑，快滑到底了，你再给他抱上来，但是没一会儿又滑下去了，尽量营造一种"我很想抱，但是心有余而力不足"的感觉。再譬如，你在抱孩子的时候，用一些让他比较难受的姿势抱，比如从腋下绕过去抱，时间稍长，他就会觉得腋下有点痛。或者和孩子说，妈妈抱不动了，背着好吗？背着的时候，孩子自己手臂要用力，时间长了也挺累，还不如自己下去走。

反正天长日久，当孩子发现被抱着不太舒服的时候，要抱的意愿自然就降低了。

方法四：爸爸的任务法

只要爸爸在场，就说妈妈真的抱不动了，爸爸才有力气，让爸爸抱你吧。一般这种出力气的活儿，老公也不会不接，等到老公抱孩子抱多了，孩子比较熟悉"爸爸比较有力气，妈妈比较没力气"这个逻辑之后，你就可以进行下一步了。

当爸爸不在的时候，娃要抱，你就可以说："哎呀，爸爸不在啊，妈妈力气不够大，抱不了太久哦！""妈妈力气不够大，不能抱你上台阶哦！""妈妈力气不够大，不能抱你走太远哦！"总而言之，家里的重活都是爸爸做的，妈妈做不来，妈妈是弱者，需要你的帮助！

方法五：转移注意力法

和娃散步，嘴不要闲着："宝宝你看，前面有一些好漂亮的花哦！""快看，天上飞过去一架飞机！""哎呀，这里有一群蚂蚁，它们在干吗？""哇，那里有一只小鸟！""消防车，前面有辆消防车开过去啦！"

帮孩子发现走路途中的乐趣，孩子就不会那么快感到累，就更愿意多走路了。

小娃喜欢被妈妈抱也是很正常的，但是如果你真的牺牲自己，随叫随到，只要娃要求，就抱着，那就不正常了。我以前回国看到有娃五岁了，还一直被妈妈抱着不下地，我也是很佩服这位妈妈的毅力了。

孩子也是好逸恶劳的，你越抱得多，他越得不到锻炼，越没能力走很远，这样就恶性循环了。

所以，别让娃把你吃得死死的，抱是可以抱，但抱抱是为了表达爱，在当"人肉轿子"这件事上，你一定不能太实在了，得和娃虚与委蛇、讨价还价、斗智斗勇，能少抱一步是一步，这样娃才能一次次地挑战自己的极限，越走越壮，越走越远！

我记得毛头两岁的时候，我们带他去爬山，第一次没走几步就嫌累，哼哼唧唧耍赖要抱，我和他爸爸就"套路"他，插科打诨，一会儿带他看这个，一会儿看那个，还给他做了根棍子，让他边走边戳旁边的草和石头，不知不觉就走了很远，看他实在累得不行了才抱一阵，生拉硬拽爬到了山顶。结果第二次爬山的时候，小子的能力一下子就提高了，一路说说笑笑就爬到了山顶，一次都没让抱。自己爬到山顶，高兴坏了。等到第三次，爬得比我都快了……小娃的潜力超乎你想象，只是需要多一份鼓励，当达到目标的时候，他会收获无可比拟的开心，比被抱着开心多了！

愿妈妈怀里的小宝贝都能快快变成小探险家！

管教熊孩子，只靠"讲道理"是无效的

经常看到这样的问题：孩子多大的时候，要开始给他立规矩呢？娃现在才一两岁，讲道理他根本听不懂啊！对于这个问题，我想说的是，**如果你期望用"讲道理"的方式立规矩，那么无论孩子多大年龄，这个规矩都是立不成的**。熊孩子是自私自利、全能自恋的，成人世界的"道理"对他们来说是最苍白无力的东西，毫无约束力。有人说，橙子，这不对啊！你以前写文章可是经常说"要耐心和孩子讲道理"这种话的，这不是自相矛盾吗？

是的，和孩子讲道理没毛病，但是想让孩子听进去你的道理，你需要给他植入一些**"底层命令"**，而这些**"底层命令"**是不能讲任何道理，不需要任何解释，天经地义存在的。

喜欢科幻的人应该都听说过阿西莫夫提出的著名的"机器人三定律"：

第一，机器人不得伤害人类，或者看到人类受到伤害而袖手旁观；

第二，在不违反第一定律的前提下，机器人必须绝对服从人类给予的任何命令；

第三，在不违反第一定律和第二定律的前提下，机器人必须尽力保护自己。

在科幻小说里，因为机器人的智力太高，能力太强，人类怕机器人会反噬人类，所以给它们这三条底层命令，让它们永远听命于人类而又不会伤害人类。因为是底层命令，所以机器人永远不会去追问"为什么不能伤害人类""为什么要服从人类"这样的问题，因而肯定也不会产生"造反""革命"的想法。这样，机器人的行为规则就可以依托这三大定律建立起来了。

其实，**人类同样需要这样的"底层命令"，也就是"最底层的道德逻辑"，来构建整个道德体系**。譬如孔子道德体系的"底层命令"之一是"仁"，也就是"把人当人，人要去爱人"。孔老夫子讲了一辈子道理，讲的也只是如何才能做一个"仁"的"君子"，而"为什么要'仁'"这个问题他可从来没解释过，因为这已经是最底层的逻辑了，不需要再质疑了。潜台词就是：不努力做到"仁"，那你还配当个人吗？

管教孩子，给孩子立规矩，就是教孩子"做个人"，你得给他植入"底层命令"，没有"底层命令"，他的道德体系和行为准则就建立不起来，你和他讲再多道理，也是鸡同鸭讲，小时候他口才不好，只是不服气发脾气，大了会说话了，他就会开始用歪理和你顶嘴。

譬如他乱摔玩具，你不让。他说，玩具是我的，为什么不能摔？你说，再这么摔就坏了。他说，坏了爸爸妈妈给买新的。你说，那爸爸妈妈买这个玩具的钱不就白白浪费了吗？他说，为什么不能浪费？你说，因为钱是爸爸妈妈辛苦工作赚来的。他说，你们工作赚钱回来买东西，不就是为了让我高兴嘛，我摔玩具就高兴，你们为什么不能满足我呢？……

话说到这里，这孩子就像个浑蛋一样了。

一个人脑子里缺乏道德体系的"底层命令"，就会这样，如果无论什么问题都质疑，那整个道德体系就会瞬间崩塌。

所以，有一些命令，也就是那些天经地义的，不需要讨论也不需要质疑的"底层命令"，你要趁孩子懵懵懂懂，完全没有逻辑的时候，就给他植入进去：

不可以伤害自己。

不可以伤害、打扰他人。

不可以故意破坏物品。

己所不欲，勿施于人。

…………

只有当孩子脑子里有了这些底层命令时，你才好和他讲道理。所以，在我刚才举的例子里，讨论其实只要进行到第二步就可以了：玩具再摔就坏了，故意破坏东西是不对的！然后就没有然后了，已经触及天经地义的底层命令了，讨论就可以停止了！就是这么简单粗暴。

被植入了底层命令的孩子，其实是很好讲道理的，他们对生活中绝大多数的事情追问两句就到底了：

为什么不能站在椅子上？因为你会跌下来摔到头，很危险。讨论停止。

为什么不能大声说话？因为会打扰别人。讨论停止。

为什么不能玩妈妈的手机？因为这是妈妈的东西，你也不喜欢你的东西被别人随便拿去玩吧？讨论停止。

看上去是以理服人，实际上是因为有底层命令在做支撑啊！

那么，要怎么把这些天经地义的底层命令给孩子这个"裸机"植入进去呢？可不是靠嘴巴，而要靠你的行动。

孩子爬到桌子上，薅下来，告诉他：不行，危险！

孩子乱喊乱叫，抱到没人的地方去，告诉他：不行，会吵到别人！

孩子打人，就地拎走，告诉他：不行，别人会痛！

孩子破坏东西，把东西拿走，告诉他：不行，东西会坏！

…………

用实际行动告诉孩子，你这样的行为是不对的，是不被人类社会接受的，孩子才会在各种碰壁中慢慢摸索到界限，知道在这个世界上混下去的基础规则。（当然，你的"底层命令"最好符合某种价值观，而不是让孩子"服从某个人"。譬如说，以前有些父母就把"听长辈的话"作为底层逻辑给孩子灌输进去，这样就容易把孩子弄成提线木偶，完全不敢有自己的想法。）

所以，回到开头那个问题上，要在孩子多大的时候开始给他立规矩？听不懂道理能行吗？

答案是越早越好，趁着他脑子里还一片空白，趁着你对他还有体力上的优势，赶紧的！当然，你可能需要扛过孩子的很多哭闹，经历很多和他的搏斗，但是相信我，你现在不开始，等孩子聪明到有逻辑的时候，他也只会讲"对自己有利的道理"，这时候给他立规矩比给小屁孩立难多了！

长大后能被道理说服的孩子，小时候都有"不讲道理"的父母。

教训孩子"打人不对"，
不如教他学会沟通

你感觉小宝宝从多大开始就不再"那么"可爱了呢？我感觉是一岁多吧，因为从那个时候开始，他打人的力道就大得让人没法忍受和忽略了……

所以，这也是为什么几乎所有父母都会从孩子一岁多的时候开始抱怨他们爱打人：小孩子家家，从谁那里学的打人呢？谁也没打过他啊！然后，父母们会尝试用各种方式"教育"孩子，大概包括以下几种：

1. 唠唠叨叨：哎呀，告诉你不要打人了嘛，打人不好，小朋友多疼啊！

2. 吼叫训斥：怎么回事？又打人！说了一百遍也不听，不像话！你是个好孩子吗？！怎么能这样？！

3. 执行惩罚：罚站，揍一顿，今晚不许看动画片、不许吃零食，等等。

4. 以牙还牙：以同样的角度力度打回去，让孩子体验一下有多疼，看他下次还敢不敢这么干。

一番修理操作之后，娃也哭了不少场，你却发现，熊孩子没有什么变化，依然一言不合就动手，力气好像还更大了。我管也管了，教也教了，熊孩子怎么依然打人呢？

这不能怪孩子不听话，因为你只告诉他不能打人，却没有教他，再遇到这种事，不打人要怎么解决啊！

举个例子，有的小孩喜欢用打人的方式引起别人的注意，想和谁玩就打对方一下，即便他一打人就被家长"修理"，他依然不知道如果想和对方一起玩，要用什么样的方式打招呼才是合适的，下次他还会用打人的方式来打招呼。

同理，想要玩对方玩具的时候，感觉被侵犯的时候……当孩子遭遇各种社交困境时，他强烈地想要表达自己的想法，但是他不会说，也不知道怎么做，"打人"这种最简单直接的方式基本是他唯一的选择。

这才是很多小孩子没办法戒掉"打人"这个毛病的原因。这也是我建议父母绝对不可以对三岁以下的孩子之间的社交放任不管的原因，三岁以下的孩子是没有能力来解决复杂的社交问题的，你不去教他们成人社会的规则，他们就只会像小动物一样，用丛林法则即最原始的暴力行为来解决纠纷。

所以，想让孩子不打人，就请你遛娃的时候别走神，时时刻刻待在娃身边，看着他的行为，猜测他要干什么，然后适时做出一些引导。

你喜欢这个小妹妹是不是？咱们来和她打个招呼，握握手好吗？哦，你想抱抱她吗？那我们要问一问小妹妹：可以抱抱吗？哦，可以，那抱一抱吧，要轻轻地，很温柔哦！

你想玩小哥哥的玩具吗？那我们来问问他：我可以玩一下你的玩具吗？哦，你不敢啊，那妈妈帮你问一下吧……嗯，他不肯呢！那我们要怎么办呢？想一想，你要不要试试用你的球来换他的玩具呢？哦，他还是不愿意呢！不能拿，那是他的东西，他愿意才可以哦！这样，咱们来问问，你只玩10个数就还给哥哥，看他愿不愿意，好不好？他愿意，好哦！那你只能玩10个数，要好好玩，不能弄坏哦！好啦，我开始数数啦……

你想玩那个滑梯是不是？来，我们需要排队哦！记不记得小熊书上的小动物们都要排队，所以咱们也要排队，小朋友们要轮流玩才不会打架，也会更安全，不会受伤。不要推前面的小朋友，他也在等啊！我知道你很着急，要是不想等，我们可以先玩别的，但是如果你想玩滑梯，就要在这里耐心排队哦！

你想玩这个摇摇马对不对？可是有个姐姐在玩，我们在旁边等一下吧，等她玩完了，才轮到我们……哦，你觉得等太久了！是啊，过了五分钟了，我们来问一问：小姐姐，让我们玩一下好吗？我们可以轮流玩，每人玩50个数，好不好啊？哦，她不愿意呢！是啊，她玩很久了，摇摇马是大家的，她不应该一个人占着。但是她不讲道理，咱们要讲道理，不能动手拽人家哦，很危险！咱们到别的地方玩一下吧，没准我们走了，她玩起来就觉得没意思了，妈妈帮你看着，她一走开，就赶紧叫你好不好？

我知道这么没完没了、婆婆妈妈，显得孩子没有独立性，但独立的前提是要学会啊，如果你的孩子没有学会任何社交技巧，只知道横冲直撞，让他"独立社交"就不亚于把一头小野兽放出笼子，他一定会到处惹祸。

所以，你要在孩子一开始接触社交的时候，用示范的方式把社交技巧、解决问题的方法都教给孩子，他才会知道，当他自己遇到问题的时候，可以做什么。

不要觉得孩子小不明白，人类是天生的社交动物，学这些东西快着呢！举个反面例子，有那么一种孩子，想玩别人玩具的时候，就使劲喊：你要分享！你要分享！不分享就是坏孩子！他小小年纪，怎么学会道德绑架的？那还不是他父母平时总这么教他，或者用这种方式帮他管别人要玩具，他自然就学会了。

当然了，你家娃一开始可能不太会听你的引导，拒绝询问，拒绝排队，拒绝等候，或者以迅雷不及掩耳之势打上去。

这个时候，你就要第一时间把娃控制住（必要的时候，和对方道歉），然后强行把娃拎到人比较少的角落，如果孩子情绪比较激动，你就不要说话，抱抱他，直到他平静下来，能听到你说话了，再和他共情：

我知道你很喜欢那个玩具，很想玩，但那是小哥哥的东西，不是你的，我们要先问问人家，妈妈可以帮你去问一下，想办法借来给你玩玩，但是如果人家不给，你不能闹哦！

如果孩子可以平静下来，并且能够配合你的引导，你要夸他听话，很棒，然后可以让他继续玩下去。如果孩子一直不能平静下来，拒绝和你交流，闹得太久，让你失去了耐心，想要吼人揍人了，就不要再和他废话了，立马把他拎回家吧。

总而言之，**你要让小朋友知道：妈妈要教你用得体的方式社交，如果你拒绝学习，坚持来粗鲁野蛮那一套，那就没资格去社交了，在家待着吧！**

每一次去别的小朋友家，或者邀请别的小朋友到家里来，也要坚持这样的原则，时时刻刻看着孩子，一旦发现社交冲突的苗头，就第一时间进行干预和引导，不要等到两个小家伙打得不可开交了才出现，因为这个时候谁打谁就是一笔糊涂账，根本搞不清楚谁错得更多一点，最后只能和稀泥。孩子经历了冲突，却没有学到任何社交技巧。

一般来说，孩子一两岁的时候，当父母的就是时时刻刻跟在孩子屁股后面灭火，情商比较高的孩子很快就能学会用父母的方式处理问题，慢热内向型的孩子，因为锻炼的机会比较少，会学得慢一点，但是基本到了三四岁，都能学会。

孩子有了社交技巧，并且也知道打人是不被接受的之后，自然就习惯用和平的方式来处理问题了。

当然了，小孩子总是容易冲动的，当他情绪非常强烈，发怒的时候，依然会忍不住伸手。这个时候，首先要把他带离现场，给他时间让他慢慢平静下来，然后让他说说为什么会打人，表示理解之后，鼓励他去道歉，即便他拒绝，也要带着他去正式道歉。**要让孩子知道，虽然你控制不住情绪是有原因的，但是你需要对自己闹情绪的后果负责。**

你可能会问，这样一直帮助孩子，会不会让孩子在社交上一直依赖你，什么话都不敢自己说呢？

示范过一段时间后，你也可以适当放手，在孩子身后观察孩子，如果孩子自己应付得来，就尽量让他自己应付，实在不行了，要起冲突了，或者孩子明确表示需要你帮助，你再帮他。

慢慢地，你会发现，你需要帮孩子的时候越来越少。一般来说，如果你从孩子一岁多的时候开始教他，三岁之后，孩子和小伙伴们不起冲突地玩个10多分钟是问题不大的，年龄越大，能和小伙伴们玩的时间越长。我们毛头在五岁的时候，可以和小朋友玩一两个小时，我完全不用管了。

女孩一般不爱打人，因为女孩天生在和人沟通交流方面要比男孩强一些，可能比较小的时候就无师自通，知道如何去处理矛盾了。但是如果你一直不教，孩子情商又不高，那么孩子可能到了四五岁，依然习惯用拳头解决问题。孩子看似霸道，其实也很无助，越是用暴力解决问题的孩子，越是无法学会经营和小朋友之间的关系，越是容易因为缺乏友情而感到孤独痛苦，一点都"不占便宜"。希望父母们不要纵容孩子随便打人，这样孩子才能感受到社交带来的快乐。

所以，**打人问题本质上是社交问题，简简单单地告诉孩子"打人不对"是不够的，要培养孩子的社交能力，让孩子学会表达，学会沟通，这样才能真正从根本上杜绝打人问题。**这还是需要花费很多功夫的。

当然了，不是所有打人的行为都和社交有关，有些孩子"窝里横"，不打外人，只打家人。这种问题处理起来反而简单一点，如果你能做到每次都坚持底线，孩子这种打家里人的行为就会纠正得比较快，半年内就会大大减少。

最后，愿小野兽们都学会人类社会的生存规则，快一点成长为温柔有爱的社交小达人！

孩子之间打架，家长要如何介入？

前面我们讲了儿童社交冲突中的"打人"问题，这一篇我们从技术层面具体说一说当1～3岁的幼儿发生社交冲突时，家长应该如何解决争端，才能既保护孩子，又不至于过度保护。无论是受气包还是小霸王，我们都坚决不能培养。

没有规矩不成方圆，如果没有规矩，孩子的世界就会变成拼拳头比力气的残酷丛林。所有孩子会天然地觉得，我看上的东西就是我的，我玩过的东西就是我的，我想要玩的东西还是我的，我正在玩的更是我的……于是，从两岁左右物权意识产生开始，孩子之间就会发生无穷无尽的争执。

孩子发生争执可能会让你头痛无比，但这也是让孩子学会文明社会规则的最好契机，每一次大人主持将争端解决，都是一堂鲜活的实践课，让孩子了解文明世界的规则应该是怎样的，让孩子知道什么东西是自己的，什么东西不是自己的。

有法可依，才能有法必依，孩子之间发生争执，依法裁决，才能不和稀泥，保持公正公平。

以下公共玩耍规则并不复杂也不苛刻，相信有点修养的家长都会赞同：

1. 公共物品

（1）谁先拿到谁先玩。

（2）不许抢别人手里正在玩的东西。

（3）很多孩子同时看上一样东西，要有秩序地排队轮流玩，对正在玩的孩子要设置时间限制。

（4）只要放下了，并且离身体有一段距离，就重新变成公共物品，别人就有权利拿来玩，想玩需要重新排队。

2. 私人物品

（1）需要得到拥有物品的孩子的同意，才可以拿来玩。（注意是孩子，不是大人。）

（2）只要物品的主人有要回去的意思，就必须立即归还。

3. 行为方面

（1）不可以弄疼别人。

（2）不可以消遣、捉弄、欺骗他人。

（3）不可以用语言侮辱或伤害他人。

需要注意的是，这套规则不光你自己的孩子要遵守，一同玩耍的所有孩子都应该遵守，当有蓄意破坏公共规则的熊孩子出现时，家长要及时维护自己孩子的利益。这套规则，你要从孩子一两岁的时候就开始建立，并利用各种机会向孩子渗透。不要惊讶，这一点都不早，趁着孩子没有形成物权意识，就开始教他规矩，要比错误观念已经形成再让他改容易多了。两岁左右，当孩子慢慢有了物权意识，开始发生频繁争执，并且试探大人底线的时候，如果你能守住底线一年左右，这些规则就会逐渐被孩子内化于心中，他就会不由自主地去遵守。原则坚持得好，孩子三岁以后，基本就不用管了；没有原则，孩子七八岁，依然要整天追在屁股后面灭火。

孩子对物权有清楚的认识，不是自己的东西，自然就不会动妄念；是自

己的东西，一定会理直气壮地保护。

所以，2～3岁是孩子认识社会规则并学习社交技巧的关键时期。当然，如果你没有把握住这段时期，这一课什么时候补上都不算晚。

下面橙子具体谈谈在不同情境中如何执行这些规则。

孩子们在玩耍的时候，尤其是1～3岁的幼儿，至少应该有一个大人在旁边监护，在冲突刚刚发生的时候，大人就要及时介入，不要等两个娃都哭得昏天黑地的时候再插手。

鼓励孩子用交换的方式获得想要的东西，而不是抢夺。譬如A宝宝在玩一件东西，B宝宝很想要，可以鼓励B宝宝拿一件他觉得可以吸引A宝宝的东西去和他交换。如果A宝宝放下了手里的东西，就视作交换成功。当然，如果A宝宝不愿意交换，不可以硬换，B宝宝需要找些更好的东西来交换。如果两个孩子同时看上了一件东西，或者分不清到底是谁先拿到的，如果是比较大的玩具，就鼓励他们一起玩。依然发生争执的话，就排队轮流玩，可以用手机定时，一两岁的孩子，定20～30秒就好，两三岁的话，需要定一两分钟。如果是会数数的孩子，和孩子一起大声数数也是一个很好的计时方法。

让孩子排队轮流玩的做法，一开始会遭到孩子的抵抗，因为他不太懂大人在做什么，一定要hold（坚持）住，执行的次数多了，孩子充分了解了流程，知道一定会轮到自己，自然就不会吵闹了。

如果俩娃已经打在一起了，一般的处理流程是这样的：

第一步，把两个孩子分开。

第二步，尽量搞清楚事情发生的过程，是谁抢了谁的东西，是谁先动的手。

　　第三步，评价孩子的行为，A抢东西是不对的，B打了人也是不对的。

　　第四步，把争抢的东西还给主人，要求打人的孩子向被打的孩子道歉，如果都动手了，就互相道歉。最重要的是，要取得对方的原谅。

　　第五步，鼓励孩子们和好，继续愉快地玩耍。如果不肯和好，也不必强迫，让他们分开一会儿，各玩各的。

　　在这个过程中，如果有孩子情绪过于激动，让你无法完成这些步骤，就让激动的孩子暂时离开现场，等他平静一下再继续。

　　以上是比较理想的处理办法，如果是自家孩子，就比较容易执行，毕竟两个孩子怎么样都是自己说了算；如果是亲戚或者朋友的孩子，还需要获得对方父母的配合。对于我前面所说的玩耍规则，最好在孩子们一起玩之前，就能和对方父母达成一致。

　　如果碰上不太作为、放任自己孩子的父母，你也没有资格帮对方教育孩子，敬而远之就好了。没有规则束缚的熊孩子，惹不起躲得起，尽量带孩子避开，不要给他伤害自己孩子的机会。

　　如果是招待小朋友到家里来玩，提前和自己的孩子说好，既然想要小朋友来玩，就要和别人分享玩具，如果有特别不想分享的东西，可以藏起来三五个，剩下的所有玩具在小朋友做客期间都是公共玩具。执行公共物品的物权规则。

　　如果是到其他小朋友家做客，提前叮嘱孩子，不可以抢玩具，不可以打人。一时忘记犯错，可以原谅，如果局面失控，孩子蓄意一犯再犯，就要立即结束拜访，领孩子回家，或者将他和活动场所隔离开一段时间，让孩子知道，触犯公共规则是不被允许的。

下面谈一个千古难题：遇到蓄意伤害和侵犯自己宝宝的熊孩子怎么办？

在你家宝宝比较幼小，完全没有能力反抗或者交流的情况下，采取下列做法：

首先，尽快找到熊孩子的监护人，该告状就告状，义正词严，理直气壮。碍于面子，对方家长怎么也得管一管。

如果一时找不到监护人，或者距离太远，尽量在熊孩子做出侵犯行为的第一时间就阻止他。不要进行肢体接触，也千万不要吼，以免落人话柄。表情郑重地拦住那个孩子，蹲下来，看着他的眼睛，认真讲道理："这个玩具我家孩子在玩，你不能拿走，请你还给他。"然后把手伸出来。"你不可以用球打我的孩子，他会很痛，你这样做非常不好，你可以向他道歉吗？"

语气要凝重一些，表情要严肃一些，营造一种正气凛然的气势，熊孩子一般是会被镇住的。即便熊孩子不还东西、不道歉，他也会知道这家的孩子有人护着不好惹，至少不会再继续欺负你家宝宝了。

如果你的宝宝已经会说话了，教会他大声说"不行！""不可以！""这是我的！"，可以在家多演练，关键是要有气势。很多时候，及时、大声地吼一句，就可以让欺负人的孩子退缩。宝宝一开始可能不敢，父母一要多鼓励不强迫，二要做出表率，孩子慢慢长大，自然而然会学习父母的做法。

可能有的人会觉得我管得太多太细，要注意，我这里写的一切都是针对1～3岁的小孩子而言的，这时候管，是为了三四岁以后不管。只有让孩子们从懵懂的时候起就知道各种规则，知道什么该做什么不该做，知道被侵犯了要采取什么方式方法和态度反击，他们才会有胆量有智慧，成为更加独立、能处理好周边关系的人。

"我是不是把孩子惯坏了？"
如何分清接纳天性和溺爱纵容？

为人父母，总会有那么一些自我怀疑的时候：当孩子胆小如鼠，缩在你怀里不敢见人的时候；当孩子达不到目的就大哭打滚，半天也哄不好的时候；当孩子和你大喊大叫，对你说各种难听话的时候……

你是否感到万分沮丧，甚至开始怀疑人生：我紧跟时代，学习先进的育儿理念，尽量温柔坚定，去共情去接纳，去理解和尊重孩子，熊孩子却依然是一副顽劣的样子，一点都不乖不让人省心，是我做错了，把他惯坏了吗？是不是我退回传统，少给孩子笑脸，日常吼一吼、揍一揍，孩子就能听话懂事一些，不整那些幺蛾子了？都知道要去"接纳孩子"，但是搞着搞着，就未免心虚：你说要接纳孩子原本的样子，接纳个性，接纳缺点，接纳情绪，甚至接纳错误，可这样不论是非地接纳，是不是搞得太没原则了？这样接纳多了，会不会接纳出一个"熊孩子"来啊？

如果你这么想，就是没搞清楚"接纳"和"惯"的概念：**接不接纳是一种心态，而不是行为；惯不惯是一种行为，而不是心态。**

这两根本不是一个层面上的概念。事实上，在管教孩子这件事情中，心态是一个维度，行为是另一个维度，把这两个维度放在一起，可以组合出四种管教风格。

帮助

控制、严厉　　　　　　　温柔而坚定

否定　　　　　　　　　　　　　　接纳

估计不是亲生的　　　　纵容、溺爱

忽视

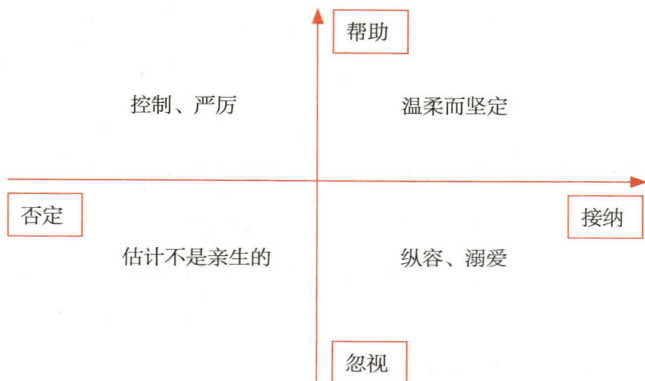

四种管教风格

横坐标轴代表你对孩子的天性是否接纳：

"接纳"是"无条件的爱"——无论你什么样子，爸爸妈妈都爱你；

"否定"则是"有条件的爱"——只有你够好够优秀，爸爸妈妈才爱你。

纵坐标轴代表你对孩子的问题是否采取积极的行动：

积极的管教方式是"帮助"——主动帮助孩子解决他的问题和困难；

消极的管教方式是"忽视"——认为一切都是孩子自己的事，对孩子采取"放任自流""顺其自然"的策略。

这两个坐标轴划分出四种管教风格，我们在生活中经常能看到采取这四种管教风格的父母。

右上第一象限代表"温柔坚定型"的父母：这种父母愿意接纳孩子的不完美，并且积极用各种方法去帮助孩子变得更好。他们会坚定地执行自己的管教方针，如果孩子一时没有进步，也不会因此而责怪孩子，依然会继续爱孩子。

左上第二象限代表"控制型"的父母：这种父母不接纳孩子的缺点，对孩子总是有各种不满意的地方，但是他们会花费很多心思去帮助孩子改正缺点。如果孩子没有按照他们的预期发展，他们就会非常有情绪，觉得孩子辜负了自己的付出。

右下第四象限代表"纵容溺爱型"的父母：这种父母可以接纳孩子的不完美，但是他们容易忽视孩子身上的问题，即便看到了问题，也不认为需要干预，而是寄希望于孩子"大了就好了"，孩子现在还小，要抓紧时间好好宠。

左下第三象限就代表"有毒"父母了：这种父母既觉得孩子很差劲，总是数落孩子，又不想去做点什么帮助孩子，他们认为孩子这么差劲都是孩子自己的错。这种父母估计是不会来看育儿文章的，这里就不多说了。

"温柔坚定"的管教风格当然是最好的，当然也是最难做到的，咱们在育儿路上自我学习、自我精进，就是想要成为这样的父母。

比较多见的是"控制型"和"纵容溺爱型"的父母。

"控制型"的父母就是那种传统的很严厉的父母，不能否定这种父母对孩子进步有非常好的促进作用，孩子倒是也没被"惯坏"，但是这种管教风格也有很大的副作用，因为父母对孩子长期否定和控制，孩子比较容易产生自卑、胆怯乃至依赖的问题。

而**"纵容溺爱型"的父母就是我们常说的那种"熊孩子的父母"了，**虽然这种孩子普遍不缺乏自信，但往往是"野蛮生长"的，比较容易没规矩，并且以自我为中心，这才是真正被"惯坏"了。所以，**孩子是否被"惯坏"，关键不在于你是否"接纳"孩子太多的问题，而在于你心里接纳孩子之后，在行为上又做了什么。**

举个例子，孩子因为鸡毛蒜皮的小事乱发脾气了，你会怎么做？有的父母的做法是"不惯毛病"，他们认为小孩子不应该发脾气，发脾气是犯错，于是用各种方法惩罚孩子，让孩子长记性不要发脾气。这种做法就是典型的"不接纳孩子"的做法，总这么做，孩子虽然可能不发脾气了，但是他会把情绪压在心里，从而产生其他心理问题。现在的父母普遍都能明白这么简单粗暴是不对的。

那什么叫作"接纳孩子"呢？就是你在心态上先有这样一个预期：孩子年纪小，情绪控制不好，失望了闹起来也是很正常的，不要对他要求太高了。有了这样一个接纳理解的心态，你的行为肯定就不会粗暴了。而采取不粗暴的行为，你依然有两种选择：

你可以去积极帮助孩子：安抚孩子的情绪，过后再和他复盘，通过读绘本、讲道理、做游戏教他如何控制情绪；如果孩子下次还是控制不住情绪，也不生气，继续和孩子一起努力……

或者你不懂如何帮助孩子，只能够消极回避问题：忽略孩子的情绪，只是以让孩子不哭为目的，一味转移孩子的注意力，用糖果或电子产品来把孩子哄高兴就完事。

各种处理方式孰高孰低，相信诸位父母都有判断。

总而言之，咱们为人父母，去接纳孩子、理解孩子、尊重孩子是没有错的，孩子也是人，值得被像个人一样对待，娃都是咱们亲生的，别再去搞那种简单粗暴的"犯了错就打屁股"的驯兽做法了。只是我们应该想一想，当**我们在心态上接纳孩子之后，我们的行动方法是否跟得上这个心态，我们是否能做到积极作为，切实地帮助孩子。**

学习先进的育儿理念，不能只学一个"接纳"的新观念就完事了，还需要学习具体解决问题的"方法论"，这样才能去做更好的父母啊！

　　要知道，小孩子每个年龄有每个年龄的问题，永远不可能是完美的，就算你对孩子做对了所有事情，也免不了他做出各种调皮、闹腾、闯祸的事情。但是你要有信心，只要你对孩子有所要求有所期待，并且一直都积极努力地去管教孩子，你就是称职的父母，再温柔也绝对不会惯坏他。

平等对话是实现良好
亲子沟通的不二法门

后来我发现，小孩子做出很多"不听话"的行为，根本原因是信息沟通不畅，家长根本没把话说得让孩子听懂，而且有可执行性。孩子消化不了信息，家长就开始训斥，孩子其实是很委屈的。

孩子发脾气，家长要如何应对？

六月的天，孩子的脸，说变就变——直到有了孩子，我才真正理解这句话。

上一刻还绽放出小太阳一样的耀眼笑容，下一刻就突然电闪雷鸣，大雨倾盆。除了制造高分贝致命噪声，还会做出打人、乱扔东西、满地打滚、撞墙撞地板等一系列让家长想钻地缝的行为。最让人崩溃的是，你几乎对他毫无办法：无论是和他讲道理，还是安慰他，他都完全听不进去；抱他，可能会被推被打；吼他，很可能闹得更厉害。最让人胸闷的是，娃闹得天翻地覆，你很可能还不知道他闹成这样是为了什么。他好像陷入了一个情绪的黑洞，听不见看不见任何东西，只是不断地发泄，直到把身体里的能量全部消耗光为止。

如果你是1～3岁孩子的父母，对这样的场景应该不太陌生。不必觉得自己特别倒霉，摊上了这么个熊孩子，事实上，绝大多数1～3岁的幼儿都会有这种大发脾气的现象。

我家毛头和果果也都有这样的阶段，区别只是毛头会闹几十分钟，而妹妹一般只闹几分钟，但闹腾的强度是差不多的，在公共场合一旦"变身"，也一样让人生无可恋。

发脾气发到一种纵情忘我、与世隔绝的状态，英语里有个专门的词，叫作"tantrum"（发脾气），一般1～3岁的幼儿常出现这种情况，因为这个年龄段的孩子能听懂和明白的事情已经很多很多，但是他们的语言能力却远远跟不上，当心中有情绪的时候，无法表达自己的想法和感受，就会崩溃。

相信遇到孩子崩溃的时刻，你也很难不和他一起崩溃吧！

今天橙子就来谈谈当孩子进入情绪失控的状态时，我们家长应该如何应对。

一、让自己保持冷静

首先不要自乱阵脚，让自己的理智保持在线是尽快解决问题的关键。要知道，**你生活中的20%的事情是无法控制的，而剩下的80%的事情其实是由你对那20%的事情的反应构成的。**孩子发脾气这件事无法控制，你能控制的是采取什么方法应对这件事。如果你自己都这么容易崩溃，还有什么资格要求孩子控制情绪呢？

我知道面对一个小怪兽要保持冷静很难，如果你实在心情糟糕，想要爆炸，最好什么都不要说也不要做，因为心中有怒火，无论说什么做什么都是伤人的。如果有条件，可以离开孩子几分钟。虽然孩子可能哭得天都快塌了，十万火急，但是磨刀不误砍柴工，让自己情绪稳定这件事一定要做好。只要忍过那最难熬的几分钟，你的理智就会回来了，这时才可以采取下一步行动。

二、想办法让孩子先平静下来

当孩子正处于情绪旋涡中的时候，你说的话、讲的道理，他是听不进去的，首先要让孩子的情绪稳定一些，不要那么激动。如何让孩子平静并没有一个统一的答案，在我所阅读的材料里，每个专家的建议都不太一样，有的甚至自相矛盾：

> 有的专家说，不能离开孩子，要陪着他，要不然他会感觉被抛弃；
> 有的专家说，离开孩子，让他独处一会儿，他的脾气会消得更快一些；
> 有的专家说，要抱着孩子，让他有安全感，得到抚慰。

这些建议没有一个是错的，当然也没有一个全对，因为每个孩子都是不一样的，适合他的方法也不一样。像我家毛头，他比较需要被抱着，你抱个十来分钟，什么都不用和他说，他就平静不少。如果扔他在一边哭，他就会哭很久。我家果果画风就比较"清奇"，她发脾气的时候，绝对不能碰她，越碰她越生气，你甚至不能看她，大小姐找个墙角一个人哭一会儿，很快就神志清明了。

所以，你需要找到一个最适合你家孩子的方法，这一点非常重要。你可能要多尝试几次，才能发现少爷小姐吃哪一套。

大概有下面这几种做法：

1. 紧紧拥抱他。
2. 不理他，但是在旁边陪着，等他稍微平静一点再抱他。
3. 在他面前消失，让他独处一会儿。
4. 找个方式让他发泄，譬如让他拿张白纸乱画、捶枕头之类的。

另外，平时有安慰物的孩子，尽快把安慰物给他，也是一个非常有效的方法。一旦你发现哪种方式会让孩子更快平静，以后就保持用这种方式。

三、帮助孩子梳理情绪

当孩子从浑然忘我的大哭大闹状态变成嘤嘤啜泣状态时，说明他已经平静下来许多，可以听你说话了。一定要先夸他——"宝贝，你做得真棒，你平静下来了"，然后给他一个大大的拥抱。孩子平静下来不能算完，一定要回顾事件，帮孩子梳理情绪。如果没有这个步骤，孩子的情绪控制能力是不会逐渐提高的，下一次还会闹得天翻地覆。这个时候，切记，孩子只能听进去顺耳的，千万不要板起面孔讲大道理，不要啰啰唆唆解释来解释去，更不要唠唠叨叨念他"有什么好哭的"。一定要按照我们经典的梳理情绪三部曲来做：

1. 承认孩子的感受——"妈妈知道你很难过""妈妈知道你害怕了""妈妈知道你觉得很沮丧"。

2. 说出他为什么发脾气，无论这件事在你看来有多么鸡毛蒜皮。"你不喜欢衣服变脏是吗？""你不喜欢那个人是不是？""你讨厌积木总是倒下来是吗？"能说出来的委屈，就不叫委屈，一旦让人难受的事情被说了出来，就没有那么难受了。你一次一次地帮孩子说出心中的想法，孩子就可以逐渐学会表达自己的感受。知道如何倾诉，就不会大发脾气了。

3. 提出合适的解决办法。如果没有什么解决办法，就用想象力满足孩子。

还有一种情况是你根本不知道孩子为什么发怒，在孩子平静一些之后，你要鼓励他表达出来。如果他语言能力不行，你可以尽量猜一猜，只要你想猜，多半会猜中。然后，你用简单的语言将孩子刚才想要表达的事情好好说一遍，然后告诉孩子："很抱歉，妈妈刚才没明白你要什么，你看你现在不哭了，妈妈就能弄明白了。"孩子会越来越明白，语言要比哭闹有用得多，以后就会更倾向于用语言表达。

四、坚持你的原则

一定一定一定不要因为孩子哭闹而妥协，适当的妥协并不是不可接受，但理由绝对不可以是"孩子哭闹"，你可以和冷静下来的孩子慢慢讨论，甚至讨价还价都可以，让孩子知道，平静下来，什么都好商量。不要孩子一发飙，你就受不了，马上投降。这无疑是在训练孩子的演技了，当他发现大发脾气有用时，下次就会发更大的脾气来控制家长。熊孩子都是这么被培养出来的。

让孩子明白，你难受了，我可以安慰你，你有意见，我们可以商量，但发脾气永远都不是解决问题的方式。其实，这个与人沟通交流的道理，无论是大人还是孩子，都需要学习。

五、平时避免触及"雷区"

你会发现，有些时候，孩子就像一个移动的火药库，特别容易爆炸。这个时候，你就要找到他心情不佳的原因，并且在平时的生活中尽量避免触及这些"雷区"。一般来说，孩子心情糟糕，基本有以下几个原因：

1. 饿了：随时带着一些健康的小零食。

2. 困了：掌握困倦的信号，或者熟悉宝宝的作息规律，安排好活动时间，宝宝困了及时让他休息。

3. 有起床气。有起床气一般有三种原因：一是没睡够就醒了，这需要训练接觉的能力；二是睡太久了，睡太沉，不容易醒来。第三个比较容易忽略的原因就是渴了，要注意在孩子醒来的时候准备好水。

4. 精神能量耗尽，该充电了。对内向的孩子来说，独处就是充电；对外向的孩子来说，社交就是充电。如果他们"电量耗尽"，就很容易发脾气。

一些常见的相关问题

1. 孩子在公共场合变身噪声小怪兽怎么办？

首先一定要带着孩子离开，到一个不太打扰人的地方，再按照我上面所说的步骤做。因为在人多的场合，家长压力大，孩子也会因为知道家长怕丢脸而有"要挟"的心理，双方都很容易情绪失控。所以，离开是很有必要的。如果是在封闭的环境里，如飞机、地铁、公交车上，无法离开怎么办？那只好先和周围的人道歉了："我家孩子很吵，实在抱歉，我好好哄一哄，他一会儿就会好的。"

我相信大众只是讨厌助长熊孩子的嚣张气焰，或者对孩子的行为毫无作为的家长，对正在努力安慰孩子的家长，是不会太有意见的。

2. 孩子发脾气的时候，出现打人、扔东西等暴力行为怎么办？

有两种办法：一是让孩子独处一会儿，让他打不到人，也没东西可摔，直到他的暴力行为消失为止；二是紧紧地抱住他，并且按住手脚，直到他平静为止。但是，有的孩子被控制住身体会更加生气，脾气更大。所以，还是要看情况，看采取哪种方式，孩子会更容易接受一些。回头梳理情绪的时候，要告诉他，你刚才生气打到妈妈，摔到娃娃，妈妈和娃娃都好痛哦，给我们揉一揉好吗？

不必在道德上过度解读孩子生气时的暴力行为，责怪他打人、扔东西。只要孩子将来学会自己消解情绪，暴力行为自然会消失。

3. 孩子哭得快背过气去怎么办？

这种情况毛头以前还真的很容易出现，甚至从婴儿时期就开始了，就是哭第一声时会憋得特别长，有的时候长达十几秒钟，因为透不过气来，嘴唇都青紫了。以我常年的战斗经验来看，如果孩子从没有因此而晕过去，就说明他的身体可以适应憋这么长时间的气，他终究会喘上来那一口气的。不要因为他憋得太久而害怕，从而做出一些没底线的事情。

极少数情况下，确实有一口气上不来而憋晕倒的孩子，有的还会出现抽搐的现象，看起来吓人，但是一般来说，一分钟之内都会"醒过来"，并且有的会不记得自己为什么发脾气了。这也是身体的一种保护机制，晕倒了，从而能够正常呼吸。

有的孩子之所以特别容易憋晕过去，是因为缺铁（因此更容易缺氧）。如果心脏有问题，也容易出现这种现象。所以，如果你的孩子经常出现憋晕的情况，还是带他去医院好好检查一下，看看身体上是不是有什么问题。一般来说，随着孩子长大，这种哭得快背过气的现象会逐渐消失，毛头好像是两岁左右不再出现的，有的孩子会持续到学龄时期，但是属于极少数。

4. 孩子发脾气，有自残行为怎么办？

毛头有一阵一发脾气就会"以头抢地"，撅起屁股用头砸地板，仿佛樱木花道附体。还有些孩子会有用头撞墙、用手打自己的头这类自残行为。其实这也没关系，无论你的孩子多生气，他都不会对自己造成实质性的伤害。只有一个例外，就是家长特别在乎这件事，因为害怕孩子伤害自己而答应他许多并不想答应的事情。

《实用程序育儿法》这本书里就讲过一个案例，说有一个男孩，每天都把自己的头撞得伤痕累累、血迹斑斑，以此来控制全家人，只要谁不顺他的意，他立马就使劲撞头，对自己下死手，直到家人答应他的要求为止。

如果你不想让孩子变成自残"小能手"，就不要去管他。只是发泄情绪的话，孩子不会真正伤害自己，而且还会默默控制自己的力道。毛头"以头抢地"的时候，从来都是在地毯上，在外面的硬砖地上，脾气再大，也从来没用头砸过地面。

我当年有个邻居玲姐说，她儿子一生气就喜欢使劲用头撞墙，美国家里的墙壁是空心木板墙，撞起来咣咣响，很有气势，却不太疼。后来她领孩子回国，国内家里的墙是砖墙，一撞没声音，却特别疼，孩子第一次撞就撞了个大包，从此以后再也没撞过墙了。别的事孩子可能不懂，疼不疼这件事他们可清楚得很呢！

很多被父母吼大的新父母都很担心自己也会变成和父母一样的人。想要不吼叫，就要知道遇到孩子哭闹，正确的做法是什么，现在这篇文章应该讲得最详细了。只不过采取这些做法，需要有更多的耐心，也要有更坚强的心灵，这比吼叫难多了。

其实，治愈吼叫的孩子，何尝不是治愈自己呢？

男孩子爱黏妈妈，这并不是坏事

毛头七岁以后，就完全像个大小伙子了，日常生活几乎不用我太操心。他会自己洗漱换衣服，会自己收拾玩具整理房间，会洗碗，会擦地，甚至还能当个小老师，教妹妹认字、算算数和弹钢琴。一切看上去都很完美，可是爸爸榨汁机先生却依然对他不满意。爸爸总是觉得毛头太"黏妈妈"：害怕的时候往妈妈怀里钻；伤心难过的时候要抱着妈妈哭；每天放学回家，总是先要和妈妈来一个大大的拥抱，才能去做别的。

总而言之，每当榨汁机先生看到儿子表现出对妈妈强烈的依恋和亲密的情感时，他总是会莫名其妙地火冒三丈，要么吼孩子——"你都多大了，还黏妈妈！"，要么吼我——"哪有你这么惯孩子的！"。

他的怒气来得如此没有道理，以至于他说话已经完全不顾逻辑：第一，孩子并没有多"黏妈妈"，前面也说了，他什么事情都可以独立做得很好；第二，我完全不是"惯孩子"的那种妈妈，毕竟就算在他得了带状疱疹，疼得惨叫的时候，我依然试图"铁石心肠"地坚持"每次玩半小时iPad"原则。

我也只能同情地拍拍某榨汁机的肩膀，告诉他怒气值无端爆表的原因：你内心的小孩又跑出来疯狂嫉妒你儿子了，赶紧管管！

70后的某榨汁机在东北长大，那是把女孩当男孩养，把男孩当小狗养的民风彪悍之地。在他的记忆里，父母从来没有抱过他，亲过他，安慰过他。他从小受到的教育就是男孩子要独立，要坚强，不能哭，不能怕，黏妈妈更是"娘炮"行为，要被所有人鄙视。这样独立坚强长大的某榨汁机，就不出所料地成为一位经典的"钢铁直男"。你不得不承认"钢铁直男"是有些可爱的，这种人很直接，很务实，勇于担负责任，让人觉得靠谱，有安全感，看上去是个好伴侣。但是，和这种人相处后你才知道，他们的可恨之处也非常容易导致他们"注孤生"。

"钢铁直男"最讨人厌的一点就是他们只接受"理性"和"有逻辑"的沟通，而本能地否定、排斥、回避所有基于"感性"的交流。也就是说，这种人既难以感受到别人的情感，也无法表达自己的情感。他们看不起哭哭啼啼的情绪化的人，讨厌"猜女人心思"，觉得所有"浪漫情怀"不过是恶心巴拉的"矫情"。他们会为你做很多事，但让他们说一句"我爱你"，却比登天还难。

他们讨厌所有的纪念日和仪式，永远搞不懂"礼物"真正的意义是"心思"；他们鄙视海誓山盟和甜言蜜语，总是要坚持说"实话"，而不管那是否会伤人；他们不会共情，不会安慰，不会体谅，帮助别人的方式永远只有"赶紧解决问题"。

他们也会有丰富的情绪，但他们只会采取最简单的处理方式：恐惧了会发脾气，羞愧了会发脾气，焦躁了会发脾气，难过悲伤了依然只会发脾气。

和这种人过日子，你就知道什么叫作"不解风情"，什么叫作"对牛弹琴"。

有人说，嘿，男人不都这样嘛！不是的，温柔体贴、知疼着热的男人也有很多好吗！

这世界上满坑满谷讨人厌的"钢铁直男"，完全是那种传统的、简单粗暴的"男孩教育"制造出来的产物。

男孩们从小被教育"你是个男孩，你只能强大，那些细腻感性的行为是弱小女孩才有的，你最好统统不要有"，从此，男孩的情感发展就停滞在那里，余生只有成为"钢铁直男"一条路。

当一个男孩的记忆里没有被抱在怀里安慰的情景时，他就学不到用这种方式来安慰别人；当一个男孩的痛苦和脆弱从来没有被理解、被同情过时，他当然也学不到如何理解和同情别人；当一个男孩在感情上永远被简单粗暴地对待时，他长大后，也只会用简单粗暴的方式对待别人。

想让世界上少一些这样讨人厌的"钢铁直男"，就请善待你家的男孩子，像关心女孩一样去关心他，不要阻止和否定他的情感表达，让他烦恼的时候可以哼哼唧唧地向你倾诉，难过的时候可以尽情地哭，哭的时候有温暖的怀抱。

无论是男孩还是女孩，都是人，都有情感需求，凭什么在这方面就要刻意亏待男孩，还美其名曰"让他坚强"呢？是的是的，无情的人都格外坚强，可你是养育男孩，又不是训练战士。在和平富足的年代，你把男孩都搞得那么冷血干吗呢？

那男孩子到底要黏妈妈黏到什么时候？

答案是青春期，当男孩真正在心理上独立起来的时候，他会自动自觉地疏远父母。

所以，**独立和依赖其实包含两个层面，一是心理层面的，二是身体层面的**。对青春期之前的孩子来说，心理层面上需要一直依赖着父母，没有这种依赖，他们会直接缺乏安全感。我们平常所说的培养孩子的独立性，更多的是指身体层面的"独立"，让孩子做更多力所能及的事情，让他们有自信、有能力做好很多事情。

但是，无论是男孩还是女孩，在整个童年时期都需要父母在情感上的滋养，需要亲亲抱抱举高高，**千万别因为是男孩，就早早地在情感上给他"断奶"，这会导致他在情感方面发育不良。**

事实上，很多父母在培养男孩上全都搞反了，在情感上对孩子冷漠疏离，在身体上却处处控制，事无巨细，全部包办，让孩子觉得我无法自己做决定，更无法独立做事，如果我做了，一定做不好，妈妈一定会说我。

在这种情况下长大的孩子，不光会变成"钢铁直男"，还会变成"妈宝男"，一辈子习惯当"巨婴"。

所以，当你想要做些什么"让孩子独立一些"的时候，请好好想想，你对孩子的这个要求到底是身体上的还是心理上的，然后再去做决定。当你觉得"这孩子太依赖大人"时，也请好好想想，这个依赖是心理上的情感依恋，还是身体上的"没你不行"，再考虑要不要嫌弃他。

愿我们的男孩都能在温暖有爱的环境下成长，愿这世界上"钢铁直男"能少一些，再少一些！

孩子是否缺乏安全感，
怎样才看得出来？

不能让宝宝一直哭，否则会破坏他的安全感。

不能不响应宝宝的要求，否则会破坏他的安全感。

不可以对宝宝凶，否则会破坏他的安全感。

…………

在养娃的道路上，你是否会被这样的焦虑缠绕，好像对宝宝有一点不好，就会导致他安全感缺失，影响他一生的幸福。

孩子是非常需要安全感，但是近年来，"安全感"这个概念已经过度泛化，成了一个筐，"溺爱""纵容""无原则"全都可以往里装，变相成为对妈妈们的一种道德绑架，搞得妈妈们不敢进行睡眠训练，不敢断奶，不敢拒绝孩子。哪怕小鬼头已经横行霸道，闹得天翻地覆，父母也不敢管，因为生怕"破坏了安全感"。等小鬼头变成了熊孩子，早就已经失控管不了了。

另一方面，一旦孩子出现一些行为问题，譬如脾气暴躁、敏感胆小、有分离焦虑，父母就会担心孩子安全感不够，责怪自己陪伴孩子太少，好像陪得多抱得多就能解决一切问题。

　　我觉得很多父母对安全感的误会相当大啊，他们根本就不明白什么状态的孩子才是没有安全感的。

　　今天橙子就来澄清一下，看看"安全感"这些年背了哪些锅。

爱哭闹不代表没有安全感

　　每个孩子天生的气质和个性是不一样的，有些孩子天生神经大条，所以性格温和；有些孩子天生敏感，难以学会安抚自己，有一点点不适就会大哭大闹。哭闹对孩子来说只是一种比较激烈的表达方式，当他们有情绪、不舒服，又没办法用语言表达的时候，就会哭闹。你可以把哭闹理解为孩子的一种特殊的"语言"，有些孩子"话多"，有些孩子"话少"。有安全感的宝宝也可能非常爱哭闹，没有安全感的宝宝也可能一点都不爱哭闹，所以是不是爱哭闹，和有没有安全感没有必然联系。

有分离焦虑不代表没有安全感

　　提到"分离焦虑"，父母们总是一个头两个大，生怕孩子"分离焦虑"大发了，就变成缺乏安全感了，送孩子上幼儿园总有一种生离死别之感。其实，有分离焦虑只代表孩子处在一种"过渡状态"，每个孩子多多少少都会有。孩子的环境一下子改变了，总得给人家一段时间适应一下吧！适应好了，分离焦虑自然就消失了。孩子刚入园，对妈妈不舍得，想念妈妈，那是很自然正常的事情，和安全感扯不上啊！就像你上大学离开家乡，突然在某个脆弱的时刻思乡落泪，不代表你失去安全感，道理是一样的。

害羞胆怯不代表没有安全感

很多孩子害羞胆怯，其实只是"热得慢"，他不熟悉新的环境，不熟悉新的人，所以他会待在他认为安全的区域里（譬如妈妈怀里），对新的环境和人保持警惕。当他有足够的时间去观察、去熟悉，放下警惕后，胆子自然就大了。

其实，"胆小"是有积极意义的，如果我们的祖先都胆子大，什么陌生的东西都不怕，人类是延续不到今天的。胆子小一点的孩子更注意自己的安全，不会乱跑，不会离开父母，不会跟陌生人走，不会乱吃东西。从另一方面来说，这难道不是一件好事吗？你可以说他胆小，也可以说他谨慎，这只是一种性格特点而已，和有没有安全感没关系呀！

依恋安抚物不代表没有安全感

这也是对安抚物最大的误解。其实，有安抚物的宝宝才是安全感很足的宝宝，安抚物本身能增加孩子的安全感，因为孩子对安抚物的触感、味道非常熟悉，这让他心里感到安定，不怕陌生的环境。你真要简单粗暴地把安抚物撤了，倒很有可能让宝宝短暂失去安全感。

既然以上几种表现不代表缺乏安全感，那么缺乏安全感的表现是什么呢？

缺乏安全感最重要的特征就是"失去信任"：失去对环境的信任，失去对人的信任，总觉得这个世界是不稳定的，担心下一刻会有坏事发生，担心依恋的人很快就会离开，担心失去所有的爱。

缺乏安全感的孩子因为总是处于"担心"中，会精神紧张，不活泼，没心思探索玩耍，表情不放松，缺少属于孩子的"灿烂笑容"。

他们可能会故意封闭自己，对人的态度非常冷漠疏离，对任何东西都不表达想要的欲望，因为"没得到也不会失去"。他们可能会特别乖巧，挖空心思去讨好大人，特别害怕大人生气，特别害怕大人不要自己，总是战战兢兢、如履薄冰的样子。他们会有社交问题，因为他们总是不信任他人，会用防备而不是接纳的态度对待他人。所以，缺乏安全感的孩子无法和他人建立亲密友好的关系，很难有好朋友。

其实，父母只要在意孩子的安全感，就不会拥有一个缺乏安全感的孩子，现在的孩子拥有的关注只会太多，想让孩子缺乏安全感，倒真不是一件容易的事。

如果你的孩子有以下表现，就完全没有什么缺乏安全感的问题：

1. 情绪丰富，不会压抑自己，能自然而然地表达高兴、愤怒、伤心、不满等各种情绪。

2. 敢于说出自己的意见想法，会拒绝，会反抗。

3. 依恋监护者（不一定是父母），和他十分亲昵，喜欢抱抱之类的肢体接触。

退一万步讲，就算你做错了什么事，导致孩子缺乏了一些安全感，也是可以弥补的，只要你让孩子感受到你持续而稳定的爱，他就会重新充满安全感。

其实，**要让孩子有安全感，就要使环境有"安全性"和"一致性"**。

满足"安全性"的条件其实很容易，只要你家孩子是你亲生的，你爱他拥抱他，满足他基本的生存需求，不要虐待他，不要忽视他，就够了。但是，"一致性"却是很多父母会忽略的。**如果父母情绪不稳定，总是喜怒无常，孩子不知道自己做的事情会得到父母什么样的反应，就会缺乏安全感。**如果孩子所处的环境不稳定，照顾他的人频繁地更换，让他不敢去依恋，孩子就会缺乏安全感。如果孩子身边的规则不稳定，今天打人父母没反应，明天打人父母又拼命吼，他不知道做事的规则和底线在哪里，也会缺乏安全感。

孩子是可以接受改变的，虽然他们在被改变的时候会很不愿意，但只要使改变的过程尽量缓慢，让孩子慢慢适应，并且能保持改变之后的一致性，他们是不会失去安全感的。

譬如，入园本身并不会让孩子失去安全感，但是去了几天，看孩子哭得厉害，又不让孩子去了，过了几天又让孩子去，然后觉得孩子哭得可怜，又不忍心送了，这样就会让孩子失去安全感。

譬如断奶，最忌犹犹豫豫，昨天断了，今天不忍心，又让孩子吃很多，明天又说要断，这样孩子就会失去安全感，导致更难断奶。

你越是不坚定，越损害孩子的安全感。

所以，让孩子有安全感并不等于满足孩子的所有要求，不要打着"安全感"的幌子来掩盖自己没有原则、缺乏管教能力的事实。你的教养风格是宽松的也好，是严格的也好，陪伴孩子不那么多也好，让孩子多哭了一阵也好，都不是问题，只要你在每件事情上都尽量保持一致性，不要变来变去，孩子自然安全感满满。

鼓励孩子没错，
但赞美的话怎么说有讲究

人在国外，养孩子的思想观念真的时时刻刻受到冲击，连开个家长会都备受教育。北美小学的家长会和国内的很不一样，不是一大帮家长坐在下面听老师狂轰滥炸地讲，而是老师和家长一对一谈话，每人15分钟。孩子可以旁听。第一次给我家毛头开家长会的时候，老师没干别的，就结结实实、变着花样地夸奖了毛头15分钟——性格、习惯、学习、社会活动能力……全都好得不得了！夸得我晕头转向，老泪纵横。

这还是我家那个整天上房揭瓦，气得我想撞墙的小魔头吗？老师没搞错人吧？突然很惭愧，人家老师每天管17个孩子，还能把毛头一点一滴的优点和进步记得清清楚楚的，我这个当妈的一看孩子，就觉得他一身毛病。

没办法，教育风格是遗传的。

我当初上学前班的时候，不论怎么听话，当学霸，从来没听人夸过我。现在还记得，第一次期末考试，我数学得了100分，语文得了99分，因为把"秋天到了"写成了"秋天到子"，没得满分，被我妈念叨了一晚上，还给我起了个日本外号，就叫"秋天到子"，喊了我一整年。说多了都是泪。

很庆幸毛头可以生活在这么积极正向、宽容的环境里。开完家长会，回家之后，毛头就"疯"了，进门自觉放鞋、挂衣服，还帮妹妹脱鞋收拾（平时经常忘），然后把我房间、自己房间、妹妹房间的床全都重新铺了一遍，还主动收拾玩具，整理房间，拿出小黑板狂写字……

听到表扬真激动啊！

总有读者问我具体要怎么夸奖孩子，才能真正激励他，让他变得更好，而不会产生让他骄傲的反作用。

没有上一代的良好示范，我们其实不太具备"正确夸奖别人"的能力，很多时候夸不到点上。夸得不对了，不但没效果，反而会把孩子夸生气。

今天我们就来和毛头的老师学一学吧，她可真是教科书一般的夸奖大师。

1. 夸进步，不提不足

哪怕起点再低，只要有进步，就要赶紧表扬，这样才会让孩子想要继续进步下去。

譬如老师就夸毛头写字母的笔顺变好了很多——原来都是从下往上、从右往左画。我心里知道其实还有很多问题，但是老师只谈他写得好的那些字母，并没有提及他依然写得糟糕的那些字母。让孩子知道哪个方向是对的，鼓励他往那个方向走就是了，过程肯定不顺利，要大量犯错和纠错，很让人感到挫败，所以孩子才更需要正向鼓励呀，要不然这一路多艰难！

这说起来简单，做起来却不容易。很多父母，包括我在内，在夸奖孩子的时候总忍不住要提到他还做得不好的地方，希望他能改正，这样效果真的是正负抵消了，还不如不夸。

要夸就结结实实地夸，不要刚说两句好话，后面就接着个"但是"，看起来是夸，实则是批评，让孩子觉得"无论怎么努力，总是做不好"，这样就很打击积极性了。

你可能要说，让孩子看到自己不足的地方，难道不是为他好吗？你以为不足的地方孩子自己不知道吗？他只是不愿意承认而已。总是强调不足，只会让孩子自我评价过低，觉得自己很没用，气馁了，就容易破罐子破摔。

当然，也不是说完全不能说缺点，但中国的父母总是把关注点放在缺点上，这样就不好了。**至少在夸奖的时候，做到专心夸奖，不扯其他的。**

2. 夸细节，不要泛泛而夸

毛头的老师夸毛头的内容几乎都是细节，翻开他的课堂作业本，一页一页地夸。她说你看毛头这幅画，这边是消防车，这边是两辆车撞在一起了，还用了不同的颜色，很有情节吧，他会用画来描述故事了。她还拿出毛头做的手工说，毛头做手工的时候，都是慢慢的、不慌不忙的，剪线都顺着线来剪，非常细心，是个有耐心的孩子。很多父母夸孩子，都是说一些"假大空"的词——"真好""好棒""好厉害"，夸了和没夸一样，这样泛泛而言的词，孩子多听两次就产生免疫力了，还会觉得你敷衍他。要夸就夸到头发丝儿，搜肠刮肚，调动你脑子里的词汇，不要浮皮潦草，一笔带过。只有夸到细节，孩子才能体会到你真心的肯定，因为你连这点小事都注意到了，就证明了你对他的在乎。**这样细致的夸奖才有情感的流动，才能产生鼓励的效果。**

3. 实在夸，别忽悠

老师还给我看了一页字母表，上面有密密麻麻的各种标记，并且告诉我，蓝色标记的字母毛头已经都认识啦，红色标记的字母毛头已经知道它们在单词中的发音啦！你看，他都知道这么多字母了，学得很好！一张简单的字母表说明了所有问题，一目了然，认识的就是认识了，不认识的就是不认识，她就夸孩子认识这么多，做得很棒。相信毛头自然想把那些不认识的字母都干掉。

　　夸奖也要实事求是，不能夸张，不能把夸奖变成吹捧。不能孩子刚认识两个字，你就说："哎呀，宝贝你真厉害，过几天就能看书啦！"这种夸奖会给孩子带来很大的压力，因为过几天他肯定看不了书，就会觉得自己愧对你的夸奖。总这样夸张地夸孩子，他会讨厌你的夸奖，甚至听到就生气，甚至你夸他什么，他反而不去那样做，以此来消极对抗。**要夸就实话实说，孩子做到什么程度，就夸到什么程度，不要过于热情，乃至在夸奖里寄托深切的期望，这样的夸奖对孩子来说是很沉重的负担。**

　　看看上面这三条，想要进行有效的夸奖，还真是要费脑筋。橙子在这里给大家提供一个简单易行的公式：

　　第一步：描述你所看到的事情；

　　第二步：描述你内心的感受；

　　第三步：把孩子所做的值得赞赏的事情总结为一个词（还蛮考验语文能力的）。

　　举个例子，今天孩子在外面吃饭，表现特别好，你想夸奖他。

　　第一步：宝宝，你看你今天吃饭，一直都坐在椅子上没有动，也没有发出很大的声音——**描述所看到的。**

　　第二步：妈妈觉得这顿饭吃得特别舒心，下次还想带你出来吃——**描述自己的感受。**

　　第三步：你今天吃饭非常有"餐桌礼仪"——**总结出一个词。**

这样多夸几次，孩子就会明白吃饭要有"餐桌礼仪"，然后把它内化成心中的规则。

心中的规则多了，孩子就会变得越来越好。

另外，多提一句，要避免过多地赞美孩子的"天分"，譬如聪明、漂亮等，因为你过于关注这些方面，孩子就会觉得没有任何努力空间了，反正是老天给的，他就会倾向于不去改变自己，甚至会自我放弃，因为他要证明"我不好，是因为我没努力，而不是因为我不聪明"。并非绝对不能夸赞孩子聪明、漂亮，但是要把重点放在孩子"可以变得更好"的地方。能让孩子变得更好的有效赞美其实不太容易张口就来，一开始可能会有些别扭，大家要多练习，逼着自己说，说多了就熟练了。

其实"夸奖"这个词不是很好，总有一种"夸张"的感觉在里面，我更愿意用一个词，叫作"正向反馈"。

正向反馈是我们每个人灵魂里都渴望获得的东西。为什么电子游戏那么好玩？就是因为里面的正向反馈太多了，达成一个任务就能得到奖励。无论你在执行任务的过程中"死"了多少次，过程多磕磕绊绊，游戏都不管，只在你达成任务的时候，用夸张的声音和虚拟数字实实在在地奖励你，所以才会让你想一直玩下去。发朋友圈也是同理，有点赞评论的，你就想继续发，根本停不下来。

相比而言，真实世界里的正向反馈实在太难得到了，大家都活得很辛苦，尤其是弱势的孩子，尤其是得不到父母赞美的孩子。

愿父母们能多花点心思在"如何给孩子正向反馈"上，让孩子的生活和学习也能像打游戏、发朋友圈一样精彩绝伦！

多抱抱孩子，小恶魔变小天使

今天全家四口人一起出去购物，在停车场找不到车位，最后一堆车卡在路口，进退不得，榨汁机先生就犯了路怒症，飙了好几句脏话。一听见脏话，我整个人都不好了，指责他当着孩子的面，一点都不注意自己的言行。榨汁机先生正在气头上，当然不肯承认错误，于是狡辩。两个人就这样吵了起来，一直吵到找到车位停下车来，依然怒火熊熊，不停地争辩。

毛头喊了几句"别吵了"，看没什么效果，突然向我张开双手说："妈妈，你需要我抱抱吗？"很神奇，我刚刚还吵得面红耳赤，一下就冷静下来。

"是啊，妈妈生气了，妈妈需要抱抱。"

抱住毛头小小的身体，感觉好温暖，突然莫名其妙地想流泪。这样一个小小的孩子，已经可以治愈大人了。

"抱抱的力量"让小恶魔变身暖男

毛头之所以会这么说，是因为我之前和他有个约定。

熟悉橙子的人都知道，毛头小朋友一直是个情绪容易激动，特别爱生气的孩子，性情使然嘛，情感丰富敏感，我也可以接受，只不过每天因为鸡毛蒜皮的小事生气，一言不合就浑身负能量，大喊大叫大哭，也让日子很不好过。我试过很多情绪疏导的方法，让他说出感受啊，共情啊，冷处理啊，让他深呼吸、跳一跳之类的，虽然有效果，但他总是要哭叫很长时间才会听我说话，所以每次他一激动，就引起一场噪声灾难。我也没有更好的办法，只好受着，有的时候自己心情也不好，又被他吵得心烦意乱，脑子爆炸，就忍不住和他一起发脾气，回头又很后悔。最近几个月，我尝试了一种新的方法。

有一天，在毛头刚生完气，平复过来的时候，我和他说，你看你，平时高兴的时候挺好的，自己的事情自己做，会帮妈妈的忙，还会照顾妹妹，特别懂事可爱，但是你心里有一个小怪兽，你一生气，小怪兽就跑出来控制你，让你忍不住乱叫乱跳发脾气。你刚才那个样子，你自己是不是也不喜欢啊？

毛头很认真地点头。

我接着说，那我们想点什么办法打败小怪兽吧！你希望我怎么帮助你呢？毛头说，那每次小怪兽出来，你就抱抱我吧，你抱抱我，我就有力量打败小怪兽了。

于是，我们之间就有了一个"抱抱的力量"的约定。每次毛头一生气，我就和他说，注意，小怪兽出来了！你需要"抱抱的力量"吗？毛头就又跳又叫地伸出胳膊说，需要需要，我要打败小怪兽！

有时候他发脾气，惹得我也很生气，忘了说小怪兽跑出来的事情，他还会哭着提醒我说，妈妈，你又忘了给我"抱抱的力量"了……

这个"抱抱的力量"给了我很多惊喜，当毛头不可理喻，像个小恶魔的时候，给他一个拥抱，就好像用一根针戳破了一个气球一样，他一下就柔软下来。

这个方法对他用得多了，他就推己及人，对别人也开始使用"抱抱的力量"。每次我声音变高，快要失去耐心的时候，他马上就伸出双手说："妈妈，你需要'抱抱的力量'了吧。"我还经常看见他和妹妹互相抱抱，安慰对方。哈哈，真的一个不小心，小恶魔就变暖男呢!

其实，这个"抱抱的力量"是毛头自己提出来的，这应该是和幼儿园老师学的。我经常见到，每当小朋友哭闹的时候，幼儿园里的老师的标准反应就是蹲下，伸出双手说"Do you need a hug?（你需要抱抱吗?）"，就好像条件反射一样。

"拥抱"在老外的亲子之间更是不可或缺的，就像空气和水一样必需而自然。送孩子上学要抱，接出来还要抱;睡前要抱，醒来也要抱;发脾气了要抱，高兴了还要抱;做好事了要抱，犯错误了也要抱。一天恨不得抱个百十来次。孩子都长得高高大大的了，父母依然会在大庭广众下伸着手臂冲孩子喊"Honey! Give me a hug!（宝贝!抱一个!）"。

用正确的方式给宝宝"抱抱"

一开始我以为这就是一种文化习惯，西方人表达感情比较奔放，一言不合就抱抱，东方人总觉得太夸张。但是，我现在切实感受到了这种肢体接触带来的神奇治愈效果。**很多时候，你生气、沮丧、失望、委屈，任何建议或者安慰都是无力和苍白的，都没有一个温暖踏实的拥抱有用。**我们多半会在孩子乖、自己高兴的时候抱抱孩子，但是我们很少会在孩子大哭大闹的时候想起去拥抱他们，可那恰恰是他们最需要拥抱的时候。

很多父母会觉得，孩子大了就不能和父母太黏腻，会被惯坏，会缺乏独立性。所以，很多父母在孩子会说会走、脱离婴儿状态后，就急于避免和孩子有过多的肢体接触，生怕孩子黏在身上就甩不掉了。其实这个想法很站不住脚，看看老外的孩子就知道，虽然他们整天和父母抱来抱去的，但其实非常自信独立。很多国人都混淆了"hug"和"hold"这两个词，虽然在汉语里，这两个词都可以翻译成"抱"。

"hug"是"拥抱"，是一种无声的感情交流和沟通方式，可以在一个瞬间，将"鼓励""安慰""支持""疼爱"等很多无法言喻的情感传递给对方。而"hold"只是"抱着"，是一个单纯的动作而已，没有感情交流。很多家长整天抱着孩子，但是不和孩子说话，不和孩子互动，也不关心孩子的想法。这种抱的潜台词是"我都抱着你了，你就不要闹了"。他们试图用简单的"抱着"满足孩子复杂的陪伴需求，事实上，这是一种偷懒和敷衍行为。经常被"hug"的孩子，不但不会黏人，反而更自信快乐，有安全感，他们总会感受到满满的爱和接纳，一定会有更多勇气迎接挑战。而经常被"hold"的孩子，虽然身体上和父母无比亲近，但心灵上的距离却是无比遥远的，他们感受不到爱，才会渴望更多的肢体接触。而没有感情交流的身体接触是无效的，孩子依然会有"爱饥渴"。

所以，**我们确实需要经常抱抱孩子，这和孩子多大了、是不是很独立都没有关系，只和"是不是发生情感交流"有关系**。很多父母犯的错误都是该抱的时候不抱，不该抱的时候偏要抱着，孩子需要安慰、需要鼓励的时候端着架子不去抱，孩子要陪伴的时候却只会用"抱着"来应付孩子。

那些老要大人抱，被"惯坏"的孩子，并不是"不该抱"，而是你抱的方式有问题。**孩子其实不需要时刻被抱着，有情感互动的拥抱，即便短暂，也是有质量、有营养的拥抱。**

举个例子，有很多读者问我，我们家孩子一出门就要抱，不肯自己走，硬给他放下，就使劲哭，怎么办？

　　如果你从"是不是有情感交流"这个角度来看，问题解决起来就很容易，当孩子要求抱的时候，你可以毫不犹豫地把他抱起来，和他说，宝宝走累啦，妈妈知道，妈妈抱你一会儿，让你休息一下吧！抱个一两分钟，你就可以问，宝宝休息好了吗？不累就下来走一走，让妈妈休息一下好吗？相信我，如果孩子的精神状态不是很差，他一定会欣然同意。

　　孩子要的其实并不是"不走路"，他要的是你的关心和爱，你表达出了关心和爱，他的心灵就会充满力量。毛头两岁多的时候和我们一起爬山，累了想让我们抱，我和老公就抱他走个十来步，他自己再接着走，听着我和他爸爸的加油声，可以一直走到山顶，还能自己从山上走下来。

神奇的"抱抱"魔法

　　每个父母都会一个神奇的魔法，叫作"拥抱"，只不过很多人意识不到，很多人用错了。

　　当孩子大发脾气的时候，去试着抱抱他吧！

　　当孩子倔强难搞的时候，去试着抱抱他吧！

　　当孩子胆怯退缩的时候，去试着抱抱他吧！

　　总之，在你对孩子无计可施，想要扬起巴掌，或者大声斥责之前，先试着抱抱他吧，很可能一场战争就消弭于无形。

　　这个魔法为什么如此神奇？**因为"拥抱"这个动作最简单直接地表达了"爱"。**爱是一种能力，也是一种习惯。培养爱的习惯，从学会经常"抱抱"开始吧。

如何让害羞的孩子勇于表达自己？

最近有读者说，家里三岁的小朋友上了一节网课，全程都很专注，但是老师问问题，无论怎么启发，小朋友就是不说话，明明那些问题他都知道，看着让人非常着急。

如果你家有个内向的孩子，相信类似的情况你也会经常遇到：小朋友面对不太熟悉的人，特别容易害羞，无论是遇到小区里的邻居，和家族里的亲戚寒暄，还是兴趣班的老师提问，小朋友总会低着头，小嘴闭得和蚌壳一样紧，对方越是问得热情，他越是拒绝回答。

明明就是些很简单、绝对不会答错的问题，对方也很善意很友好，为什么就是不肯回答呢？即便孩子知道，不回答问题是不礼貌的，会让父母失望和尴尬，甚至会遭到训斥，依然不会大方地回答问题。这件事有这么难吗？

如果你是一个性格外向的家长，一定搞不懂害羞内向的小朋友到底有什么问题，那就让同样从小就害羞的橙子来为你剖析一下吧。

内向性格的人并非不能愉快地社交，只不过他们在面对不熟悉的人时，心理负担是很重的，因为他们的情感特别细腻丰富，所以总是不可控制地生出太多内心戏：

一方面，他们怕自己表现得不好，说错话，伤害到对方。

譬如我就记得小时候，有一次，我和妈妈的朋友炫耀我家有一个什么东西，正说得高兴，就被我妈瞪，回头训我没礼貌乱说话，我也是非常委屈。正所谓童言无忌，小孩子说话没深浅，一不小心就会触及一些禁忌话题，或者语气不够礼貌尊重，譬如谈论家里的隐私，谈论屎尿屁，学大人的样子颐指气使，说话没大没小，等等，让场面很尴尬。这个时候，父母往往会赶紧斥责孩子，闭嘴！没礼貌！久而久之，情感上比较敏感的孩子就会发现自己好像总是容易说错话，伤害到对方，但是又不太能搞清楚什么情况说什么话会伤害对方，所以就认为尽量少说为妙。

另一方面，他们怕自己哪里说得不对，会遭到对方的嘲笑和伤害。

另外一件让我印象很深的事情是，小时候，有一次我妈妈的同事和我聊天，有一个阿姨问我，你最喜欢你们班哪个男生啊？我就老老实实地告诉她，我们班有两个男生都挺不错的，不太好选。结果周围的人一通哄笑。我正莫名其妙，那个阿姨又问，一定要选一个呢？我仔细思考了一下，然后说选××吧，因为他更好看一点。结果这一群阿姨更笑得不行了。我不知道她们在笑什么，但是隐约觉得她们在取笑我，于是觉得特别窘，后来她们再问我问题，我就不愿意回答了。

这两点顾虑可以说是内向孩子的心魔，让他们不敢开口。长大之后，我们学会了有分寸，学会了礼貌和尊重，当然也学会了虚与委蛇，说些滴水不漏的场面话，自然可以消除这两点顾虑。但是，对孩子来说，他还没有能力去搞清楚说什么话是好听礼貌的，说什么话是尴尬不合适的，所以那些情感丰富、脸皮薄的孩子就会越来越倾向于少说话或者不说话，以避免犯错。

面对比较熟悉亲近的人，在比较私密的环境里，孩子会比较有安全感，他知道和这些人在这个环境里，无论自己说什么话，都会被包容，既不会伤害别人，也不会被人伤害。但是，一旦接触比较陌生的人，孩子就会进入戒备状态，开始不确定自己说的话会不会有问题，所以就选择不说了。

你可能要说，难道孩子就不能勇敢一点，说一下试试吗？试的次数多了，不就知道怎么说了嘛！

道理是没错，但是孩子其实缺乏这个"勇敢"的动力。打个比方，给你红蓝两个按钮，你随便挑一个按。如果你按对了，不会发生任何事；按错了，被电击三下；如果不按，则电击一下。你会选择按还是不按？

被电击是很痛，但是选择更让人无所适从，对倾向于保守的人来说，与其顶住纠结和恐惧的压力做出选择，不如稳妥地逃避，接受居中的惩罚，这样会让他更舒服一些。

陌生人问话就给了孩子这样一种选择情境：说话说对了，理所应当；说错了，则会被嘲笑、被奚落、被批评。如果不回答呢？顶多被吐槽两句"这孩子就是害羞"，也就过去了。

内向的孩子情感丰富，会特别害怕说错话后面临可怕的场景，所以也就自然倾向于不说话了。你会发现有些小孩子和同龄人交往并不会害羞，一旦和长辈说话，就会局促不安。不想回答，就是因为他在成年人的世界里感受到了太多的社交压力。

橙子小时候和同龄的同学、朋友交往沟通都没有什么问题，但是直到上了高中，才真正能够比较自然得体地和我父母那辈人打交道，在那之前，基本就是闷葫芦，别人问一句答一句，就是因为害怕"说错话"。所以，小朋友一到陌生人面前就不想说话的毛病怎么治？有两个方法：

一、想办法把陌生人变成孩子熟悉亲近的人

我家两个孩子上兴趣班的时候，在前两节课上基本是一言不发的，而且还会表现出缩手缩脚很胆怯的样子，但是一般上到第三节课，也就放开了，再上几次，就可以和老师说说笑笑了。没别的，混熟了，不紧张了，不怕说错话，也就敢了。想要在短时间内让孩子与陌生人变得熟悉亲近，怎么办呢？那就需要父母热情郑重地向孩子介绍一下这位陌生人：这位是×××阿姨，是妈妈最好的朋友，她人可好了，可喜欢小朋友了，她早就听说你了，知道我们家宝宝最可爱，这次特意来看看你呢！这样一介绍，关系就迅速拉近了，孩子就更容易放松，敢于说话。

二、给孩子提供宽容鼓励的社交环境

什么叫作宽容鼓励的社交环境？就是给孩子提供另外一种红蓝按钮的选择场景：选对了，有一个大奖励；选错了，有一个小奖励；不选，则不会发生任何事情。这样才能激励孩子，让他敢于说话试错。

北美的老师就特别会营造这种环境。我见过北美学校的各种课堂，氛围真的很宽松，孩子答对了问题，老师自然会花式夸奖，就算答错了，老师也会鼓励说"这是个有趣的回答，我们看看有没有更好的""你的答案很接近啦"。也有孩子吭哧半天没回答上来，老师就会很理解地说："你可能还没准备好，宝贝。"

总而言之，**无论孩子把问题回答成什么样，都会有友善的回应等着他。**

所以，你会发现，在北美本地长大的孩子，无论外向还是内向，无一例外都非常自信，敢说话。毛头和果果虽然也都是内向的孩子，小的时候都很

害羞，但是现在都能很得体地和陌生人说话，比我小时候强多了。

　　所以，**想要让内向的孩子敢说话，就要有更包容的心态，鼓励他多说，只要他说了，无论对错，都夸奖他。**孩子慢慢长大，社交能力越来越强，自然可以变得落落大方。当然了，平时碰到尴尬的场景，也不要训斥孩子，要好好和孩子解释什么样的话题不能说，什么样的语气不礼貌，自己和孩子说话也要以身作则，让孩子能有效地学到社交的技巧。

　　愿这一代的孩子能被给予越来越宽容的社交环境，让他们敢于发出自己的声音，哪怕这个声音还很稚嫩，哪怕他们还有很多错误。

孩子只哭闹不说话？
教孩子认识情绪

养娃过程中经常遭遇这样一种崩溃时刻，就是熊孩子作得天翻地覆，你却不知道他为啥而作。你是饿了，还是困了，还是想要什么东西，还是受了委屈？你倒是说啊说啊说啊说啊！

可平时很聒噪的孩子这时候仿佛变成了小动物，一句人话都没有，嘴巴仿佛只是用来发出噪声的，要么哼唧，要么尖叫，要么凄凄惨惨地哭到天荒地老，发出几个音节也是毫无意义的，让你从困惑到烦躁，最后冒火发怒，却依然闹不明白这娃到底怎么了。

无数遍和孩子讲，你是个会说话的大孩子了，不是小baby，有什么事不要乱叫，要说，哭闹解决不了问题。可你越是这样说，孩子越是哭闹得厉害，越是无法沟通，让当父母的充满挫败感和无力感。孩子啊，你也老大不小的了，学会说话很久了，平时看上去也聪明伶俐、口齿清晰，甚至话多得不得了，为什么遇到什么事情，特别需要你说话的时候，你却只会哇哇乱叫呢？

有的父母会觉得孩子这样是撒娇任性，故意折磨大人，于是勒令孩子好好说话，如果不能好好说话，就不理他，甚至惩罚他。唉，对很多孩子来说，这题真的是超纲了。

为什么孩子只会哭，不会说？原因很简单，三个字：有情绪。

情绪和理智是此消彼长的，不是东风压倒西风，就是西风压倒东风。当你感到自己逻辑分明、条理清晰的时候，情绪就在睡大觉，但是情绪一旦强势觉醒，理智就会变弱甚至消失。这相当于原本整齐有序的房间突然刮来一阵龙卷风，变得一片狼藉，混乱不堪。而语言是表达思维的手段，如果思维混乱得让人无法分辨，那语言也就失去了功能。

举一个很简单的例子，你上台演讲时感到紧张，如果你的理智可以压过情绪，你能够一边想一边讲，讲着讲着，紧张的情绪就会消失；反之，如果你的情绪压过了理智，你就会觉得大脑一团糨糊，平时再熟悉的内容也讲不出来。

那么，当脑子里开始刮龙卷风，理智掉线的时候，我们如何做决定呢？只能像野兽一样，做出最本能的应激反应——战或者逃：如果选择战斗，会有尖叫、挑衅、恐吓、施加暴力等攻击行为；如果选择逃跑，则会有哭泣、呆滞、缩成一团躲起来等回避行为。

所以，孩子在比较小，说话需要费脑筋去想的时候，一旦产生激烈的情绪，就没办法用理性去组织语言，于是就处于"失语"的本能应激状态了：

要么出现攻击行为——发脾气，哇哇叫，打人，砸东西，打自己；要么出现逃避行为——很委屈地哭，往大人怀里钻，躲到角落里，或者藏在被子里，等等。

那当孩子逐渐长大，语言能力越来越好，说话已经不太费脑筋的时候呢？能不能在有情绪的时候好好表达呢？依然不能。这个时候，语言也成了他的工具，除了用肢体，他还会选择用语言来"攻击"或者"逃避"。语言攻击包括骂脏话、诅咒、进行人身攻击、故意挑毛病，或者歪曲事实，等等。而用语言逃避就是不顾一切地拒绝——"我不要""我害怕""我讨厌""别碰我"……

当孩子用语言"战斗"或者"逃跑"的时候，虽然看上去在说话，但依然处于情绪中，处在理智掉线的状态。这个时候，和他们讲道理是没有用的，他们会继续做出攻击或者逃避的行为，直到情绪消解。说到这里，你会不会发现有些大人产生情绪时的表现和小孩子并没有什么不同呢？

所以，你就会知道，应对情绪的能力（即"情商"的指标之一）并不一定会像智力一样，随着年龄的增长而提高。**如果孩子在应对情绪这方面没有人正确引导，那他可能一辈子都不是一个完整的"人"**——虽然平时给人感觉还不错，"人模人样"的，但情绪一上来，就会回归野蛮，像个"野兽"。

认识到了情绪在孩子身上作用的结果，那么我们如何帮助孩子控制情绪呢？所谓控制情绪，并不是"装作没有情绪的样子"，或采取"强行把情绪憋回去"这种简单粗暴的方式。

有的时候，情绪像一阵大雨，阻止是徒劳的，但只要耐心等待，它早晚会过去；

有的时候，情绪像一场洪水，越堵越泛滥，需要开凿水渠，进行疏导；

有的时候，情绪像火山爆发，会伤人伤己，需要及时预警和疏散；

有的时候，情绪像一片雾霾，不易察觉，但是天长日久，会对身心有害。

…………

对不同的情绪，要用不同的应对方法。而应对情绪的第一步是要学会识别情绪：

那种酸酸的、涩涩的，心中很痛很难受，想哭的感觉，叫作悲伤；

那种让双手冰凉，身体僵硬颤抖，心跳得厉害的感觉，叫作恐惧；

那种让身体躁动，心里有火在烧，想要大喊大叫的感觉，叫作愤怒；

那种心里闷闷的，像有阴影笼罩，看什么都难过的感觉，叫作抑郁。

…………

当然，孩子还小，他肯定听不懂这些词，但是没关系，这正是你要教给他的！当孩子每次被情绪带走的时候，你要注意观察，帮助他识别他正在经历什么情绪，当他的理智恢复正常的时候，再和他复盘整个事件：

今天哥哥抢你的玩具，你很生气，心里像有一把火在烧，浑身都想动，就忍不住打了他是不是？你生气是没错的，打人妈妈也可以理解，但是咱们可不可以想一想，除了打人，还有没有更好的做法呢？你可以大声喊"这是我的，我还在玩，不许拿走"；你还可以把玩具紧紧抱在怀里，不让他抢；你还可以大声喊妈妈，让妈妈帮忙。咱们看看下次能不能做到不打人，就解决这样的问题好不好？

当然，做这样的复盘，你不能期待孩子听一次或几次就有大的改变，但是天长日久听得多了，他自然会开始学着你的样子去复盘事件。当他慢慢做到像你一样复盘的时候，也就学会了描述事件和识别情绪，而且他会根据之前的经验，想办法去应对这个情绪。

只要孩子具有了这种描述事件和识别情绪的能力，在面对情绪的时候，他就不再是个只会嗷嗷叫的"小野兽"，他会像个小大人一样，顺畅地和你说下面这样的话，也许语气差劲，但是至少你能明白他在为什么而不高兴：

妈妈，我和我的好朋友分开了，我好伤心，我们什么时候能再见面啊？

妈妈，妹妹又弄坏我的玩具了，我太生气了，你要去time out（计时隔离）妹妹！

妈妈，这里没有我认识的人，我好害怕，你多陪我一会儿吧！

妈妈，这里没有什么好玩的，好无聊，你陪我说说话吧！

他甚至会试图去帮大人解决情绪问题——"妈妈，你好凶，你又生气了吗？""妈妈，你需要一个抱抱吗？"

就算可以达到这个程度，孩子以后依然会遭遇很多情绪问题的挑战，因为他越长大，情感发展越好，情绪就会越复杂，一方面会出现新的情绪，另一方面也会出现混合型的情绪（譬如三分羞愧，七分愤怒），难以识别，更难以应对。所以，对识别情绪、应对情绪这方面的学习，孩子还有很长的路要走，可能这种学习要贯穿他整个的成长阶段。

作为父母，我们就尽力让孩子在这方面的学习上开个好头吧！如果你做不到像上述这样引导孩子识别情绪、应对情绪，至少做到别否定孩子的情绪，在孩子失控崩溃的时候，尽量多给他们一些关怀和温暖。孩子最不可爱的时候，最需要爱啊！

当然，可能我们很多家长首先需要做的事是把自己的情绪识别好、管理好吧！

总觉得孩子不听话，
你确定你说明白了吗？

自打养了娃，激活了许多童年记忆，突然领悟了很多从小听到大的迷之词语的意思。譬如"手欠"这个词，从小被大人用这个词斥责了很多次，一直不太懂是什么意思。为什么有的东西就可以玩，有的东西碰了就要被骂？长到挺大也摸不到规律，到底怎样做是"手欠"，怎样做不是？

直到毛头开始学走路，开启大冒险模式，见着什么都要用小爪子破坏一下，把他爹的眼镜弄坏，把我的电脑拍坏，甚至把汽车的门锁都抠坏，更要命的是动不动就去捅电门，我才终于明白父母说"手欠"这个词时，有多咬牙切齿。

还有一个词叫作"卖呆儿"，这应该是我们东北的地方话，大概的意思就是走神，注意力不集中。我从小到大都被父母和老师批评总是"卖呆儿"。记忆中，小时候总觉得时间过得很慢，等个什么总是等很久，大人的话也听不太懂，我就开始魂飞天外。正在观察地上蚂蚁爬行的路线，或者研究前面小朋友衣服上的花纹时，会传来一声断喝："橙子！别卖呆儿！"我吓了一跳，然后莫名其妙：为什么有的时候走神可以（譬如陪妈妈买衣服的时候），有的时候就要被斥责"卖呆儿"？上了小学之后，才隐隐约约明白一些。

　　有了娃之后，才明白为啥"卖呆儿"那么让大人深恶痛绝。你这边哇啦哇啦地说了一堆，孩子的三魂七魄早已不知道飘到哪里去了；或者你在赶时间，"火上房"的时候，他还拿着袜子在那边发愣；又或者在人多车多的地方，他突然就被什么东西吸引，站那儿不动了。实在让人很抓狂，真的很想拎起娃的耳朵吼一句："你怎么又卖呆儿！"

　　类似有模糊意义，让童年的我无法理解的词还有很多，譬如去别人家做客，经常被警告要"老实点"；一在公共场合和父母发生冲突，就要被训斥"别丢人"；见到父母的亲戚朋友，就要"叫人"；有的时候玩得比较兴奋比较疯，就会被说"别嘚瑟"……如果我能穿越回去，我一定会鼓起勇气和训我的老师或父母说：你们在说啥？我真的不太懂！

　　怎样做是"老实点"？我现在做错了什么？

　　做成什么样是"不丢人"？我现在为什么"丢人"？

　　"叫人"到底要叫什么？这个人应该叫什么，我不记得啊！

　　"嘚瑟"这个词更是只能意会不能言传，其实直到现在，我也没办法和南方的朋友精确地解释这个词到底是啥意思。

　　所以，小时候的我每次遭到斥责，都有一种莫名其妙的感觉，一脸蒙。大人们说的话都好高深啊有没有！

　　可是，到了我自己养娃的时候，我却和自己曾经讨厌的大人一样，忍不住犯这样的错误。孩子一学会说话，就觉得他们什么都能听懂了，经常拿一些小孩子似懂非懂的概念把他们"砸晕"，有时候自己都意识不到。

　　譬如，毛头刚不用高椅子的时候，总是不老实，乱扭乱动，一会儿跪在椅子上，一会儿蹲在椅子上，一会儿又跳下椅子，一会儿又爬上去。我说了很多次"坐好！"，收效甚微，他还是像只小猴子一样上蹿下跳，一定要搞到我发飙大吼才算老实，真是让我头痛不已。

　　直到有一次到饭店吃饭，看到一个美国妈妈和乱动的孩子说"宝贝，屁股要放在椅子上（put your bottom on the seat）"，孩子立马就坐好了，我才突然意识到，"屁股挨着椅子"是多么简单的行为标准，孩子一听就懂，我只知道说"坐好"，但是并没有告诉孩子怎么坐才叫"坐好"啊！可能在孩子看来，跪在椅子上也叫"坐好"啊！

　　后来每次吃饭的时候，毛头一乱动，我就提醒他把屁股放在椅子上，他立马就坐好了。小孩子耐性差，虽然吃一顿饭要多提醒几次，但是起码他能听进去了，并且知道我在说什么。孩子慢慢长大，餐桌礼仪也就越来越好。

　　后来我发现，小孩子做出很多"不听话"的行为，根本原因是信息沟通不畅，家长根本没把话说得让孩子听懂，而且有可执行性。孩子消化不了信息，家长就开始训斥，孩子其实是很委屈的。

　　在这方面，我觉得毛头的学前班老师就特别专业，因为在学校生活中，让孩子听老师的指令特别重要，所以他们特别注重培养孩子"听话"的能力，把所有指令都掰开了揉碎了讲，让孩子领会。譬如，毛头上的第一课就是学习如何"认真听讲"，即学习"listen rules"（听讲规则），你觉得这是很简单的事情，他们居然把它分成四个步骤，还配了手势：

　　第一步：eyes watching（眼睛看）——用手指眼睛；

　　第二步：ears listening（耳朵听）——用手拢住耳朵，做出听的动作；

　　第三步：voice quiet（不发出声音）——把手指放在嘴唇上，做"嘘"的动作；

　　第四步：body still（身体不乱动）——抱住胳膊。

　　练习了半个月，还留了家庭作业，让家长陪孩子练习，连说带比画，确保孩子记住"认真听讲"包括这四项内容，一说"listen rules"，就能像条件反射一样说出并做出这四步。

又譬如，我注意到学校里孩子每天要排队的地方都画了一条白色的线，老师喊"排队"的时候，孩子依次站在线上就对了，而"排队"的英文是"line up"，"line"正是"线"的意思，很巧妙吧！

最近，孩子们又在练习"重复指令"（repeat direction），就是把老师发出的指令重复一遍，譬如老师说"换鞋子"，孩子就重复一遍"换鞋子"，之后再开始换，确保自己听到了指令，避免走神，或者一转身就忘记了。

小孩子有取悦大人的本能，他们其实喜欢遵守规则来让大人高兴，他们认同规则之后，维护规则的劲头往往比大人还大。但是很多时候，大人总是用过于抽象的语言来发出指令，让孩子晕头转向、无所适从，然后就被认为"不听话"了，其实冤枉得很。

要让孩子"听话"，首先要确认孩子真的听懂了。小孩子，尤其是两三岁的小孩子，其实更加习惯于"听不懂"的状态，因为自出生起，他们就是什么都听不懂的，所以他们往往没办法表达出"我听不懂"这个意思，大都是不懂装懂，或者以为自己懂了，实际上根本不懂。那么，怎样才能和孩子顺畅地沟通，确保他们听到而且听懂了呢？

一、少说抽象的指令，多演示具体要怎么做

如果你对孩子说"小点声，别吵"，你自己就要用很小的声音说这句话，亲自演示什么叫作"小点声"。

如果你对孩子说"站好"，你自己就要先站好给孩子看。

如果你觉得孩子洗手不仔细，就自己仔细洗一下手，做个示范。

让学龄前的孩子认识这个世界，具体直接的视觉刺激更起作用，抽象的语言对他们来说反应起来太难了一些。所以，能示范就多示范。**家长一个无声的动作，可比千言万语都顶用。**

二、分解步骤，让任务有可操作性

把每一项复杂的任务拆分成多个孩子可以执行的简单任务。

譬如让孩子收玩具，你说"把玩具收起来"就比较笼统，孩子很难执行。你可以分步骤说：宝宝把积木放在这个红色的盒子里，再把小汽车放在这个黄色的盒子里，再把红色和黄色的盒子放在架子上。

当然，如果你边示范边说，效果会更好。收完之后，你就可以给孩子总结说，这就是收玩具啦，看宝宝收得多干净啊！慢慢地（不是一两次就可以哦，需要很多次），孩子就懂什么叫作分类，什么叫作收玩具了。

其实，生活中很多你觉得简单到爆炸的指令，譬如洗手、换衣服、穿鞋，对孩子来说都很复杂，你都需要耐心地拆解步骤，不要默认孩子可以听懂你的话，虽然他们看上去是一副听懂了的样子。

三、对着孩子的眼睛说，确保他们在听

孩子的大脑系统都是单线程任务系统，有时候孩子正在专心致志地探索（捣蛋），或者在神游，或者已经过度兴奋停不下来，这个时候，他们是啥都听不见的。说话的时候，看看孩子有没有把注意力放在你身上，如果他们并不是处在聆听的状态，就要先改变他们的状态，让他们集中注意力聆听。不要上来一声吼，吓他们一跳，这会让孩子很恼怒或者恐惧，对顺畅沟通没

有好处。

四、平时注意训练孩子的语言能力

尽量拓展孩子的词汇量，经常描述自己或他人正在做的动作，尽可能多地定义每一件事物，让孩子知道更多的形容词、动词，也有利于他们更好地理解大人发出的指令。如果有新的词语和概念要让孩子知道，解释一遍是远远不够的，孩子转眼就忘记了，一定要反复提及，孩子才能渐渐领会。

这些看起来好像很简单，做起来却有点难。作为缺乏耐心、忙乱无趣的成年人，我们总是忘了我们的孩子还只是孩子，总觉得这么简单的事情，他们应该早就懂了。而事实上，学龄前的孩子，尤其是平时和父母说话少的孩子，理解能力是非常有限的，对大人说的很多话都半蒙半猜，不要太高估他们。

所以，以后当你再抱怨"说一百遍，孩子都不听"时，先问问自己：我说的话他听懂了吗？

拒绝孩子的要求，
有温柔不伤人的方法

说到管教孩子，总会看到很多妈妈这样吐槽："爷爷、奶奶、爸爸对孩子全都有求必应，全家只有我一个人给孩子立规矩，明明就是为孩子好，却在孩子面前'当了坏人'，感觉好委屈！"唉，其实哪个当妈妈的内心不柔软呢？尤其看着孩子用泛着泪光的祈求的小眼神看着你，哪个妈妈不想说"给你给你都给你"呢？

当然，我们可以在条件允许的情况下尽量满足孩子的愿望，但是生活毕竟不是童话：家里肯定是没矿的，妈妈的精力是有限的，时间总是不够用的，家里的规矩总是要有的，熊孩子是不能培养的，小朋友终究是不能为所欲为的。

在孩子成长的过程中，总要有人去当那个"坏人"。那么，这个"坏人"要怎么当，才能不伤害孩子的感情呢？

平时当"坏人"的橙子和大家分享一下经验。

说出真实原因，不要甩锅

有一种拒绝孩子的方式是最残酷的，也是很多家长在用的，就是反过来指责孩子"你的要求太过分/不合理/太愚蠢"。孩子看到路边卖的小吃想吃，大人说，这是啥破玩意儿啊，肯定不好吃！孩子弄丢了心爱的东西想要找回来，大人说，那个破玩具一点都不值钱，找什么找！孩子想让大人再念一本书，再陪玩一遍游戏，大人说，你真是太不懂事了，想要累死我吗？还有一句万能的拒绝孩子的话：你怎么事这么多？！这些句式听起来都很熟悉是不是？

为什么这种拒绝方式最伤人呢？因为这本质上属于一种甩锅行为，把"拒绝"所带来的愧疚感甩到孩子身上：提出这种要求，是你的错，是你不懂事，你才是那个"坏人"，而我拒绝你这种不懂事的要求是应该的，是正义的，我是好人，不必感到愧疚。

其实，**并非不能拒绝孩子，但这种"反将一军"的拒绝方式应该是最糟糕的**。孩子遭到了攻击，会非常委屈：我只不过提出个要求，说出自己内心的想法而已，怎么就变成"不懂事"的"坏孩子"了呢？

长此以往，孩子固然会变得不再爱提要求，"事"少了，但是一定会耿耿于怀，亲子之间就会产生嫌隙。而且，**这种孩子在外面也会畏畏缩缩，不敢向别人提出要求，因为内心深处觉得提要求等于犯错误。**

我记得我小时候有一次觉得班里其他女孩穿的那种钩织的裙子很漂亮，回家管妈妈要，我妈说，你体形这么胖，穿那种裙子根本就不会好看，说得我哑口无言。这句话可真的让我伤心了很多年，让我觉得自己丑，觉得妈妈不喜欢我，后来再也不敢提关于"打扮"的要求了，感觉自己不配。后来我才知道，当时那种裙子没卖的，都是当妈妈的手工钩织，而我妈不会那种钩织的活儿，而且她既工作又做家务，根本不可能有时间学，又不想让我觉得妈妈不能干，就口不择言地把我顶回去……真的是天大的误会啊！

所以，**希望大人们在拒绝孩子的时候不要甩锅，不要指责，不要否定，直接说理由**：我觉得这个小吃不卫生；我们现在没有时间找你的玩具了；我好累，现在不能陪你玩了。**请采取简单点的拒绝方式！** 你拒绝人家，伤了人家里子，你就要损失一点面子，别那么贪心，面子里子全都要好吗！

不动用情绪逼迫孩子

　　还有一种拒绝孩子的方式也很恶劣，就是动用情绪，先发制人。在孩子被拒绝生气之前，自己先做出一副要生气的样子，孩子就蒙了，顿时觉得自己理亏，就不敢再提要求了。经典句式是这样的（注意，要用极度质疑的语气来说）：

　　你说什么？

　　你再说一遍？

　　嘿！你怎么想的？

　　你真行，居然提出这种要求？！

　　动用情绪这一招比甩锅法还要妙，连理由都不用找，直接用气势压服。可是，如果情绪有用，那要道理干吗？

　　你不跟孩子讲道理，他也不会跟你讲道理，反正谁情绪强烈谁最大。孩子也会和大人一样，先发制人，在提出要求的时候就先发脾气，整天哼哼唧唧或者一脸愤怒，学不会好说好商量。脾气不好就是这么遗传的。

　　甩锅和动用情绪是拒绝孩子的大忌。那么，拒绝孩子的正确方式是什么呢？

1. 肯定孩子的感受

　　我知道那个小吃看起来特别好吃，宝宝特别想吃。

我知道你想找回那个玩具，你真的特别喜欢那个玩具。

我知道你还想玩捉迷藏，捉迷藏很好玩，你还没玩够是不是？

2. 说出拒绝的理由

可是妈妈觉得那个小吃真的很不卫生，很不健康。

可是妈妈现在真的没有时间去找它了，而且找了也未必能找到啊。

可是妈妈现在真的很累了，玩不动了。

3. 安抚孩子

我知道，你很失望对不对？你需要妈妈抱抱吗？还是要自己待一会儿？

4. 等孩子情绪平复后，提供替代方案

那我们买个大西瓜回家吃好吗？

那妈妈保证，有机会买个差不多的玩具给你好吗？

那我们不玩捉迷藏了，妈妈陪你画画好吗？

做好全套功夫，才是温暖的、不伤人的拒绝方式！

其实，我们当父母的真的无须为拒绝孩子而感到愧疚，要让孩子知道你只是人世间普通的妈妈，而不是会变魔法实现愿望的仙女。**孩子走向社会，也一样会被人拒绝，他也应该学习如何应对被拒绝的失望情绪。**如果你总是竭尽全力实现孩子的愿望，从来不拒绝他，他只会习以为常，不知感恩。等孩子长大了，愿望越来越难实现了，一旦你说做不到，他就会觉得你是"坏人"。**正所谓"升米恩，斗米仇"，"好人"当多了，会遭到反噬。**

只有当你有可能说"不"的时候，你的"好啊"才会有价值！相信我，即便经常拒绝孩子，你依然会是个好妈妈！

随口取笑孩子的长相，
是让他自卑的源头

记得有一阵，每次我在朋友圈发两个孩子的照片，都很害怕看到我妈留言，因为她的留言差不多都是这个"画风"：

毛头，你怎么黑成这样啦？

果果，你可不能再胖啦，双下巴都出来了！

这俩娃长得真像，眼睛都那么小。

虽然我妈时常也会夸孩子们可爱，但是好像永远都在找机会吐槽他们的颜值，这仿佛是她表达爱的一种方式，隐藏的意思就是"虽然你们长得很丑，但姥姥还是很喜欢你们"。我如果问她"我们家孩子明明就长得很好看啊，为什么总说他们不好看？"，她的反应就好像我说了什么笑话一样，她会回复我说："好看好看，小眼睛塌鼻子也很好看！"

有这么一个"以损娃为乐"的妈，你就会知道我为什么会成长为一个骨子里很自卑的人。从小我就对自己长相的缺点非常清楚，因为我妈会不停地告诉我，我脸太圆，眼睛太小，鼻子塌，下巴小，牙齿不整齐，肤色黄黑，后脑勺太大。对了，还胖！用我妈的话说，我是挑着她和我爸的缺点继承的。

现在看自己小时候的照片，我觉得至少还算得上"可爱"吧！可是我妈连"可爱"两个字都舍不得给我，每当我穿了件新衣服或者换了个新头饰，自我感觉良好，然后问我妈我是不是很可爱的时候，我妈就会说："是啊，只要你眼睛再大一点，鼻子再高一点，脸再小一点，皮肤再白一点……就很可爱了！"我还清楚地记得，有一次，我看到其他小朋友穿那种彩色毛线钩成的花裙子，觉得很漂亮，回家跟我妈要，我妈说，那种裙子都是×××那种漂亮小姑娘穿的，你身材这样，穿了裙子也不会好看。我一直很想留长头发扎辫子，我妈觉得我留长头发特别麻烦，一直坚决给我剪短，她说我这种脑袋形状，扎辫子也会很奇怪，还不如剪短了利索好洗。

总而言之，整个童年时代，我妈几乎时时刻刻都在给我传递一个信息：你长得不好看，你没必要打扮，就算打扮了也还是不好看。这种认知导致我从小到大对自己容貌的评价一直很低，甚至不爱照镜子，因为我讨厌自己的容貌和身材，无法面对这样有缺陷的自己。我不敢上台说话或者表演节目，因为我觉得我长得不好看，还是不要出来丢人了。我不喜欢接触陌生人，因为我觉得陌生人不了解我，看到我的容貌，一定会不喜欢我。我也没太大兴趣打扮自己，因为我觉得我打扮了也不会好看。有段时间，我强迫自己去打扮，去化妆，照了镜子，却总觉得自己在东施效颦。我甚至对宣泄情绪有负罪感，因为我觉得自己哭的时候会更丑。

虽然成年以后，我有了亲密的朋友和爱人，让我重新认识了自己，在理智上知道自己的容貌其实也不算多么难看，但我总会毫无缘由地心虚，对抛头露面、和陌生人打交道这类事情，总是会怀有巨大的心理压力，虽然可以克服，但终归让我感到非常不舒服，所以总是能躲就躲。我想我可能永远都无法做那种我一直很羡慕的，总能自信满满、神采飞扬且气场强大的人，虽然我可以在其他方面弥补，但不够自信对我的生命来说确实是一种局限。我真的不想让我的孩子陷入我这样的局限中。

前些天，我在一篇文章里说我在现实中是个有些自卑的人。很多读者在后台留言问，既然你觉得自己有些自卑，那要怎么培养孩子的自信呢？我觉得**对于低龄的小宝宝，培养自信的第一件事就是让孩子认同自己的身体，喜欢自己的容貌。**如果孩子讨厌自己的长相，那自信又从何而来呢？每个孩子都是全能自恋的，天生就会觉得自己是最好的、最棒的、最值得爱的，并且希望自己最亲密的人认同自己的感受。

可是，孩子赤条条而来，所拥有的一切都是父母给的，他还不曾拥有学识、能力、人格魅力等其他能证明自己的东西，唯一属于自己的就只有这副身体。孩子只有认同自己的身体是美的、好的，才会觉得旁人有足够的理由喜欢他、爱他。如果孩子总是接到一些负面的反馈，认为自己的身体是丑的、令人讨厌的，那么就算父母足够爱他，他也总会预设新环境和不熟悉的人对自己是有恶意的，一直畏缩和胆怯。最终，这种童年感受会变成一种深刻的烙印，难以磨灭，就算孩子成年之后在其他方面有了成就，也会无端地自我否定，总觉得自己不配被喜欢，如果有人喜欢自己，那也是不值得的，对方迟早会改变主意，因为自己并不够好。

我们总是说"相由心生"，一个人的心态对容貌其实是有很大影响的，**自信的人就会有与众不同的神采。当你真心相信自己很美时，你就真的会越来越美；如果你缺乏自信，不相信自己是美的，总是哭丧着脸，就真的会变得越来越不美。**即便做了整容手术，从客观上说已经很美了，照镜子的时候，也会只看到那些微不足道的缺点，依然觉得自己丑。这也是有些人整容有瘾的原因，因为无论怎么整，自己都不会满意，问题并不出在脸上，而出在心里。

所以，无论你的孩子是丑是俊，作为他的父母，都不要去搞什么客观的评价。一定要永远当孩子的"脑残粉"，每天用各种方式告诉他，你是我见过的最好看最可爱的孩子，你身上的每一个地方都是完美的，爸爸妈妈会一直一直很爱你！这样才有说服力啊！如果你生得不好，我还爱你，那爱岂不是变成了施舍和怜悯？

可能有人要问了，如果孩子觉得自己长得好看就过于骄傲，肆意妄为怎么办？可是，真的会有"恃靓行凶"的人吗？我怎么听说颜值越高的人，脾气也会越好呢？因为颜值高的人得到的反馈总是很善意友好，人生很简单幸福，当然脾气好了！如果一个人真的觉得自己长得好看就脾气糟糕、为所欲为，那一定是因为他的父母过于关注他的外貌，而忘记了教他规矩，疏忽了其他品格的培养。颜值和教养，这本来就是两码事，不能混为一谈好吗！

又有人要问了，那培养幼龄孩子的自信，在生活中具体怎么操作呢？

橙子在这方面还是很有经验的，基本上就是把我妈当年做的那些事反过来就没问题了：

1. 每天至少亲一次孩子的小脸，告诉他你真漂亮，你真可爱！

2. 当孩子笑的时候，告诉他你笑得真甜；当孩子哭的时候，不要说他丑。

3. 给孩子拍好看的照片，并且和孩子一起欣赏，一边欣赏一边说，你这个动作可爱，那个表情好看，等等。

4. 给孩子穿得体、合身、设计好看的衣服。

5. 给孩子设计一个让颜值加分的发型，而不是把头发随便剃短。

6. 当孩子觉得自己美美、帅帅的时候，请附和并赞同他的感受。

7. 当别人夸你的孩子生得好看时，请坦然接受，并且教孩子说"谢谢"。

8. 永远不要提及孩子身体或者容貌上的任何小缺陷，只要你不说，这个缺陷在孩子那里就不存在。

9. 无论男孩女孩，都鼓励孩子按照自己的想法打扮自己，维护自己的形象。

在这个和平繁荣的年代，"颜值即正义"已经是真理，你却还不敢夸孩子漂亮吗？想要拥有一个自信满满的孩子，就请正视并承认他的美好。告诉孩子你长得很好看，其实就是告诉他：你值得被人爱护，你值得拥有最好的一切。愿每个孩子都能喜欢镜子里的自己，都能够以昂首挺胸的姿态迎接未知的一切。

"独乐乐不如众乐乐"，
引导孩子交朋友

宝宝一岁以后开始慢慢会说话，学会更多技能，很多父母会开始关心孩子的社交问题，因为1~3岁的宝宝好像总会在和其他孩子相处的时候惹麻烦，就连亲兄弟姐妹也不例外，不是抢玩具就是莫名其妙地厮打在一起，没两分钟就会鸡飞狗跳，尖叫哭闹连连。

而另一种情况仿佛更令人担心，那就是"自己一个人玩"，或者"在旁边看别人玩"，显得"很不合群"，父母会开始疑神疑鬼：孩子是不是有自闭症？**无论孩子处于同龄社交环境中是爱打架还是爱一个人玩，都指向一个问题，就是社交能力不足。**

当然，这并不是不正常的，1~3岁这个年龄段的孩子都处于发展和学习社交能力的阶段，想让这个年龄段的宝宝和小伙伴愉快玩耍很长时间，是对他要求过高，尤其是男孩子，这方面的发展更是普遍要比女孩子慢一些。

几乎所有孩子都会经历"不合群阶段"和"打架阶段"。

一般来说，两岁以前的孩子大都看起来不合群，比起一起玩，他们更喜欢各玩各的。英语里有个词叫作"平行游戏"（parallel play），两个两岁以下的孩子在一起，很可能玩上一个小时也没有什么像样的互动，顶多互相看一下对方，主要还是黏妈妈。当然，如果看上对方的玩具，也是有可能直接去抢的。总而言之，**不要指望两岁以下的小孩之间能有什么良性友好的交流沟通就对了。**

即便如此，也不代表两岁以下的孩子不喜欢社交，他们只是缺乏能力而已，比起真正一个人待着，他们还是更喜欢旁边坐着一个同龄人，这样他们就可以观察对方，模仿对方，从对方玩玩具的方式中获得灵感，等等。所以，你也会发现，只要有其他小伙伴在场，你的孩子都会比平时安静一些，少黏人一些，他虽然没有和小伙伴发生互动，但注意力是被对方抓走了的。

所以，**即便你的孩子并没有和其他孩子"一起玩"，也不要放弃给他找小伙伴，孩子在"平行游戏"的过程中也在学习社交。**观察和模仿是他们增强社交能力的第一步。

当孩子到了两岁左右，他们的社交能力进一步发展，会开始渴望和其他孩子"互动"，只不过这个时候，他们完全不知道互动的分寸和规则，从而进入鸡飞狗跳的"打架阶段"。

打人的原因是多种多样的，有可能是争夺玩具，有可能是争夺空间，也有可能只是看对方不顺眼，或者只是讨厌对方说话或触碰自己的方式，更有可能纯粹因为心情不好。

2～3岁的孩子自我意识很强，比较任性，加上物权意识苏醒，因此社交冲突在这个年龄段是最多的，这也是让老母亲最焦头烂额的阶段。

这个时候也是培养孩子的社交能力，帮孩子建立社交规则和秩序的好时机。

经常有父母和我说，我的孩子无论怎么说，就是爱打人，就是爱推人，就是破坏规则，就是没轻没重。我打也打了，骂也骂了，一点用都没用。哎，你吃个药见效还要好几个疗程呢，让孩子养成一个好的行为习惯，哪里是短期就能见效的，要有耐心啊！

可以说，从两岁到三岁，这整整一年时间里，你就不要想着消停了，盯紧你的孩子，一旦他出现不良行为，马上把他拎走，冷静之后再回来玩，再犯就再拎走，三犯就拎回家。拎100次没用，就拎1000次，**孩子总会慢慢领悟到有些行为是不被允许的，从而开始遵守社交规则。**

除了避免坏行为，你也要教孩子如何去用好的行为和对方沟通，告诉孩子：

如果你想玩别人的玩具，不可以直接抢，要问那个小朋友，我可以玩一下吗？

如果你想和别人交朋友，不可以一头撞过去熊抱对方，要挥手引起对方注意，看着他的眼睛和他说，和我一起玩好吗？

如果你讨厌哪个小朋友，不可以伸手推他，但是可以避开他，或者说"我不想和你玩"。

这些行为都可以在家里用假扮游戏的方式和孩子演练。

说到这里，我也给父母们一点建议，**想要提高孩子的社交能力，最好给孩子找几个长期的、固定的玩伴，这样有两个好处：**

一方面可以让孩子感到熟悉和安全，让他能够放开胆子去社交。很多孩子是慢热型的，面对陌生的环境，总处于保守状态，好不容易鼓起勇气，人家都走了，下次换一个人又要重新花时间熟悉，就很难锻炼社交能力。

另一方面，每个小朋友的秉性习惯都是不一样的，长期大量接触同一个人，也会让孩子更容易积累社交技巧。如果今天遇到一个害羞的，明天又遇到一个热情的，孩子做同样的举动，每次得到的反应都不一样，就比较容易蒙，社交技巧就会增长得比较慢。

当然，在游乐园或者小区里与生人社交也是好的，只不过给孩子提供更多的熟人社交环境，会提高孩子与生人社交的自信。

如果有条件，最好能让孩子进入稍微大一点的孩子的群体中，即便融入不了，也可以学习大孩子之间更加成熟的互动方式。

注意，给孩子寻找玩伴，一定要寻找那种家长和你有相同的育儿理念，让孩子遵守同样的玩耍规则的孩子。如果你这边管教孩子，对方孩子随便打人，家长也不管，就不要让他们一起玩了。

孩子之间的契合度也很重要，小孩子之间打打闹闹互相生气抢东西很正常，但如果每次玩都是你的孩子哭并且不高兴，而对方孩子一直占上风很高兴，就说明这个关系不平等，对方孩子就不是一个好的玩伴。

对待孩子的社交，当父母的特别容易犯两个错误：

第一，怕孩子在社交中"吃亏"。

时不时挨上几巴掌，被抢东西，被推挤，这种情况在孩子没轻没重的互动中非常正常，你的孩子也会经常这样对待别人，这都是社交能力不足导致的，及时干预制止就好，不必因此大动干戈上纲上线，甚至和对方家长吵起来，因为"有时吃亏，有时占便宜"才是社交的真实面貌。在成年人的社交中，那些总是"占便宜"的人也无一不是人缘极差的人。如果你的孩子在你的保护下总是非要在社交当中"占便宜"，或者时常有一种"总有刁民想害朕"的被害者心态，对社交这件事有误解，那他就难以形成真正的社交能力，更难真正交到朋友。

第二，走另一个极端，教育孩子"凡事谦让"。

欺负别人固然不对，但也不能总让孩子"让着别人"，属于自己孩子的利益要保护，玩具被抢了，要帮他要回来；被打了，要帮他和对方家长沟通，要求对方孩子道歉，或者家长代为道歉。当然，对方真的不道歉也没办法，但是这个讨说法的形式要走，目的是让自己的孩子认识到，这件事是对方做错了，而不是他错了。不要因为对方孩子哭闹，对方家长不讲理，碍于面子而牺牲自己孩子的利益。

虽然1～3岁这个年龄段的小朋友的社交互动鸡飞狗跳，造成各种烂摊子，但是随着年龄的增长和社交技能的积累，小朋友会慢慢感受到"有朋友"的乐趣，他们会在三岁左右开始有"合作"的行为，也会越来越乐于分享自己的东西。当然，就算是三岁之后的孩子，也还是会有不良行为和社交冲突，但是不会像两岁的孩子那么频繁了。当孩子五岁左右的时候，你基本就可以把他丢给小伙伴了，他们自己就能玩耍，消磨掉大半天。

黏人娃和小伙伴们玩到不想回家，忘记妈妈的美好时光还是指日可待的。

培养学习力，
让学习成为一件自然而然的事

比起"大人指出错误，孩子身心受挫地去改正错误"这种传统模式，孩子自我修正的过程才是真正充满内驱力和成就感的学习过程。

要不要上早教班？
焦虑型父母看过来

在群里做了一个问卷调查，想问问妈妈们现在关注哪些养育话题。结果挺出乎我意料，这群参与调查的妈妈的孩子基本是两岁左右，妈妈们最关注的居然是教育问题，而且数据遥遥领先。

回想起我家娃们两岁左右的时候，我最关心的问题应该是"怎么才能忍住不把他们扔进垃圾箱"吧。

在早教问题中，最让妈妈们纠结的一个问题是：到底要不要上早教班？对这个问题，我的观点概括来说就是：**上早教班是很好，但并非不可替代，要不要上，主要看家庭的经济条件，有心疼钱的感觉，就不要上，在家里多和宝宝互动也是差不多的。**

我相信这个观点并不算新鲜，属于比较主流的育儿观点。但是，也有很多父母留言提出质疑，并不同意我这种很佛系的做法，理由是家里的场地条件和早教班不能比，老师也比父母更会启发激励宝宝，而且宝宝上了早教班之后很开心，也确实变得更加聪明活泼，更加外向会表达，还学会了不少东西。父母们表示，就算花钱比较多，也还是会给孩子报班，因为宝宝值得拥有最好的。

就是出于这种"给孩子最好的"的心理，中国父母一届比一届焦虑。这两年，国内各种名目的早教班并没有降温的迹象，反而越来越火爆，很多父母忍着肉疼也要给小娃报班，要不然就会心存愧疚，觉得对不起宝宝。

这种情况也让更多难以负担早教班费用的父母非常焦虑和迷茫：家里经济条件不好，孩子就输在起跑线上了吗？

我其实从来都没有否认早教班的早教环境要比家里好，专业正规的早教班也没有在骗人，确实对孩子各方面的发展有帮助。但是，这份"更好"就真的"值得"吗？

这就得用到一种经济学思维了：**评估做一件事是不是"值得"，不能只看它是不是让情况变得"更好"了，还要看它的"机会成本"**。譬如你有一笔钱，你选择用它来炒股，三年下来增值了5%，那能说你炒得很成功吗？不一定啊，如果你拿这笔钱来买房，三年后增值10%可能都算少的，炒股与之相比，就亏大了。

这就是机会成本的概念：**花了这些成本，不应该只盯着"你得到了什么"，还要去考虑"你放弃了什么"**。你用这种考虑机会成本的思维方式来看要不要报早教班的问题，就会有一种全新的看法：

上早教班一年要花一万多块钱，如果是很正规很靠谱的早教班，宝宝也很适应，那么花了这些钱，确实能让宝宝学到一些东西，各种能力发展得比你自己教更好一些——这是你得到的。但是，你放弃了什么呢？放弃了一万多块钱。

对有些家庭来说，这一万多块钱只是账面上少个零头的事，对生活没有任何影响。但是，对有些家庭来说，这一万多块钱可能就意味着更多内容：

意味着生活要更加节约，生活质量受到影响；

意味着生活中对钱要有更多的算计，引发更多的家庭矛盾；

意味着父母感到经济压力更大，从而工作压力更大，工作时间更长；

意味着更少的休闲娱乐消费，让父母产生更多牺牲感……

你家里收入越少，多花这一万多块钱的代价就越大。代价越大，就越意味着可能有更紧张、更不和谐的家庭关系。"可能"让孩子更聪明一点点和付出这些代价相比，哪个更值得呢？

况且人对回报的期待值与付出多少是成正比的：如果你随手花两块钱买张彩票，不中奖也就是赔了100%，你都无所谓；如果你把全部身家押上去投资一个项目，赔了20%你都想跳楼。

这一万多块钱对你来说意义越大，就越容易让你的心态变得过于功利：花了这么多钱，我总不能白花吧？所以，当你看到孩子在早教班里表现不好、僵硬、发呆、坐不住、拒绝互动、哭闹的时候，当你的孩子上完早教班没什么改变，依然笨笨的、害羞、不机灵、爱捣蛋的时候，你还能够淡定地接受给他更多机会，让他慢慢适应，让他按自己的节奏慢慢成长吗？

还是会感觉自己被机构骗了，又或者觉得自己的孩子"废柴"不争气，发育有问题，忍不住去唠叨指责甚至训斥羞辱孩子？花了这些钱，孩子是可能得到了一些很好的早教培训，却失去了有健康心态的父母。那上这个"更好"的早教班还"值得"吗？

上早教班确实对孩子的发展有好处，但是好处有限，且难以预测，而且对每个孩子的作用效果也不太一样，具体能让你的孩子聪明多少，非常难说，充满不确定性。但是，可以肯定的是，你的孩子并不会因为上了早教班就有什么脱胎换骨的巨大改变，它不会让一个内向的孩子变外向，也不会让一个迟钝的孩子变敏捷，更不会让一个平凡的孩子变成天才。如果他改变了，就说明他本来就会是那个样子，不上早教班也埋没不了他。

但是，如果父母出于对钱财损失的过分在意而对孩子上早教班期待过高，给孩子太多负担和太多负面评价，那对孩子的伤害可是实实在在的。

所以，要不要上早教班，对每个家庭来说，答案是不一样的，如果花这笔钱会让你改变心态，那就不如不上。

如果你还是心痒难耐，那就在蠢蠢欲动要掏钱的时候先做个思想实验：如果这笔报班的钱不小心丢了，你是会气急败坏、捶胸顿足，好几天缓不过来，还是会情绪稳定，根本不慌呢？相信你很快就会有答案。

不死记硬背单词，
孩子也能学好英语吗？

最近我们毛头小同学开始正式阅读老母亲"安利"很久的《哈利·波特》系列小说，虽然他一开始有点被书的厚度吓到，不情不愿地当任务去读，但是才读完不到半章，就已经默默"真香"了。

这两天，他已经沉迷到叫他吃饭睡觉都听不见的程度，还会边看边不停地发出阵阵笑声，非常投入。

说实话，对于毛头可以把英文版的《哈利·波特》真正看进去，还能看到觉得特别有趣的程度，我还是有点吃惊的，这代表他的英文水平已经超过我了，因为以我现在的英语水平，我虽然也可以看懂《哈利·波特》，但是肯定达不到他这么轻松自在的程度。

当然了，在英语国家出生长大的孩子，英语水平比父母好，这事大家也都听说过，好像没啥稀奇的。但是，我亲身经历这个过程之后，认知真的被颠覆了，因为毛头这孩子学习英语的过程和我想象的完全不一样，以我小时候学习英语的标准来看，他这几年根本就是把英语学习当儿戏。

毛头五岁进小学的kindergarten（学前班，也可以叫作幼升小衔接班）的时候，不说英语完全是零基础，也差不太多，26个字母都认不全，口语也只限于会讲一些幼儿园里使用的生活用语，一旦老师上课讲点复杂的东西，就听不太懂了。

　　他还上过学校里专门为移民小孩办的"英语补习班"，但是这个补习班上课很少，一周好像就上两三次课，而且并不占用课外时间，也没有额外作业，具体学了些什么，我也不知道，反正上完一年多，也没看出他有啥明显长进。

　　整整一年，毛头在英语方面就学会了两个内容，一是26个字母怎么念怎么写，二是每个字母在单词中怎么发音。注意，并不是记住一个字母所有可能的发音，只需要记住最常见的发音就好，譬如"c"这个字母，在单词中有/s/和/k/两种发音，孩子只需要记住/k/这个最常见的发音就可以。

　　当时我虽然觉得毛头学得挺慢，但也没有特别着急，反正是衔接阶段嘛，玩着学呗，等到了一年级，应该会正式开始"上强度"学英语了吧。结果到了正式上一年级的时候，还是这么慢慢悠悠的节奏，老师从来没有布置过"一个单词写五遍"这样的任务，也没见背单词，也没见学造句，作业不但很少，还可以随便乱写，老师除了夸奖还是夸奖，对孩子作业当中特别明显的拼写错误都视而不见。老师布置过的唯一比较像样的任务就是背"sight word"（常见单词），也就是英语里的高频单词，像the、a、and、I这种非常简单的单词。毛头每周会拿回一摞小卡片，上面一共也就一四五个单词，然后让我每天考他，认识的就过去，不认识的就再考一遍，背一周之后让老师考，老师觉得可以了，再给他第二摞卡片。

　　这其实不能称为真正意义上的"背单词"，因为孩子只需要做到"认识"就算过关，完全不用在意这个单词具体怎么拼写。譬如孩子可能在书上认识"what"（什么）这个词，但他的记忆是十分模糊的，当他想要写"what"的时候，随便乱拼写成"wat"或者"whot"甚至"wot"，都是有可能的，老师也对这种"基础不牢"的现象听之任之，视为正常。但即便是这种浮皮潦草的"混脸熟"式认单词任务，也在毛头认完第八组卡片之后戛然而止，再也没有后续情节了，好像孩子模模糊糊认识这百八十个单词就足够了。

　　一年级快结束的时候，毛头的英语词汇量太少，这让我非常担心，虽然可以磕磕绊绊地拼读很简单的读物了（这还是我自己在家里"推娃"一个月的结果），但是基本每句都会有拼错的词，写的句子更是放飞自我，没有想象力，根本看不懂。

　　这导致我越来越焦虑，总觉得公校对孩子的学习抓得太松了，娃太倔，自己又推不动，这样下去是不行的，于是在毛头升二年级的时候，给他转了私校。结果私校也只是教的内容更多样，学习形式更丰富而已，学习强度没啥本质提高，依然从来没有任何重复训练。当然，学习单词的课也是有的，叫作"spelling"（拼写课），但内容并不是要求孩子记忆单词的拼写，而是让孩子体会一些特定字母组合的发音规律：

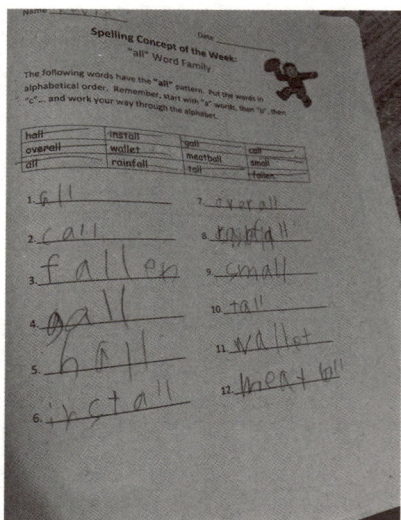

按照首字母顺序排列有"all"发音的单词

　　而在课堂作业中，孩子用错误连篇的拼写把句子写得乱七八糟，老师完全不去纠正。

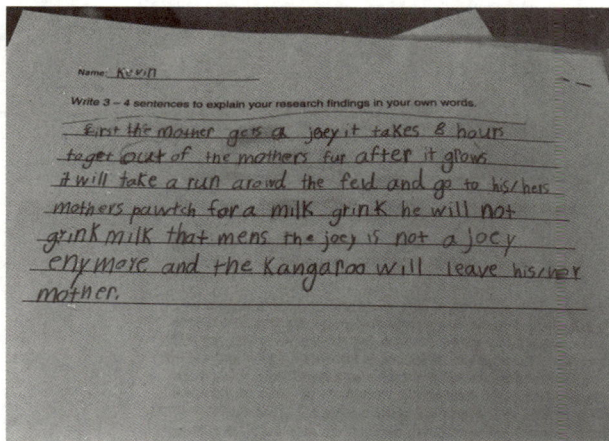

毛头的课堂作业

　　这是毛头二年级时的一次课堂作业，乍一看书写不错，但是仔细读，会发现错误连篇，"around"写成"arowd"，"field"写成"feld"，"drink"写成"grink"，"anymore"写成"enymore"，"mean"写成"men"……

　　这样的玩意儿难道不应该被打满红叉叉吗？可是没有，啥批注都没有！我不明白老师为何如此不作为，难道要让孩子误以为自己写白这些词都是正确的吗？每次开家长会，我都会问老师，拼写有这么多明显错误，真的没问题吗？真的真的没问题吗？当然，每次老师都回答我，真的真的真的没问题，这个过程是非常正常的，以后自然会改过来。

　　明摆着的错误都不去纠正，怎么可能期待孩子自己就改过来呢？你们学单词是靠心电感应吗？但是，事情就是这么神奇，这孩子好像真的有心电感应一般，自然而然就修正了自己的拼写错误。譬如我非常清楚地记得，毛头以前写"from"，永远都写成"fram"，这次纠正了，下次依然写成"fram"，屡教不改，多提醒两句，他还会哭。可转过年来，人家不知道啥时候自己就改过来了。

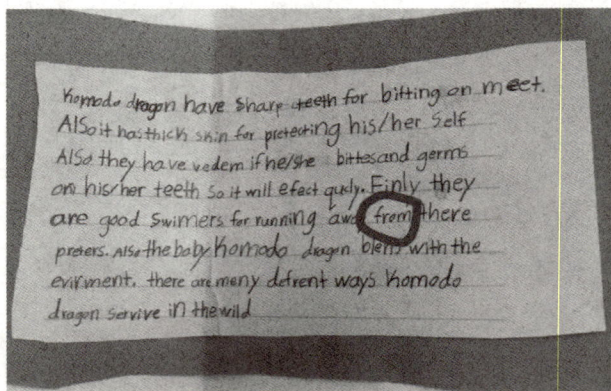

"from"拼对了

　　不止"from"这一个单词，许许多多他以前总拼错的单词，后来都拼正确了。当然，即便如此，他写东西的时候，依然会拼错一些词，但是这一批词是"新用的"，也是"新错的"，过不了多久又会渐渐自行纠正一批。他的词汇量居然就这样磕磕绊绊地增长了。去年这个时候，他读书拼单词还像便秘一样，今年就可以把读《哈利·波特》当娱乐了，虽然他依然会把"meat"写成"meet"，但这完全不影响他在阅读的时候把这两个单词分得很清楚。

　　孩子这个学英语的过程真让我开了眼界，以前我一直以为，学习一种语言，把最基础的字词写法掌握准确，难道不是最基本的要求吗？可是，北美小孩这种学习读写文字的方式真的让我的认知被颠覆：不记不背不刻意练习，写得错误连篇，居然也完全没问题？！

尤其是孩子对单词拼写错误"自行修正"的过程，一度让我非常困惑：拼写错得离谱，大人不给纠正，孩子也不在意，也没人告诉他这是错的，过一阵子，孩子居然自己就改过来了，这是灵异事件吗？百思不得其解的我只好问毛头是怎么做到的，毛头说，很简单啊，我拼单词的时侯，知道自己是瞎猜的嘛，之后在书上看到这个词的时候，会发现我原来猜借了，下次写就换一种猜法；如果我发现自己猜对了，就很高兴，下次写的时候，就会记得这种正确的猜法了。

原来，小朋友脑子里有一套"自我纠错系统"啊！而且这套系统运行起来，居然让纠错的过程像玩猜谜游戏一样，有趣又充满挑战。**比起"大人指出错误，孩子身心受挫地去改正错误"这种传统模式，孩子自我修正的过程才是真正充满内驱力和成就感的学习过程。**头一次发现学英语也可以这么放飞自我啊！

回想一下我小时候的经历，真感觉自己学了个假英语，把大量时间和精力花费在"把单词背准确"上，既痛苦又低效，努力学习英语十多年，经过各种训练各种考试之后，很多背得滚瓜烂熟的词依然不太会用，英语读写能力还不如一个刚学习英语三年半的小学生。

很多人学英语之所以学得特别辛苦，主要是因为忽略了重要的一点，那就是英语是一种拼音文字，学习英语其实完全不需要像学习汉语这样的象形文字一样，搞得那么精确，牢牢掌握每一个字词的精确写法。学习拼音文字的优势就在于只需要掌握全部字母和一些基础的拼读规律，接下来就可以不管不顾连蒙带猜地去阅读书写，然后像我家毛头小同学一样，不断地玩"自我纠错"的游戏，轻易就可以在英语学习中登堂入室：就算一个单词都没认真背过，也可以享受阅读原版《哈利·波特》的快乐。

我还特意查了一下，能看《哈利·波特》的人，至少要认识4000个单词，这让我感到非常吃惊，也不知道这平时晃晃荡荡的娃什么时候就学会这么多单词了，虽然肯定绝大多数没法拼正确，但这个词汇量也十分可观了。关键是他学得也太轻松愉快了吧，真是让人羡慕嫉妒恨啊！

所以，**学习英语，想要不那么痛苦，就应该向学习母语的方式靠拢，先去学习口语**，最好能做到听懂，会说很多内容，学一些自然拼读规则，然后就尽快开始应用，大量阅读和写作，快速地认识和使用更多词汇，让英语学习变得更有意义也更有趣，从而有利于坚持学习。至于把单词拼写得一点没错，虽然考试总考，却是英语学习中最细枝末节的一件事，只要见得多了，用得多了，会写是早晚的事，犯不上为了尽快"拼写正确"而花费太多时间和精力，不但效率不高，也让学习充满挫败感。

我知道非英语环境当中的孩子学英语，面临的情况和毛头是不太一样的，有很多家长可能很难有条件让孩子去进行太多英语口语和听力方面的储备，去进行这种"自然拼读"的学习。但是，无论如何有一点是肯定的，那就是**"单词背不下来"或者"容易拼错"这种事，是英语学习中最不重要的事情**。至少，父母在孩子背单词这方面真的可以少一点焦虑，给孩子留更多犯错和自我修正的空间！

学好数学需要天分，
不要过多地苛责孩子

自从知道橙子是学数学专业的，就有很多读者问我这样的问题：我的数学很差，很害怕孩子以后数学也不好，请问要做些什么，才能让孩子把数学学好呢？说实话，这个问题我已经思考大半年了。

一开始我想正能量一点，写一篇立意为"只要努力，就能学好数学"的文章，可是我写写删删很长时间，还是放弃了。我无法说服自己，否定"天分"对学好数学的重要性。就文科而言，基本没有天分的门槛，只要努力，就有很大提升空间：想学好语文，海量阅读就肯定没问题；想学好英语，有语言环境，多听多说多读就准没错。但是，在数学这里不一样，努力和回报不一定是成正比的，因为无论是我还是我家榨汁机先生，迄今为止经历的事和见过的人都无一不在告诉我们一个残酷的事实：**学好数学是命，天注定，你能用人力挣扎的那部分，实在非常有限。**

虽然我们觉得努力多做练习多刷题，就可以让数学成绩提高，但这种提高很大程度上只是应试技巧的提高，却无法拯救一个人领悟数学的能力，因为**这门学科本质上就是比拼脑子的神仙游戏。**

不信可以看"数学的深渊"这张图，这张图并不完全符合数学的深度层次，但是大致上差不多。

数学的深渊

普通人
在这儿

加，减，乘，除

负数，小数，分数

平面几何

幂，开方　　　　　笛卡儿坐标

数据绘图　　　无理数

变量，函数，方程

坐好，
我们要
加速了

对数，复数　　矩阵

立体几何　　统计

三角函数　　双曲函数。

参数方程，极坐标

微积分　　极限

向量分析　偏微分方程

向量　最优化　　级数　线性变换　本征值

向量空间　　收敛　　张量　拉普拉斯变换

喂，严肃点！
真正的数学
才刚开始

群论　密码学　　实分析　欧氏空间

随机分析　博弈论　组合学　复分析

复变函数　　全纯函数　测度论　　拓扑学

度量空间　黎曼曲面同胚，同伦　分形

布尔代数　非欧几何　代数拓扑　希尔伯特空间

微分几何。伽罗瓦理论　群胚　　p进数分析

李代数　光滑流形　毛球定理　控制论

E7李群　射影簇　代数几何　纽结理论　混沌

无穷小变换　代数数论

天才少年，
你好

辛几何　随机矩阵　上同调　完美空间

复克莱因群　同调镜像对称　费马大定理

四色定理　P=NP问题　千禧年大奖难题

庞加莱猜想　黎曼猜想　　霍奇猜想

杨-米尔斯理论

警告：
已达人脑极限，
必须求助
超级人工智能

系统熵反卷积　　非理性模式函数

多维拓扑

一次性密码破解

股市预测

数学的深渊

这世界上恐怕没有任何一种东西可以像数学一样，简单粗暴到近乎残酷地暴露一个人的智商，你的智商水平到哪里，你理解数学概念的天花板就在哪里。学了数学专业，我才知道自己的天分多有限，高中的内容理解起来还算透彻，进了大学就感觉越来越吃力，勉强下降到"群论"的地方，基本就踢到了铁板，再也下不去了。那时候真的十分怀疑人生，听课像听外语，看教材像看天书，脑子都转木了，还是弄不懂。最残酷的是，这些把我虐得晕头转向的内容，我的很多同学却可以很快领悟，还能举一反三地解题，让我感觉自己的智商被"碾压"得血肉模糊，心灵和自信不停遭受暴击。

那时候，我每天都会对自己进行灵魂拷问：我究竟对自己的智商有什么误解，居然来学数学专业？不要以为我在讨论学习高等数学才会遇到的问题，事实上，每个人在这个"数学的深渊"中能够下降到的深度都是有定数的，一些人可以理解费马大定理，而一些人下降到大学的"微积分"的深度就不行了，有些人则只能下降到高中的"函数"的地方，还有一些人可能下降到初中的"变量"的地方就投降了。好消息是，只要不傻，每个人都可以下降到"四则运算"的深度。所以，在小学期间，只要努力多花点时间精力，基本所有孩子都能领悟课程内容，导致家长会产生幻觉：只要孩子"好好学"，就一定能"学得好"。

但是，到了初中、高中，数学天赋的重要性就越来越明显，学霸上课一听就懂，回家半个小时把作业搞定；学渣上课一脸蒙，回家熬到后半夜，作业也做不完。你会发现，**数学就是智商的分级标尺，一旦学习内容触及智商天花板，就要被甩下来。**

这时候，有人要说那句经典的"鸡血"宣言啦：天分不天分都是借口，以你努力的程度而言，根本就没到拼天分的时候！听着是很燃，但数学的世界可不是励志电影，努力的回报率是因人而异的。

当你苦哈哈地一分努力搞不到半分收获，却看到有天分的人一分努力可以有十分收获甚至百分收获的时候，你会不会感觉自己很失败？

有天分的人努力，像在游戏里打怪闯关，一边努力，一边很兴奋很有乐趣；没天分的人努力，像在泥潭中和鳄鱼搏斗，一边努力，一边伤痕累累并且绝望无比……

这样的情况就导致天分高的人越学越擅长，天分差的人越学越受挫，所以**"天分"真的和"出身"一样，是让人生而不平等的东西。**那么，一个没天分就注定学不好的学科，学起来有意义吗？

当然有意义啦，毕竟我们在生活中还会遇到数学问题，还需要一些理性思维。这就好比就算你身材矮胖，学点舞蹈提升气质、陶冶情操也是极好的；就算你没长大高个儿，也不耽误你打打篮球锻炼一下身体啊！只不过和舞蹈、篮球不一样的是，高考必须得考数学，还考得挺难，不管你有没有天分，都要学得很深，这就让家长们很焦虑了。我写这么多，就是想告诉大家，你焦虑也没用，还不如放平心态，接受你娃命中注定的数学水平。

如果你的孩子在很努力地学数学，依然学得很差，就真的不要怪他了，可能要怪你遗传给他的脑子。他对数学排斥，做题粗心，反应慢，不是因为他故意要气你，真的是因为他脑子不够用。学同样的内容，他比其他人要花更长时间，付出更艰辛的努力，遭受更多的挫败，他真的不容易。你就应该当他这方面有障碍，**越是学不好，越要关爱他。**当然，你依然可以督促他鼓励他，让他继续努力，达到他能达到的极限。但是，你要清醒地重新审视和评价自己的孩子，不要因为他数学差就全盘否定他，因为**这世界是多元的，每个人擅长的东西也不同，并不是每个人都适合学数学。**

　　著名作家三毛小时候数学就学得一塌糊涂，经常得零蛋。因为在学校里被数学老师惩罚羞辱，被同学嘲笑，她患上了严重的抑郁症，休学在家多年，其间差点自杀。可是，三毛她的宿命是当作家啊，一个作家数学打零分，又有什么要紧？学不好数学，她又有什么错呢？

　　当然了，鼓励孩子在学习上勤奋努力总是积极的，充满正能量，只是我们不要一味强调努力，却完全不承认孩子之间的个体差异。在人生道路上，"选择"总比"努力"重要得多，每个孩子都有属于自己的那一份"独一无二"，与其一直为"他怎么这么笨，连数学都学不好"这样无解的问题而烦恼，还不如转而去想一想**"他是谁？他擅长什么？他喜欢做什么？"，并试图帮助他找到一条最适合自己为之努力的路，这才是孩子人生中最最重要的问题。**

　　而事实上，我们的孩子基本没机会思考这个问题，因为他们从小就把所有时间和精力用来"勤奋刻苦"，花大力气试图弥补天分上的不足，然后在选择道路的时候跟风随大溜，最后的结果大抵是在不擅长的领域成了一个平庸的人。就好像橙子当年，如果继续坚持在数学领域"刻苦努力"下去，世界上就少了一个还算不错的公众号，多了一个有点蹩脚的数学老师。

　　愿我们的孩子不再为自己不擅长的科目而感到自卑和痛苦，把沮丧和面对挫败的精力用来发现自己的特点和长处。发现自己是一条鱼，就去游泳；发现自己是一只鸟，就去飞翔。当他们进入大海，飞上蓝天，"跑不快"就不再成为一个问题。所以，你问我怎么才能让孩子学好数学，我只有一句话：**天分决定上限，努力决定下限。他学得好，一定是因为天分高；他学不好，也不一定是因为没努力。**如果你做了所有能做的，孩子依然学不好数学，就默默接受他这个"缺陷"吧，毕竟**孩子的人生有无限种可能，别因为和数学较劲，让孩子把路走窄了。**

"傻玩"也是一种学习，
让孩子有闲暇时间很重要

当今时代，没有什么比养一个孩子更让人焦虑的事了。从孩子刚生下来开始，当父母的就开始焦虑，关心孩子的身高体重达不达标，吃得够不够，身体发育得好不好。等到孩子能说话会走路，看着很正常了，父母的焦虑点就从吃喝拉撒向教育转移，关心孩子够不够聪明，什么时候会数数、做加减法、背古诗、说英语，看到别人家孩子上各种学习班，而自己家孩子在玩泥巴，就非常难过，怕真的输在起跑线上。

这种焦虑的心情我们人在北美的父母更能感受到，因为在北美国家这种宽松佛系的教育大环境下，我们的孩子真的是从小"傻玩"大的，想上辅导班也没有，天天只顾着在户外疯。在学术方面，和国内的孩子比，我们的孩子在学龄前时期就显得很差劲。

我们毛头六岁的时候参加一个夏令营，遇到了从国内来的孩子，玩纸牌游戏的时候，对方发现毛头不会算100以内的加减法，就很吃惊，说你怎么这么大了还不会？我四岁就会了！看到这一幕，我心里真的难受，感觉我家孩子被我的懒惰耽误了。但是又过了两年，看到毛头上学之后的种种变化，又结合我自己和榨汁机先生的成长轨迹，我突然豁然开朗了。

之所以各国都把六岁定为"入学年龄"，并且不让孩子早上学，是有合理之处的，因为在那之前，孩子需要学习的很多重要东西都是从"傻玩"中学到的，如果让孩子"提前进行学术学习"，挤占太多"傻玩"的时间，孩子成长的营养就会不均衡，从而耽误他们综合能力的发展。那么，孩子在"傻玩"中能够学会什么呢？

学会独自解决问题

怎样才能抓住一只飞来飞去的蜻蜓？怎样才能编出一个漂亮的花环？怎样才能搭一个很炫酷的沙堡？怎样才能用桌子、椅子、雨伞、床单造出一个舒服的小帐篷？你会发现，孩子可能会废寝忘食地为这些无聊的事苦苦思索，来来回回地尝试，并消磨长长的一个下午，最后的结果仍然乱七八糟，不尽如人意。在这个过程中，他可能会沮丧，会觉得挫败，会哇哇大哭，也许会放弃。这个过程看上去非常没有营养，但实际上孩子就是在学习。

其实，这种经历和体验对孩子的成长有非凡的意义，能让孩子知道：

面对自己从来没遇到过的问题，如何分析它，拆解它，最终解决它；

面对困难和瓶颈，如何调整自己的沮丧心理；

什么样难度的事情是自己能力范围内能解决的，什么样难度的事情需要向其他人求助；

遇到错误和失败不是坏事，这是通往成功的途径。

"解决问题的能力"是没办法出题考试的，却非常重要，不管是学习文科还是理科，都非常需要这种能力。到了中学，很多孩子很努力，可还是考不了高分，就是因为缺乏这种"解决问题的能力"，教过的题型就会做，但是遇到新题型，就不会解。这多半是因为童年时期很少完整经历"自己解决问题"的过程，不习惯思考，也缺乏自信心。

现在大热的编程课，其内核也是培养"解决问题的能力"，无论是"让机器人走到指定地点"，还是"用积木搭一座房子"，本质上都是一样的事情，小时候快快乐乐地"傻玩"，也一样能培养这种能力。

学会与人交往

人是天生的社交动物，一个孩子社交能力糟糕，求学时期会缺乏朋友的陪伴，容易陷入孤独苦闷当中，长大以后，就算职业生涯不错，也很难建立健康的亲密关系，获得幸福感。那么，社交能力是如何获得的呢？除了和父母学习，就是和小伙伴们玩出来的呀！

孩子们会在玩耍中不断冲突，有争吵，有崩溃，有妥协，每个人都要为维持友谊付出自己的努力。他们会为了使游戏更有趣而设立游戏规则，然后遵守游戏规则，还会酌情更改游戏规则。他们还会搬弄是非，会拉帮结派，几个小伙伴之间搞得比战国时期的合纵连横还复杂。他们在社交中会有很多负面感受，可能会吃亏，会被欺负，会经历背叛，会被孤立，等等。

孩子就是要经历这些乱七八糟的事情，才能学会如何分辨不同的人，如何寻找和自己合拍的朋友，知道什么样的行为会受到欢迎，什么样的行为又会招人讨厌，等等。他们是在和同龄伙伴不断的相处磨合当中，最终获得在人群中游刃有余地生存的能力的。

观察一下你周围的人，那些智商高的人，未必最终能获得幸福；那些情商高、会和人打交道的人，几乎都能获得爱情事业双丰收。所以，让孩子从小就获得更好的社交能力，是不是另一种"赢在起跑线上"的办法呢？

学会应付无聊

你有没有觉得现在的孩子会经常和父母抱怨无聊，很大年龄了，还缠着父母陪玩，要么就总要看电视、玩手机。这是因为很多父母把孩子的时间安排得太满，赶场一样学这个学那个，根本不给孩子机会，让他们学会自己玩耍，用想象力来应付无聊。

我们这一代人小时候，一个气球、一块手绢、一根翻花绳、几块积木，就可以打发一整天。而现在的孩子，空闲下来的时间太少，习惯不停地接受各种新鲜信息，无聊对他们来说就是一件很难忍受的事情。这导致他们习惯依靠外界刺激来应付无聊，而缺乏对自己的精神世界进行探索的动力。他们没有心情看天上的云彩编一个光怪陆离的故事，也没有时间给小熊喂饭，陪娃娃聊天，更没有精力去细想我到底更喜欢蓝色还是绿色。

他们习惯于被赶着不停地奔跑，却再也学不会欣赏周遭的风景。这样习惯于外界刺激的孩子，一旦有闲暇时间，会选择做什么呢？他们会花心思整理装饰房间吗？会去山间散步，感受清新的空气吗？会定下心来看一本厚厚的书吗？不，他们只会继续寻找强烈的刺激——打游戏、刷视频、疯狂购物，甚至酗酒、滥用药物，因为这样的孩子内心世界一直是苍白而空洞的，如果没有外界不停的刺激来填补，他们就会感觉不到自己的存在，陷入可怕的空虚中。

让孩子在童年时期有足够的空闲时间，可以发呆，做白日梦，比你想象的要重要得多！

其实，欧美教育体系对小孩子实行比较"佛系"的教育风格，并非因为他们懒散，不爱努力，只因为让孩子在学龄前过于忙碌地"学习学术知识"

的危害早已经被证实。

德国人在20世纪70年代就做过对比实验，对"游戏型"幼儿园与"学术型"幼儿园的孩子们进行跟踪调查，看看到底哪种教育模式下的孩子未来会更好。结果，虽然走学术路线的孩子的确因为提前接触了知识，无论阅读能力还是数学水平，都碾压同龄人，但到了小学四年级的时候，却一下被"游戏型"幼儿园毕业的孩子赶超，两类孩子在学业方面的差距几乎看不出来，可在社交和情感方面，走学术路线的孩子统统偏弱。

无独有偶，在美国，一项针对来自非洲裔家庭的343个孩子的对比研究也表明，走学术路线的孩子先在学业上全面领先，各方面表现十分亮眼，但一到小学四年级，情况就反转，提前学习知识的优势不再明显，反倒人格与情商等方面的劣势格外突出。

总而言之，**出来混迟早要还，孩子的时间就这么多，你都让孩子用来做学术训练，孩子其他方面的能力就没有得到锻炼，你剥夺了孩子原本应该"傻玩"的童年时间，就一定会遭反噬。**

那些加减乘除的东西对小小孩来说很难，长大了很快就能学会，可是童年"傻玩"时获得的那些智慧和能力，想等大了再补，就非常难了。

我知道现在教育竞争激烈，国内很多大城市的孩子不提前学，就混不下去。但是，就算被巨浪裹挟，也要保持内心的一份清醒。超前学习并不是理所应当的，让孩子像陀螺一样连轴转，对他的未来没有好处。环境再艰难，也还是要想办法多给孩子一些"傻玩"的时间。就算人生真的有起跑线，赛场也不止一个，你只在一条起跑线上抢跑领先是没有用的。

从学龄前开始，
让孩子热爱阅读

英语里管"催促""督促"这样的行为叫"push"，"push"又有"推"的意思，所以很多海外华人喜欢管重视教育、望子成龙的家长叫"推爸推妈"。凡是华人家长，基本都挺能"推"，但是要不要在孩子学龄前的时候就做"推爸推妈"，在华人里也是有争议的。

放养派家长觉得，这么小的孩子，快乐就好，早早地推就是拔苗助长，孩子童年就在压力下度过，以后就算学得再好，也会没有幸福感！

力推派家长认为，孩子从幼儿时期就应该进行智力开发，了解一些入门的知识，打下一个良好基础，上学以后才有优越感，事半功倍。

看起来好像都挺有道理，到底哪一派才对呢？

橙子讲一下自己的故事吧，相信你看完之后，自己会有答案。

橙子的娘亲是个典型的推妈，只要是能推的，她全都推了。橙子婴儿时期就开始认卡片，两岁就背唐诗，三岁学英语和电子琴，四岁开始识字。在上学前班之前，我就会背九九乘法表，做20以内的加减法已经可以不出错了。我小时候可不算什么聪明孩子，甚至是比较迟钝的，能做到这样，纯粹靠我妈耐着性子一点一点磨。她的理由是，我太笨，需要"笨鸟先飞"。现在想起来，真的好佩服我娘，她还真是拼啊！

后来，我一路当学霸，上了重点大学，还读了硕士，好像混得挺不错，外人都觉得这是我妈早年对我下苦功夫的结果，但是只有我自己知道，她当年"推"的那些事情，绝大部分没有对我今后的成长起到太大作用。

唐诗、英语单词、电子琴这些东西，稍不练习，很快就忘得干干净净。算数在小学三年级之前好像要比其他孩子好一些，三年级之后，完全看不出优势了。唯一对我有重大影响的是她高瞻远瞩，很早就培养了我对书籍的热爱。

从三四岁记事时开始，书就是我生活中非常重要的一部分。那时候，童书资源很少，我妈基本上把新华书店所有的故事书都买了一遍。除此之外，她还订了一大堆儿童杂志，还从出版社邮购一些童书（相当于当年的网购）。家里衣服家具被褥什么的都是很旧很旧的，甚至吃肉都没过瘾过，只有书一直有新的看。在20世纪80年代的东北小城镇里，我家简直是异类，我妈同事看她花钱买这么多孩子的书，都觉得她有毛病。

我童年获得的所有奖励都和书有关，今天表现好了，奖励晚上多讲一个故事；表现不好，就少讲一个。过生日和过六一儿童节，就带我到书店去，让我随便选两本书。无论我妈还是我爸到外地出差，带回来的礼物也一定是书。

在这样的熏陶下，我从小就对书籍极度痴迷，家里一柜子的书，全都被我翻得卷了页，因为听了太多遍，很多书我可以一字不差地背下来。可以自主阅读之后，我的阅读范围一发不可控制。上小学三四年级的时候，我就开始读百科全书和中篇小说，上初中就开始读世界名著和武侠言情小说了。庞大的阅读量让我成为一个与众不同的孩子。

别的好处就不说了，仅仅大量阅读这件事对学习方面的积极影响就大到你想象不到。这种影响在小学的时候看不太出来，越到高年级，就越明显。我从来不需要家长监督学习和写作业，对我来说，学习一直是一件很轻松愉快的事情，从来不是一件苦差事，因为很多科目我是基本用不着费太大心思学的。

语文是最不用学的，莫名其妙就可以得高分，作文永远是范文。历史也不用怎么学，顶多考试之前背一背具体年份，人物事件什么的早就知道了。生物和地理对我来说相当于学第二遍，再学只是填充细节。物理和化学中的各种原理我也早有了解，只差背公式和做题应用。别人要学九科的精力，我只需要用来学三四科就行了。更不要提我通过大量阅读不知不觉形成的强大文字理解能力和逻辑分析能力，对学习有多少无形的帮助了——更能理解出题人的意图啊，你懂的！

所以，我上中学期间，看闲书、泡网吧、单恋、伤春悲秋、追星什么的都没耽误，只做老师布置的作业，没做过多余的习题，辅导班一个都没上过，请家教更是没听说过，我妈一分钱都没给老师送过，我照样是学霸。老师们对我又爱又恨，爱我是因为要靠我拉高班级的平均分，恨我是因为他们都知道，我学习这么好，并不是他们教出来的，因为我上课总是睡着——他们讲得实在又慢又无聊啊！

再说一遍，我不是个智商高的人，这一点我在大学里深有体会，比我聪明的人太多太多了，我之所以学习好，并能考入一所还不错的大学，全都是因为大量阅读。

总听人说什么应试教育摧残人啊，把人学傻了什么的，可我从来没觉得受过什么应试教育的荼毒，因为我清楚地知道，**学校里学的那些知识只是人类浩如烟海的知识里很少很浅很片面的一小部分，学习那些东西，只是为了**

赢得竞争的胜利，争取更好的教育资源而已。

从幼年时开始，让我真正从事学习活动的地方并不在校园里，而在我的书橱旁边。我对阅读的热爱，也让我热爱学习，并且不由自主地终身学习。什么"书山有路勤为径，学海无涯苦作舟"，真是超级扯淡的一句话！读书学习，满足好奇心，追求未知，多么令人快乐的一件事。没有乐趣，学什么能学得好？我母亲在我幼年时种下的一颗小小的种子就这样生根发芽，长成了茁壮的参天大树，让我受益一生。

在孩子很小的时候施加一些潜移默化的影响，让孩子有自主学习的动力和能力，推一下就再也不用推，孩子会情不自禁地自推，而且丝毫不觉得辛苦，还觉得特别过瘾开心——最牛的推妈，应该达到这种水平。相比给孩子聘名师家教，让孩子上辅导班什么的，这境界不知道高出多少。

阅读的好处，大家都有所了解，所以才有"人丑就要多读书"这样的话流行。但是，这种话大多是针对成年人的，其实阅读的习惯应该从童年时代就开始养成。

一个人一直没有什么阅读习惯，成年的时候再硬逼着自己去读书，其实是有些困难的。我老公就是一个典型的例子，他阅读速度很慢（阅读中文甚至比阅读英文还慢），比我慢两倍不止，一本书我一下午就能看完，他得两三天。读书对我来说纯粹是一种愉悦的体验，和旅游吃大餐没什么不同，对他来说却要付出一些毅力才行。这不是输在起跑线上是什么？

对儿童尤其是低幼儿童阅读兴趣的培养，很多家长都没有充分重视起来。很多家长还会认为，孩子这么小，又听不太懂，有什么好读的？或者觉得家里有几套书就足够了，小孩子家家，要那么多书做什么？

错错错！书和玩具不一样，书是易耗品，我们应该把书看作孩子的精神食粮，持续不断地喂养孩子的心灵。你要在孩子很小的时候就让他感受到，书里的世界那么大，那么丰富，那么精彩，书里有那么多智慧、那么多乐趣、那么多知识等待他去探索发现，从而让他爱上书本。这种感知不是读几本书就能有的。

很多人都觉得北美的孩子所处的教育环境好，学业压力小，还以为北美的孩子都被放养，可你知道北美的孩子有多能读书吗？他们简直就像吃书一样，几乎每隔两三天就去一次图书馆，每次借个十来本书稀松平常。有了这么大的阅读量，他们在课堂上还需要学多少呢？老师只需要引导孩子把知识系统梳理一下即可，看起来浮皮潦草，可他们学到的比中国孩子多多了，只不过没中国孩子那么会算算术而已。都什么年代了，再会算算术，也只是人肉计算器而已，有什么好炫耀的！**真正有用的，是对知识的渴望，对探索未知的兴趣，以及主动学习的能力。**

很大一部分中国孩子高考结束之后就停止了读书学习，绝大多数北美的孩子将阅读的习惯保持终生（这边无论男女老少，只要坐下来，就拿书出来看），这不值得我们思考吗？

毛头要上学前班了，他要去的小学组织了一次聚会，让孩子们和老师见见面，其中第一个出来讲话的就是学校图书馆的老师，老师特意和所有家长强调：尽你所能给孩子多读书，不光要有睡前读书时间，一天的任何时间里，只要孩子想读书，你就给他读，读得越多越好，上不封顶！

有看电视、玩手机的时间，不如用来陪孩子读书；

有教孩子算算数、背唐诗的耐心，不如用来给孩子讲书；

有上辅导班的钱，买精致玩具的钱，不如给孩子买书。

想让宝宝更聪明，
秘诀是多和他说话

所有人都想让自己的宝宝更聪明，为此，很多妈妈可能从怀孕的时候就开始折腾了，胎教啊，吃各种有助于宝宝大脑发育的食物啊，等等。宝宝生出来，可能还没坐稳，就要开始上早教班、认卡片，甚至看一些所谓"有益智效果"的婴幼儿电视节目。但是，**家长往往忽略了一件最简单，但也是对宝宝智力发展最有用的事情——多和宝宝说话**。

多和宝宝说话对宝宝大脑发育的重要性怎么强调都不为过，大人和婴儿越多说话，就越会刺激婴儿大脑中的神经元互相产生联系，让宝宝更聪明。有一个研究数据是这样的，和孩子说话多的家庭里的孩子三岁时的智力水平，是和孩子说话少的家庭里的同龄孩子的1.5倍。最新的研究还表明，家长对小宝宝说话，甚至能固化孩子所处的阶层。据堪萨斯大学教授贝蒂·哈特（Betty Hart）和托德·里斯利（Todd Risley）的一项研究统计，那些低收入的贫困家庭的孩子每小时只能听到600个词，中产阶级家庭的孩子每小时可以听到1200个词，而在高级知识分子家庭，孩子每小时能听到2100个词。到孩子三岁时，富裕家庭的孩子平均接收到4500万个单词，而贫困家庭的孩子只能听到1500万个单词。

这个差距无疑是巨大的，贫困家庭的孩子要比富裕家庭的孩子少听3000

万个词。所以，一个出身贫寒的孩子在年满一周岁的时候，在说话、理解能力和学习能力方面，可能已经全面落后于富裕家庭的孩子了。这才是真正输在起跑线上。

解决办法其实很简单，就是多和宝宝说话，对宝宝进行语言和词汇上的输入，量越大越好。

不要以为电视机、故事机可以替代你进行这个劳动，因为这种死机器不能和孩子互动，孩子不可能从这种单向输入中得到太多有效的信息。只能你亲自来做，因为你的语气、手势、表情，还有环境以及反馈互动，都是语言学习里必不可少的一部分。

道理是都懂啦，可是要做到就很难了！

平均每小时说1200个词以上，还是蛮重的任务，尤其是对着一个看起来什么都不懂，只会"哦哦啊啊"的小"北鼻"，对着他说话真是要犯尴尬症，总有种心灵空虚导致自言自语的既视感。橙子君作为一个内向的"死宅"，就算和成年人说话，都要消耗能量，对着小娃说话，真是要克服很多障碍。

生娃之前，我就特别害怕面对小孩子，并不是不喜欢小孩，而是不知道怎么和他们交流互动。毛头婴儿时期，我也很少专门和他说话，一是觉得他听不懂，二是不知道和他说些什么，这也是最主要的原因。可能正因为如此，毛头到了15个月大还什么都不说，而且最要命的是好像什么都听不懂，当时儿医说他在语言发展方面明显滞后，让我多和他说话，不然就要做语言干预了。

于是在这样的压力下，我逼着自己和孩子多说话，当时只要毛头醒着，我就强迫自己嘴巴不闲着。一开始很难，觉得又尴尬又别扭，浑身难受，说着说着，就越来越习惯和自然。在这样的刺激下，毛头也进步飞速，虽然15个月的时候还一个词都说不出来（爸爸妈妈都不叫啊），但18个月的时候已经会说20多个词，不到两岁就开始说长句子了，这在男孩子里也算蛮领先的。

给大家介绍一些经验，看看对不会说话的小娃都能说点啥。

一、描述宝宝可以见到或者感受到的所有事物

宝宝正在做什么，他眼睛往哪里看，对什么东西感兴趣，你就尽量用语言描述这个事物给宝宝听。最好用手指一下你描述的东西，这样宝宝才能把你说的东西和实际事物联系起来。

例句：

宝宝，你在吃手吗？你的手手胖胖的，是不是口感很好啊？

宝宝，今天天气很好，天空是蓝色的，还有白色的云彩。

宝宝，这个玩具是消防车，红色的消防车。

二、描述自己正在做的事情

在一边带宝宝一边做事的时候，你可以开启话痨模式。

例句：

妈妈正在削苹果，苹果是这个，红红的，妈妈需要用这个刀子把苹果皮削掉。苹果很甜，宝宝喜欢吃苹果吗？

妈妈正在洗手，妈妈手脏脏了，要用水洗干净，用一些洗手液，搓出很多泡泡，再冲掉，然后用毛巾擦干。好啦，洗干净啦！

三、念书和唱儿歌

实在想不出要说什么了，就念书讲故事或者唱儿歌吧。可以让故事机这样的东西帮助一下，并不是让宝宝听故事机讲，主要是妈妈可以跟着故事机学习，多听几遍，做到想说就说，想唱就唱。（话说有娃之后，我平常哼的歌都变成儿歌了。）

四、让语言渗透到所有日常生活中

无论是领着宝宝散步，喂宝宝吃饭，给宝宝洗澡，还是陪宝宝玩玩具，在所有的日常生活中，嘴巴都不要闲着，权当你是在接待一个来参观的外星人，你得把地球上所有的新鲜玩意儿都介绍给他，才算尽职尽责啊！

放下手机，放下手机，放下手机，重要的事情说三遍！ 跟宝宝说话的时候，别嫌麻烦，别嫌重复，宝宝就是需要接受这种大量重复的输入，才能形成元认知。

一些常见的误区

1. 以为宝宝并没有在听

大多数时候，宝宝听你说话都显得心不在焉，毫无兴趣，感觉完全是"鸭子听雷"，让人很有挫败感。但事实上，你说的所有话宝宝都听到了，都会对他产生作用。不要因为宝宝没有反馈，就不去和他说话。

2. 将宝宝当作成年人来说话

和宝宝说话，不要把他当成年人。要尽量用夸张的语气和表情，放慢语速，并且拉长音，还要吐字清楚，不要含混带过。很多研究都表明，夸张的儿语对婴儿更快地学习语言是有很大帮助的。很多父母其实没有意识到这个好处，一和宝宝说话就自动夸张，这非常棒，好习惯要保持。

3. 不要和宝宝说叠字儿语

我曾经看过国内的一篇文章，建议父母从一开始就不要和宝宝说"吃饭饭""睡觉觉"这样的儿语，否则孩子长大之后还要学习一遍正确的说法，消耗不必要的精力。但是，我所查阅的英文资料并不支持这样的说法，因为小宝宝天生会对叠字或者夸张的发音比较感兴趣，更容易有深刻印象，大人应该利用这样的特点，让宝宝尽快建立事物和语言之间的联系，这对宝宝更快速地发展语言能力是有好处的。等到宝宝的语言能力变强之后，再用正确的方式和他对话，他自然而然就能改掉说叠字的习惯，并不会消耗多少精力。

记得有一次在儿童医院，看到一张令我印象深刻的宣传海报，上面写着"baby needs words everyday"（宝宝每天都需要听你说话）。宝宝每天都需要听你说很多话，就像他每天都需要足够有营养的食物一样，他的精神成长需要语言来滋养，**不要只顾着喂饱了宝宝，却在精神世界里让他饥饿匮乏。**

孩子容易分神，专注力差，怎么办？

不得不说，专注力的强弱好像也与天分有关。当年我带着一两岁的毛头去参加图书馆的读书活动时，很喜欢观察其他孩子，一屋子不同年龄的小朋友，真的表现各异。绝大多数小朋友的专注力会随着年龄增长而提高，听半小时的读书内容，四岁以上的孩子一般都能安静地从头听到尾，两三岁的孩子一般听到结尾才有点烦躁，一岁多的孩子则放飞自我，看当天的发挥，状态好能安静十分钟，状态不好没听两句就开始满屋子乱跑了。

虽然整体情况是这样，但也有例外，我也见过三四岁的孩子依然坐不住，而一岁多的孩子却能安安静静地从头听到尾。性别差异也很明显，一般女孩会更专注，男孩会更好动。所以，每个孩子的专注力肯定是有一个天生的初始值的，摊上一个初始值不高的孩子，当父母的免不了要多操心很多。

最近就有读者朋友和橙子说，家有三岁刚上幼儿园的孩子，有注意力不集中、坐不住的问题，很担心孩子是不是有多动症。

首先，多动症在孩子五岁之前是很难确诊的。多动症的行为表现和学龄前的小孩子幼稚不成熟的表现十分相似，难以区分，非常容易误诊，所以一般要等孩子五岁以上，才能真正做这方面的诊断，看看孩子是否需要药物帮助（并不是所有有多动症的儿童都需要药物帮助）。如果你的孩子还小，但是你明显发现他的专注力比同龄孩子要差很多，甚至影响他在幼儿园里的生活，那么你能做些什么，来改善孩子注意力不集中、坐不住的问题呢？

首先，很多情况下，"注意力不集中"并不都是由多动症引起的，要排除以下这些因素对孩子专注力的影响：

1. 睡眠

孩子缺乏睡眠，大脑没有得到很好的休息，就很难集中注意力。有的孩子晚上睡得很晚，或者夜里频繁醒，睡眠质量不好，这都会影响白天的专注力。所以，养成良好的睡眠习惯是很重要的，这甚至是一切良好行为的基础。如果孩子不容易集中注意力，就更要想办法让孩子保持健康的作息规律。

2. 饮食

孩子肚子饿了，也没法集中注意力。很多孩子胃口小，每次吃不多，体力消耗却较大，容易饿，饿了就情绪糟糕，更无法集中注意力。所以，最好给这样的孩子在两餐之间安排一个"零食时间"，让孩子吃点健康的小食，譬如水果、酸奶、苏打饼干什么的，让孩子不要太饿，影响大脑运转。

3. 压力和焦虑

过大的压力和焦虑情绪也会让孩子无法集中注意力。一般刚入园的孩子多多少少会有分离焦虑的问题，面对教育风格比较严厉的老师，也会有压力过大的问题，专注力就会受影响。很多孩子在刚入园的时候会非常"不听话"，坐不住，爱乱跑，但是适应之后，焦虑和压力感减轻了，自然而然就变"乖"了。

其次，在平时的生活中，如何锻炼孩子的专注力呢？

1.尽量让孩子做一些他感兴趣的事情

一个人的专注力会随着"任务"的有趣程度而变化，相信你也很难对"搬砖"特别专注的。做喜欢的事情，自然更容易集中精神；做不喜欢、不想做和不擅长的事情，自然会拖延，容易分心。所以，既然是小孩子，咱们就先从容易的和他感兴趣的事情入手，让孩子能够多体验"专注"带来的快乐。有的孩子不喜欢搭积木和拼图，但是喜欢玩沙子，那就让他多玩沙子好了，玩得越投入越好。孩子经常体验到"专注"带来的快乐之后，也会逐渐把这种能力迁移到做其他不那么喜欢的事情上。

2.帮孩子把任务难度降低

既然孩子容易分心，那给他安排任务的时候，就要注意符合他的专注力水平，不要一下子就给他安排一项难以专注完成的工作。譬如，一次只下达一个指示给孩子——去把袜子穿上，而不是发出"多重指令"——去把衣服裤子穿好，别忘了穿外套和袜子。否则，孩子就会顾此失彼，只记得一件事，完成度很低，内心受挫。再譬如，每次让孩子做一些需要专注力的事情时，给孩子定一个比较短的时间：这次我们只看15分钟的书，你要坐在这里不动，看看你能不能坚持下来。如果孩子可以做到，再慢慢延长时间。总而言之，给孩子下达任务的时候，要考虑到他的专注力水平，不要过高要求他。

3.提醒孩子"回来"

孩子一件事没做完就分心了怎么办？不要沮丧和暴躁，这正是训练他"把注意力找回来"的机会，温柔地提醒他：你在听吗？我们还没做完，现在继续做好吗？帮助孩子把注意力拉回来。最好能和孩子约定一个"暗号"：当我说"回魂儿啦！"的时候，你就要立即停止做别的，马上听妈妈说话好吗？在生活中多多练习，孩子就会学会如何重新集中注意力。既然天生比较容易分心，那就和分心做朋友吧，分心不要紧，能及时拉回注意力就好。

4. 尽量减少一些"屏幕"时间

我们总是提倡让孩子少看电视，少玩手机，不光是为了让孩子保护眼睛，主要是因为动画片画面转换极快，孩子不必集中精神，轻轻松松就可以获得快乐，于是专注力这一块"肌肉"就一直在歇着，歇多了自然就不愿意"工作"，越不锻炼就越弱。所以，如果你家孩子本身专注力就不是很强，容易分心，就更要减少一些"屏幕"时间，让他多把注意力集中在那些有点"无聊"的事情上，使专注力这块"肌肉"随时都得到锻炼。

每个孩子都是不同的，对有些孩子来说，集中注意力是一件轻轻松松的事情，甚至很容易沉迷其中，拔不出来；而对有些孩子来说，则要付出一些艰苦的努力。所以，如果你的孩子总是有容易分心、坐不住、爱乱跑的问题，请不要过多地批评责备他，说他不听话、太懒了、不专心等等。他也不是故意要这样做的。其实，孩子不能集中精神做完一件事，他自己也是很沮丧很郁闷的，他也非常需要亲人的情感支持。当父母的要多想办法，做各种尝试去帮助孩子克服自己的弱点，只要他做出努力，即便只有微弱的进步，也要多夸奖，而不是数落他一顿，或者把他扔到"多动症"的筐里就不管了。如果觉得孩子的分心问题实在特别严重，等他五岁以后，一定要带他去儿童精神科看，寻求专业医生的帮助。

最后，愿那些容易分心的孩子都可以通过自己的努力，完成每一件想要做的事情。

别陪孩子写作业了，
父母天然不擅长"当老师"

最近江湖上流传着好多关于陪孩子写作业的段子，好像全国的小学生家长都进入疯狂吐槽模式，陪得连哭带吼最后动手的都已经不算什么了，还有陪出心脏病做手术的，陪出乳腺增生，陪得回奶，乃至陪得想自杀的。

毛头也上学了，橙子本人也深有体会，这些描述一点都不夸张。我之所以从孩子开学到现在还没疯，只是因为加拿大的公立学校"放羊"，基本不给孩子留作业而已。别看我文章写得人五人六，想得比谁都通透，真要陪孩子写作业，说句大实话，我不会比国内的任何一位家长做得更好。

毛头三岁左右的时候，我曾经试图教他认汉字，结果从好妈妈变成了大魔王。那段经历简直不堪回首，字没认多少不说，亲子关系都变得很差劲。从那之后，我越来越发现，我没办法亲自给孩子当老师，一旦我正儿八经地教他抽象知识，我的心理就会持续遭到暴击，血槽空得特别快，没几个回合就离"当场去世"不远了，然后痛苦导致攻击性增加，我就会失去理智，一心只想先把孩子KO（击倒）了再说。既然教学活动直接变成了街机游戏，那上演疯狂又暴力的场面就一点都不稀奇了。

等我气消了，回想自己刚才的行为，又觉得自己就是个大浑蛋，怎么可以那样粗暴地对待孩子，以前读的那些育儿书全都喂狗了，有什么脸面继续为人父母啊？！痛定思痛，为什么陪孩子写作业这一行为特别容易暴露出为人父母最差劲的一面呢？

亲密关系是不利于正式教学活动的

其实，家长在家陪写作业，给孩子订正、讲解，是扮演了一个老师的角色，而"老师"和"学生"之间本来应该疏远客气一些，亲近了反而要坏事。

橙子以前是学师范类专业的，我们教师界有一个通行的行业规则，就是绝对不可以和学生称兄道弟交朋友。这不是因为老师特别喜欢装×摆谱（整天绷着也很累啊），而是因为一旦师生关系过于亲近，学生就会和老师"不见外"，把正式的教学活动认定为社交活动，期待和老师发生情感交流。老师对学生提要求，学生会不重视，觉得老师在吓唬人开玩笑；老师语气重一些，学生又会觉得心灵受伤，去"嘤嘤嘤"。这种状态下，能学进去知识就有鬼了。

你是孩子的亲生父母，孩子本来就跟你很亲密，时刻渴望和你发生情感交流，一旦你出现一点点情绪波动，他们就特别容易感受到，满脑子都是"妈妈好像不高兴了""妈妈怎么那么凶""妈妈让我好害怕"，理性思维直接短路当机，你说什么他们可能都听不懂，更别提学会什么了。

我曾经看到过著名作家、教育家刘墉说他在教女儿中文的时候，会有一个正式上课的仪式，并且要求女儿叫他"老师"而不是"爸爸"，为的就是拉远彼此的距离，让气氛不太适合撒娇和耍小姐脾气，这样才可能有教学效果。

越是对亲生孩子，越难以容忍错误

橙子曾经做过很长一段时间家教，当时我以为自己是一个超级有耐心的人，因为那些学生无论基础多差，提出的问题多"白痴"，我都可以保持微笑，不懂就放慢讲解速度，换个方式，换种方法，换个角度……360度各种换，直到他们听懂为止，"春风化雨"得一塌糊涂。

因为我知道我的职责就是给人补习，学生不懂是应该的，都懂我不就没工作了？所以，我对他们的容忍度特别高，听不懂在我的预期之内，讲懂了是意外惊喜，让我有成就感，心中有满满的平和。

可是，一旦教的娃变成自己亲生的，我的要求标准立即就变了，我会把自己的感受投射到他身上——我觉得这个很简单，那孩子也应该觉得简单才对！这么简单你还弄错，你是白痴吗？如果孩子表现得很笨，我就会在潜意识里召唤出童年回忆，不由自主地总觉得自己要大难临头了，所以特别容易失控。父母是严重"双标"的，总是习惯对别人家的孩子宽容，对自己家的孩子却十分严格，容不得孩子笨一笨，错一错。然后，因为是自己亲生的孩子，不需要尊重客气，打骂吼叫就没什么压力，更是完全忍不住停不下。**有时候，我们对待自己亲生的孩子，真的比对待别人家的孩子糟糕多了。**

简单的问题未必好讲解

辅导孩子写作业的一般都是小学生家长，家长们都觉得小学生学的玩意儿这么简单，孩子不会，简直不可忍受，是有多笨啊！还真不一定是孩子笨，很可能是你根本没讲明白。越是简单的问题，越是不容易讲明白了。

当年橙子大学毕业实习的汇报课程是讲"有理数减法"，也就是讲"2-3""4-6"这样的题要怎么算。这么简单的问题，我准备了半个多月，教学大纲一共改了五稿，挑出一种我认为最容易理解的讲解方式，预讲的时候依然被老教师挑出不少毛病，然后继续改讲稿，这是非常折磨人的一个过程。事实上，讲课是一件很专业的事情，"明白怎么回事"和"能把这件事讲清楚"的距离真的有十万八千里。

作为非专业人士，你容易犯很多错误。譬如你在解释一个概念的时候，又用到了其他陌生的概念；譬如你说了半天，却缺乏逻辑，找不到重点；譬如你无法提出最触及本质的问题；譬如你说话过快，说半截话，指代不清楚；等等。无论你犯了哪个错误，都会影响孩子的理解。而最最容易犯的错误就是**带着强烈的情绪来讲解，这会让孩子只关注你的情绪，而忽略你说的内容。**这些问题你自己很难感受到，也不会怪自己讲得不好，只会怪孩子太笨，不认真听。

再快的刀也削不了自己的把儿，有再高的学历也教不了你亲生的娃。

我个人非常不赞成家长陪着孩子写作业，教孩子怎么做题，这就不是家长应该做的事情，对亲子关系有毁灭性的伤害不说，**对孩子学习成绩的提高也益处不大，还会使孩子始终有依赖性，觉得写作业是家长的事，学习的主动性和责任感就全毁了。**

如果孩子在课业上真的需要帮助，不妨雇个家教，普通大学生就行，花不了太多钱，效果绝对比当家长的亲自上阵好得多。

如果你非要亲自辅导，以下几点建议供你参考：

1. 保持情绪平和，一旦发火，赶快停止，等冷静了再继续，因为你在发火的状态下是教不会孩子的。

2. 不要妄图在一天内把所有的问题都解决，有些知识概念，孩子一

时就是难以理解，需要重复接触许多遍，才能领悟贯通。实在讲不明白就休息，过几天再讲，很可能一下就懂了。

3. 就事论事，不要说孩子笨，你说他笨，他就真的会笨给你看，心理暗示的力量是很强大的。

4. 作业做不完就做不完吧，让孩子自己承担做不完的后果。

5. 绝大多数孩子不是神童，一开始学不会、不熟练、出错误都是正常的，请对孩子多一些耐心，多一些包容。

最后，愿孩子们快点长大，到了中学，学的很多东西家长都记不得搞不明白了，也就没法陪写作业啦！

废掉孩子的最好办法，
就是逼着他瞎努力

近阶段，我发现教育类文章的风向居然开始变了，前些年一直是主流的
"快乐教育""尊重孩子""兴趣是最好的老师"等等观点可能过于平庸，
开始被嫌弃，很多文章为了让观点新颖，满世界找证据去反转原来的剧情。

他们说，"快乐教育"是个阴谋，发达国家富人家的孩子都刻苦努力，
穷人家的孩子才快乐浅薄。他们说，人生就是不容易，想要优秀，就得吃
苦，如果一味"尊重天性"，只会养出好逸恶劳、贪图享乐的孩子。他们还
说，仅凭兴趣坚持不长久，负责任的父母就得"逼孩子一把"，现在不逼他
们，他们长大后会怪父母。

说来说去，不就是咱爸妈咱老师在咱小的时候没完没了唠叨的那一套
嘛！吃得苦中苦，方为人上人，我现在逼你，是为你好！小时候不努力，长
大你想扫大街呀？现在你恨我，长大你就要感谢我啦！

总而言之，就是这种延续了千百年的思路：想过好日子就要优秀，优秀
就必须要辛苦，孩子肯定不喜欢辛苦，不喜欢不能放任他，当父母的就得
逼着孩子学，最后把孩子逼到优秀，他过上好日子，自然就会明白父母的
苦心。

逻辑非常完美，感觉无法反驳。当孩子的时候，这一套你听着觉得恶

心，当了父母之后，这一套听着居然非常舒服，果然是屁股决定脑袋。

可是，我出了国之后，发现这套看似无懈可击的逻辑是有问题的，它有一个大前提，那就是"学习是一件苦差事"。

我们总默认学习这件事是很反人性的，需要动用很多毅力才可以坚持，但是我在国外看到小孩子学东西都很开心，很少有鬼哭狼嚎不想学的。孩子小时候都贪玩，但是到了青少年时期，都会上进，自觉"爆肝"学习，坚持进行特长训练，基本不用家长老师督促。**发达国家的孩子的努力程度和穷富没关系，不论穷富，接受的都是快乐教育，只不过富人可以给孩子提供更多的学习资源，所以孩子更有竞争力而已。**

快乐教育真的存在，不要有怀疑；孩子的天性就是积极向上的，不要有怀疑；兴趣就是最好的老师，不要有怀疑。只不过这一切美好需要很多条件：要慢，要非常慢；要有耐心，要有很多耐心；要有方法，要有很有趣的方法。

北美本地的老师都会避免用重复枯燥的方式教孩子，他们会选择用10种方式教孩子练习一个动作，而不是让孩子把一个动作来回练10遍。譬如游泳的时候，老师教孩子踢腿，就让孩子仰着踢、趴着踢，老师扶着漂在水面上踢，比赛谁踢的水花大，扔球做踢腿游戏……不停变换方式，孩子就一直很感兴趣。譬如上钢琴课，老师不会让孩子一直练习一首曲子超过一周，无论这首弹得有没有瑕疵，都开始练习下一首，让孩子一直处于"我会弹新曲子啦"的兴奋当中，不会觉得无聊。譬如孩子学算数，光是加减法就要学两年，从来不大量刷题，而是在现实场景中讨论各种各样的应用问题，让孩子自己用加减法来解决。这种学习方式很多人是看不起的，虽然很有趣味性，但是因为缺乏大量刻意练习，会显得浮皮潦草，基础不稳，错误一堆。那么，到底是"打好基础"最重要，还是"保持兴趣"最重要呢？

接触过两种教育模式之后，我还是觉得保持兴趣最重要，基础差了还可以慢慢补，兴趣消散了就一辈子都不想学了。

勤劳勇敢的中国人民总是特别喜欢强调努力，强调刻苦，强调重复训练。当然，这很正能量，努力奋斗是很燃，但是很多人总搞错努力的主语。注意，**孩子自觉自愿地努力才算数，你当父母的单方面努力只能算"外挂"，如果孩子没有兴趣，内心排斥，只有父母在努力，那无论坚持多久，都是在玩赖，有成绩也是假的。**

你只知道那些弹得一手好琴的人感谢父母逼自己一把，但是从来不知道更多的人虽然小时候琴弹得不错，但脱离父母的督促之后，就再也无法坚持练习，最终荒废了这个特长。

你只注意到那些考上名校的学霸感谢父母逼自己一把，却没注意到多少在中学里榜上有名的人物，考上好学校后松了一口气，之后就再也提不起学习的劲头，最终泯然于众人。

想想你自己，高中的时候多半可以熟练运用三角函数，现在可还记得sin、cos到底是个什么鬼？只有我老公这种真心喜欢数学的家伙，才会没事想去研究一下傅里叶变换到底是怎么回事。

外部推动的力量再强大，也只能是暂时性的，只有源于内心的力量才能让人长久地坚持做一件事并把它做好。那些持续努力并做出成就的人，无一不是因为真心喜欢做某件事。优秀的人确实需要付出辛苦，但是他们的"心"一定不能苦，用心甘情愿的付出换来成就，才能获得巨大的喜悦和自我肯定，从而形成良性循环。

如果纯粹因为外界的逼迫和压力才取得成绩，就很难产生成就感，更不会"因为擅长而喜欢"。试想一下，被迫建造金字塔的奴隶会因为金字塔雄伟壮丽而自豪，然后从此迷恋上搬砖吗？**鸡汤文的毒性就在于，它说了一个貌似很简单而且非常正确的道理，但是从来不告诉你具体要怎么做。**说得那么容易，孩子不爱学，逼他一把就行了！请问你，怎么逼？有操作指南吗？

肯定是没有的！因为说出来不好听啊：吼呗，打呗，吓唬呗，威胁呗（不做完不许做别的），道德绑架呗（你不努力，对得起我和我花的钱吗？）。总而言之，和孩子死磕呗！

可是，死磕是没有好下场的，我就不跟你扯会给孩子造成心灵伤害之类的事了，就算他受得了这种摧残，我们这种普通人父母能让自己保持这种奴隶监工一样的"鸡血"状态多长时间？

别闹啦！这多半是一场不对等的战争，娃是全职对抗你，而你除了娃，还有一大摊子事情要管，是没有力气每天都应对这种堪称精神折磨的拉锯战的，坚持不了两年，你就会被娃虐得形容枯槁，为了活命，不得不放弃。事实上，如果孩子心里早就放弃了，你的坚持就没有任何意义，顶多就是彼此多折磨两年，你一松懈，他就全都还给老师了。

好吧，逼孩子没好下场，难道要由着孩子不想学就放弃吗？

当然，如果孩子完全不感兴趣，不是那块料，该放弃就放弃，及时止损。但是，你首先要确定，孩子是真没兴趣，还是其实有兴趣，只是被不适合的教学方式弄得太烦太累了。

你可以换一套更适合孩子的学习方案，譬如速度放缓，难度变小，把大任务拆分成小任务，增加更多趣味性，并且避免负面评价，代之以很多很多的精神鼓励，把孩子的精神状态弄愉快了，再来试一试。虽然孩子会学得慢一些，但效果总比逼迫强。不要不分青红皂白，就给孩子扣上"没意志力""不能坚持"这种帽子，普通的娃总是又懒又笨的嘛，你像他那么大的时候，又勤快聪明到哪里去呢？

小娃学习，还是要循序渐进，轻拢慢捻。你得像吸引一只小鸟落入陷阱一样，有足够的耐心，用各种方式慢慢勾引他进套，走得慢不要紧，大不了多等等。等时间长了，登堂入室了，他领悟出妙处来，搞出了成就感，内心有了驱动力，再慢慢地上量上难度也不迟。你别一个着急用力过猛，把他给吓跑了，再要逮回来，可就难如登天了。

比起"逼着孩子努力"这样的做法，我还是更愿意相信兴趣和热爱带来的力量，也只有心中热爱，才能稳定、长久地付出努力。**孩子真正感兴趣和发自内心想要做到什么事情，再累都不会抱怨辛苦，反而会乐在其中。**只不过很多父母太着急了，嫌孩子太慢太笨，犯错太多，不够努力，一开始就逼迫他做大量枯燥重复的练习，给了孩子太多负面体验，不知不觉破坏了他的兴趣和积极性。当然，会有天赋异禀的孩子能挺过这些试炼，修成正果，但这不代表这种方式就是最适合孩子的。

我们这个时代的教育焦虑已经泛滥，"打鸡血"的父母越来越多，我知道我的声音对改变大环境而言是杯水车薪，写这篇文章，只希望当你被各路"推"出来的牛娃刺激得不知所措的时候，你至少知道，**逼迫孩子努力并不是你唯一的出路，也不是对孩子最好的选择。**

虽然起跑线上过于喧嚣，但是要记得人生的路很长很长，请依然坚信尊重与信任、快乐与兴趣对学习的力量。跑下去是要很辛苦很辛苦，所以我们才要在孩子心中留下尽量多的甜啊！

家庭教育是
孩子整体教育的底色

孩子是不是和你亲近，和你是不是有规矩、有原则无关，只和你是不是用心爱他有关。

最好的亲子关系，
是互不亏欠

橙子一直非常支持母乳喂养，写过很多关于母乳喂养的好处以及技巧的文章，但每次总会在这些文章下面看到很多充满愧疚感的妈妈的留言，为自己没有给宝宝足够的母乳而深深自责，觉得自己对不起宝宝。唉，这实在不是我科普母乳喂养知识的初衷啊！为人父母的生涯这才刚开始，不要这样早早地患上"圣母病"吧？你今天觉得亏欠孩子两年母乳喂养，明天觉得亏欠孩子陪伴时间，后天觉得亏欠孩子进口衣服玩具……以后你觉得亏欠的事还多着呢！

你会亏欠他昂贵的早教班，亏欠他双语幼儿园，亏欠他学区房，亏欠他出国留学的机会……以此类推，孩子成年了，你还会亏欠他房子、车子和媳妇；等他有了孩子，你注定还会亏欠他一个保姆。

这样东西特别特别好，别的孩子都有了，所以我的孩子也要有，如果我居然没有能力给予孩子这样东西，那我就是亏欠了孩子。

这真的是一种很危险的思路！

当一个人什么好东西都想据为己有，如果求而不得就痛苦不已，难以接受的时候，我们会说他贪心。可是，当父母为了孩子这样做的时候，这件事好像莫名其妙就变得伟大起来，这也是一个很奇怪的逻辑……贪心就是贪心，和受惠者是谁没关系吧？当父母的仿佛很容易掉到一个叫作"牺牲""奉献""伟大"的道德陷阱里，以此来自我要求并且自我陶醉，将"把最好的给孩子"当成自己的人生目标，最后形成了一种无穷无尽的亏欠感，直到把自我吞噬。你一个劲儿地把"最好的东西"往孩子手里塞，最终的结果很可能是当你给不起"最好的"的时候，孩子会觉得你无能。

前一阵子，有一个十岁孩子的言论火了一阵，他说"我的父母配不上我这么好的儿子"。他确实成绩优异，聪明绝顶，却抱怨父母能力太差，无法为自己提供更好的教育资源，更反对父母生二胎，说"耽误一个还不够，还想耽误第二个吗？"。吃瓜群众虽然隐隐觉得这种言论有点不妥，却又都莫名其妙地觉得孩子说得有道理，留言者居然大多持赞同的态度。

当父母的给予子女"最好的"，在这个孩子的意识里，好像并不是"可选项"，而变成了"必选项"，你给不了"最好的"，甚至"配不上"我这么一个优秀的孩子。这个东西特别特别好，别的孩子都有了，所以我也要有，如果你们当父母的没有能力给我，那就是欠了我的。

这个逻辑，是不是很眼熟呢？这难道不是孩子的父母身体力行教给他的吗？**当一方习惯感到亏欠，另一方就一定习惯讨债，依附者和被依附者总是成对出现，互相驯养。**这让我想起了"樊胜美"的故事，舆论经常批评樊胜美"吸血鬼"式的父母，这种父母生养了孩子，就觉得孩子欠他们的，孩子小时候必须优秀，必须满足父母的期望，等孩子成年，就不停地以孝道为名索取。大家觉得这样的父母不合格，不配当樊胜美的父母。但是，你有没有反过来想一下，他们作为樊胜美哥哥的父母，是不是非常合格呢？

那简直太完美了，倾其所有给孩子娶媳妇，给孩子买房子，乃至给孩子养孩子，为孩子当一棵寄生树，让孩子像藤蔓一样缠绕自己，提供他所需的一切依托和养料，自己却舍不得吃舍不得用，一辈子全都奉献给了儿子，看起来居然有点感动呢！

舆论对这样的父母总是赞美的，说他们为了孩子含辛茹苦不容易，错误都在那个寄生的孩子身上。那这樊胜美的父母到底是好是坏呢？

其实，他们不是好父母，也不是坏父母，他们只是传统父母。"吸血鬼"式父母和"寄生树"式父母，其实是中国传统父母的一体两面，本质上就是亲子之间扭曲的依附和共生。这样的父母和子女之间永远都没有平等，没有独立，没有尊重，孩子永远都是父母意志的延续。有的孩子生下来，作用是一个赚钱工具和一种人力资源，好给父母养老；有的孩子生下来，作用是出人头地，光耀门楣；有的孩子生下来，作用是一个宠物，一辈子让父母控制，给父母提供感情的寄托……具体哪个孩子得到什么样的待遇，视父母的心情而定。对于他们不喜欢的那个孩子，他们就是吸血鬼，一辈子向你讨债；对于他们喜欢的那个孩子，他们就是寄生树，一辈子对你不停地奉献，要把"最好的"给你，往往你不接受都不行。无论是讨债还是奉献，本质都是一样的，他们不是独立的"人"，终身无法和子女真正分离，一定要用某种形态共生在一起。

独生子女的家庭，子女看起来是很幸运的，因为父母大都没有机会当吸血鬼，只能去当寄生树，所以现在有越来越多父母为子女"奉献一生"的故事。为了让子女有更好的教育资源，父母不惜分居多年；不惜卖掉房产，花掉积蓄，孑然一身；不惜舍弃职业生涯，远赴异国他乡……

每当我看到这样的故事，我从来不会感动，只会感到不寒而栗。付出如此巨大代价的父母，已经完全放弃自己的生活，恐怕要和子女终生捆绑在一起了。接下来，无论子女是成功还是不成功，日子估计都不会太好过。作为父母，对子女好，为子女付出，希望子女幸福，是天性，无可厚非。但是，无论是父母还是子女，都应该在精神上作为独立的人而存在。孩子不欠父母什么，他们应该去过自己想要的人生，而不是为满足父母的期望而活。

　　同样，父母也不欠子女的，父母应该拥有自己的梦想和事业，而不是不惜代价为孩子奉献一切。**维系亲子关系，应该靠最纯粹的爱，而不是靠亏欠感。而健康地爱一个人，总是以自爱为前提的。**养育一个孩子，最低标准是让孩子吃饱穿暖，最高标准是让孩子用最贵的东西，上最好的学校。可是在这最低和最高之间，还有一个很大的空间可以选择，世界上好东西那么多，总有你给不起的，你真的无须为此感到抱歉。

　　母乳是一件奢侈品，给不了，你也一样是好妈妈。

　　上早教班很好，如果家庭经济情况不允许，也请务必心安理得。

　　出国留学是件好事，但是如果搞到砸锅卖铁，举债度日的程度，也真的是非常不值得。

　　请深爱孩子——在你的能力范围之内，不牺牲掉太多生活品质的情况下。**最好的亲子关系就是互不亏欠，感受不到亏欠和压力的爱，才是纯粹的爱。**放下执念，放下焦虑，让自己的生命更加坦然，也让孩子的生命更加轻盈。

两个孩子会成为手足还是敌人，全看父母怎么做

政策一放开，很多父母估计已经开始摩拳擦掌，想要拼个二宝。还没怀孕，已经开始进行各种"脑补"：兄友弟恭，姐妹情深，哥哥保护妹妹，姐姐照顾弟弟……两个宝贝互相陪伴，共同成长，多么有爱的画面啊！

但现实是残酷的，兄弟姐妹感情不好，天天打架的家庭比比皆是，小哥哥小姐姐讨厌弟弟妹妹，没事总是欺负弟弟妹妹，甚至发生事故的事情也并不新鲜。儒家宣扬亲亲之论两千年，道德洗脑下，大家可能都忘记了，兄弟姐妹存在的本质意义其实并不是互相扶持，而是争抢资源，就像一个鸟窝里同时张大嘴巴要食吃的雏鸟一样。这个资源不仅仅是指物质上的，父母的关注和爱都是有限的重要资源。

无论爸爸妈妈多么努力，两个孩子和一个孩子得到的关注度终究是不一样的。这势必会给第一个孩子造成很大的不安和失落，就好像一个进门没几年的小媳妇，一直和丈夫柔情蜜意、如胶似漆，觉得会被丈夫疼爱一辈子，突然有一天，丈夫和她说："亲爱的，我马上就要再娶一个年轻姑娘进门，不能每天都陪着你了。她是新来的，对这里不熟悉，身体又弱，你要多照顾她，保护她，有什么好吃的好玩的，都要分给她。你们一定会成为好朋友，高兴吧？"要是你，你会高兴吗？

所以，想要避免大宝受伤害，失去安全感，仇视弟弟妹妹，父母要做的事情很多。橙子家也有二宝，俩娃虽然时常干架，但总体还是兄妹情深。一路走来，有许多经验和大家分享。

备孕或者孕早期

当你决定要二宝的时候，就应该开始着手给大宝进行心理建设了。

首先，要不着痕迹地渗透一种"有弟弟妹妹就是好啊就是好"的思想，可以时常带孩子到有二宝的朋友家参观，或者到有婴儿的朋友家做客，让孩子了解，弟弟妹妹就是可以天天和自己玩的人，婴儿就是一个小小软软的很可爱的无害小动物。平时孩子和其他小朋友约会结束，不愿意分开，你可以不咸不淡地说一句："哎呀，你们是兄弟姐妹就好了，就能天天在一起玩了。"潜移默化地引导一段时间，孩子至少对有弟弟妹妹的事情不会太排斥。

然后，看时机差不多了，趁自己的肚子没大起来，找个娃心情好的时候，正式征求（骗取）他的同意："宝贝，你想不想要一个小弟弟或者小妹妹？等他长大了，就可以天天陪你玩了，你们每天都可以一起吃饭，一起睡觉，一起做游戏。你再也不会孤单了，多开心啊……"和孩子一起畅想一下有弟弟妹妹的美好世界，迷汤尽量灌下去。

这么好的事情，宝贝一般都会同意。既然弟弟妹妹是他决定要的，那么接下来的事情就好办多了。

孕中晚期

当肚子慢慢凸显的时候，你就可以和孩子分享胎儿在肚子里的成长状态。没事讨论讨论胎儿现在有多大了，他平时在妈妈肚子里干什么呢？你希望他是弟弟还是妹妹呢？小宝宝长什么样呢？发挥想象力，答案可以光怪陆离，谈论得越多越好。做大B超的时候，最好大宝也能陪同，让他看看小宝宝是什么样子的，对妈妈肚子里的小生命有一个具体概念。

怀着一个、带着一个会很辛苦，但还是尽量多抱抱大宝，如果你的二宝在肚子里很健康，抱一抱大宝也不会有什么问题的。就算不抱，也绝不可以说是因为胎儿，只说宝宝太重了，妈妈力气小，抱不动了就好。如果大宝说话已经很好了，你怀二宝的消息，就尽量多让大宝亲口告诉亲戚朋友或者他想要告诉的人："妈妈要生小宝宝了，我要当大哥哥/大姐姐了。"这话多说几遍，小朋友立刻自豪感爆棚啊有没有！

亲戚朋友全都知道了以后，需要提防一些喜欢吓唬孩子的熊亲戚——"妈妈有了小宝宝，就不要你了！"这随随便便一句话，非常恐怖，杀伤力极大，直接威胁孩子的安全感。如果实在没拦住，到底让娃听了去，千万别默不作声，一定立即表明态度："妈妈最爱大宝了，妈妈永远都不会不要大宝的，别听××的。"

当孕晚期到来的时候，就要开始为大宝做好生产那天的心理建设了，告诉大宝，有一天小宝宝就要出来了，有可能是半夜，有可能是白天，妈妈要去医院，肚子会破，要好几天才会好，大宝在家里和爷爷奶奶一起玩，要乖乖等妈妈带着小宝宝回来。巧虎幼儿版就有一期讲妈妈从医院带回了妹妹小花，巧虎当大哥哥的故事，当时我没事就要和大宝毛头看一遍这个故事，让毛头对即将到来的特殊一刻做好充分的心理准备。

孕晚期还要做一件事情，就是准备好一件礼物，提前藏好，等出院的那一天送给大宝，告诉他这是弟弟妹妹送的。买这个礼物要下点血本，一定要让大宝非常喜欢才好，这样除了会让大宝特别感谢二宝，也会让大宝被吸引一段时间，妈妈好有时间多休息。

二宝出生后

二宝出生以后的半年里，妈妈要做好准备迎接挑战。虽然前面铺了那么多路，但只要大宝不是傻子，他总会慢慢开始感觉到事情有些不对头。他会发现，所有大人不再永远聚焦在自己身上，有时候甚至忽略自己，妈妈不是在给婴儿喂奶，就是在睡觉，自己想要亲近妈妈，总需要等待，而之所以要等待，多半是因为那个只会哇哇哭的小东西，自己的地位从优先变成次要了。

一旦大宝感受到自己境遇的改变，他的心理就会产生防御机制，想要把原来的待遇抢回来。这个时候，他就不知道会做出什么稀奇古怪的事情了。他可能会无理取闹，黏人耍赖，轻则发牢骚抱怨，重则尖叫哭闹，还会发明各种有创意的事情去吸引大人的注意力。我清楚地记得，三岁的毛头看见妈妈和姥姥一起给新生的妹妹洗澡，没人理他，突然就把自己的裤子脱掉了。为了让大人多看他一眼，毛头小朋友也是蛮拼的。

更要命的是，已经有些自理能力的大宝这时候好像又突然什么都不会做了，吃饭闹着要喂，睡觉闹着要哄，还会尿裤子尿床，夜里惊醒，天天求抱求哄求安慰，就差拿起奶瓶来喝一喝了，简直变成了另一个大号的婴儿。

此时，爸爸妈妈的内心应该是崩溃的吧。但无论多崩溃，都不要苛责大宝，多体谅大宝的感受，他只不过是想确认爸爸妈妈是不是还在爱他而已。

第一，用行动告诉大宝，爸爸妈妈依然很爱你。

妈妈尽量把大部分精力和关注放在大宝身上，小宝宝只知道吃喝拉撒，不挑人，除了喂奶，其他事情就尽量让别人代劳。每天要有一段时间和大宝单独在一起，有质量地陪伴他，重温没有小宝宝的时光。给大宝看他小婴儿时期的照片，还有录像，告诉他，在他小的时候，妈妈也像现在照顾小宝宝一样照顾他。再忙也不要忽略大宝，即使手里忙着，嘴也别闲着，多和大宝交流说话。如果妈妈实在脱不开身，让爸爸或者其他家人陪伴大宝，不要让大宝感到孤单。

第二，培养大宝和小宝宝之间的感情。

引导大宝亲近并照顾小宝宝，在有大人监控的情况下，让大宝多摸摸抱抱小宝宝，嘱咐他要轻轻地，大宝会听的。换尿布的时候，让大宝帮忙拿尿布或者扔尿布（当然，如果他不愿意就算了）。创造各种大小俩宝互动的机会，譬如给俩宝合影，让大宝设计pose（姿势）；让大宝帮忙推小宝的推车或者摇篮；让大宝表演模仿小宝。如果大宝出现亲近爱护小宝的行为，要大力表扬，见人就说，逢人便讲；如果大宝出现对小宝的敌对情绪，要尽力安抚淡化，万不可给扣"不是好哥哥/姐姐"的帽子。找机会带着婴儿去大宝的幼儿园，让其他小朋友参观，在一片羡慕嫉妒的气氛里，大宝也会提升当哥哥姐姐的自豪感。

从二宝出生到半岁之前，是非常关键的时期，如果你能格外注意多关注大宝，大概半年之后，大宝就会逐渐适应有个弟弟妹妹的环境，不太会找别扭了。

二宝半岁之后

如果大宝的情绪比较平稳，对弟弟妹妹有了感情，也比较能接受小婴儿的存在了，就可以开始不着痕迹地减少一些对大宝的额外关注，之前可能

80%的精力都放在大宝身上，这个时候就要慢慢向公平对待过渡了。要求大宝等待妈妈喂奶、哄小宝睡觉，要求大宝在小宝睡觉的时候尽量安静，不再事事以大宝为中心。

平时大宝会有逗弄小宝的行为，揪耳朵拍脑袋之类的，不要指责呵斥，大宝可能只是想和小宝玩，所以逗弄小宝，看他的反应（一戳就哇哇哭好像也挺好玩的）。既然不想让大宝继续做出错误的行为，只是制止是不够的，还要教大宝和弟弟妹妹玩的正确方式，可以比赛给小宝宝做鬼脸，看谁能把小宝宝逗笑，或者一起打扮小宝宝，给小宝宝换衣服换帽子，或者让大宝表演唱歌跳舞给小宝宝看。妈妈们发挥想象力吧！

另一方面，当小宝宝能够自己移动的时候，小捣蛋鬼的本质就暴露无遗了，动不动就打翻积木，弄乱拼图，引起大宝的强烈不满和抗议。这个时候，当父母的一定要先站在大宝一边，强烈同意小宝做得不对，然后再和大宝解释小宝还小，不懂事的问题，争取大宝的宽容。平时两个宝宝玩耍的时候，也要尽量避免冲突，还可以发明一些适合两个孩子特点的游戏，譬如和大宝说，小宝宝是只小怪兽，我们造个房子来让他撞塌好不好？

二宝一岁之后

这个时候，二宝也开始有了自我意识和自己的想法，也需要受到尊重，各种矛盾和争夺会越来越多地出现。当父母的这时候就要开始当法官判案子了，判案子的标准要保持一致：谁先拿到东西谁先玩；大宝和二宝可以各自保有几件不许对方玩的特殊东西；只要一个已经不再玩某件东西，另一个就有权利玩；等等。做到有法可依，有法必依。

即使俩宝天天闹腾得鸡飞狗跳，连个树叶草棍都要争一争，搞得你耳根不得清净，只要你不偏不倚，对事不对人，他们依然可以感情很好。因为俩宝和睦相处的关键是公平！公平！！公平！！！重要的事情说三遍！偏心是导致兄弟姐妹失和的最重要原因。即使你心里认为一个比另一个更乖巧漂亮、聪明懂事，也一定要克制自己，不要当着孩子们的面表现出来。经常表现出不公平，不单会让不被重视的孩子感到委屈自卑受伤害，也会让被偏心的孩子变得自私任性蛮横，哪一个都养不好。

做到公平需要注意以下几点：

不要因为小宝宝小，就事事以小宝为先，当两个宝宝同时需要你的时候，得到回应的机会最好是一半一半。不能以二宝年龄小为由，要求大宝事事谦让。大宝永远都比二宝大，难道要让着二宝一辈子？早出生几年是错误不成？同样的道理，也不能让二宝事事都迁就大宝。

说话也要格外注意，表扬或者批评其中一个的时候，就事论事，不要把另外一个拉来做榜样或者当反面教材。

凡事不患寡而患不均，如果有件事情必须二选一，没办法同时满足两个宝宝，那就干脆一个都不要给。譬如两个孩子同时要求妈妈抱，谁也不同意妈妈先抱对方，那就宁可全都不抱。

一不小心说了这么多大道理，然而可能并没有什么用。当你两线作战顾此失彼，当你脚不沾地忙得团团转，当你被小的哭大的闹搞得头昏脑涨，你很可能精神崩溃，昏着频出。所以，当两个宝宝的父母，一定不能把娃养得过于精细，把有限的精力消耗在无限的细节里。生二宝之前就要让大宝做到生活基本自理，至少吃喝拉撒不用斗争，二宝也要早早养成作息规律自己睡的好习惯，哭两声就哭两声吧。你只有具备了足够的时间和精力，才有资本和俩娃斗智斗勇，才能游刃有余啊！

　　世界上有一种幸福叫作有两个娃，他们共同生活，一起玩耍，他们是彼此成长中最好的伙伴。世界上有一种崩溃也叫作有两个娃，竞争和抢夺无处不在，他们是彼此人生中的第一个对手。身为俩宝的爸妈，责任重大，需得时刻学习，时刻修炼。愿天下所有计划要俩娃以及已经有俩娃的家庭里的大宝和二宝都能和睦共处，相亲相爱。

别误会了，
孩子并不想要你"平等的爱"！

记得我家果果刚出生那会儿，三岁的毛头是很矛盾的，一方面他很喜欢妹妹，一方面也感觉到强烈的威胁——妈妈投在妹妹身上的关注好像大大超出了他的预期。这让他非常不适应——我是想有一个妹妹，但是她还没重要到让我拿唯一的妈妈去换啊！这波亏了有没有！所以，小朋友那时候出现了很多奇怪的行为，譬如夜醒啊，吃饭要喂啊，开始尿裤子啊……试图把自己变回baby，博得和妹妹同样多的关注。

好在妹妹比较"天使"，睡眠喂养不用太操心，胀气期过去之后，就可以自主入睡，我就有了更多的精力去陪伴毛头。小伙子知道妈妈依然爱他，返婴现象终于停止了。但是，他始终有一个心结未解，他会经常问我："妈妈，我和妹妹，你最爱哪一个？"

对于这种敏感的问题，我肯定是充满求生欲的，答案总是异常官方："你和妹妹在我心中是一样的，你们两个我都爱，没有谁多一点，也没有谁少一点。"

但是，这种答案并不能让毛头小朋友满意，他总是一遍又一遍地追问："只能选一个呢？只能选一个，那是谁？"

我也只好一遍又一遍地和他说："妈妈选不出来，因为你们两个都是我的孩子啊！"

毛头不依不饶："可是如果你问我最喜欢你还是爸爸，我就知道我第一喜欢你。你为什么选不出来啊？"这孩子逻辑满分啊！我竟有点无言以对，只好不清不楚地混过去："妈妈和你不一样，妈妈就是选不出来啊！"

这样的话会来来回回说好几遍，直到毛头觉得没意思了，才悻悻作罢。显然，他不喜欢我这种和稀泥的态度，每次问完都一副没精打采很失望的样子。

我知道他很想让我告诉他，妈妈最爱的是你，你在我心里是第一位的。但是很遗憾，我不想说谎，也不想让他认为妹妹是家里比较不重要的那个孩子，只好让他失望了。

最近妹妹长大了，也开始问我这个问题，这让我感觉无比头痛。站在他们的角度看，孩子也很委屈：妈妈，我最爱的是你，为什么你最爱的不是我呢？好不公平啊！嘤嘤嘤！我慢慢意识到这不仅仅是一个很无聊的撒娇问题，如果孩子们解不开这个心结，就会时刻处于"争宠状态"。

他们会争夺妈妈一个关注的眼神，争夺妈妈身边的一个位置，争夺妈妈的一个拥抱……

他们会时时刻刻觉得"不公平"，哪怕某件东西他其实完全不需要或者完全不适合他，只因为对方有，他也一定要有。

妈妈陪哥哥写作业，为什么不陪我？

妈妈为什么只抱妹妹上楼？我也要抱！

妈妈为什么只陪哥哥下棋打扑克？我也要玩！

为什么妈妈给妹妹买的衣服总是比给我买的多？！

…………

因为妈妈从来不表态谁是第一名，那就努力争当第一名吧！他们要从生活的蛛丝马迹中搜集"我在妈妈心中更重要"的证据，至少也要证明一下"他/她没我重要"。我每天辛辛苦苦地当法官，小心翼翼地维持着"一碗水端平"的状态，其实他们真的一点都不稀罕！

他们并不想要什么"平等的爱"，他们需要的是"独一无二的爱"。尤其当我看到 *Siblings Without Rivalry*（《如何说孩子才能和平相处》）这本书之后，这个感触格外深。

其实，对于孩子所谓"你最爱谁"的问题，正确答案并不是"你们对我来说都一样"，而是告诉他"你对我来说是特别的"：你是我唯一的毛头，妹妹和你是完全不一样的人，整个世界上都没有像你这样的人，没有人有你的想法，你的感受，你做事的方式。你看你搭的积木、画的画，都那么有创意。在我心中，没有人能代替你啊！

表白力满分啊有没有！当我第一次和毛头这样说的时候，他立马就醉得一塌糊涂，什么后续问题都没有了。

当然，做人要言行合一。既然你承认每个孩子对你来说都是独一无二的，平时生活中就**千万不要流露出让兄弟姐妹互相比较的意思**，因为一旦比较，就是要求他们其中的一个变成另一个的样子，这不就是打自己的脸嘛！尤其千万不要说下面这样的话：

你看哥哥都能自己穿衣服了，你怎么还让妈妈帮忙！

你怎么这么吵！看妹妹多乖。

听说现在都管这叫捧一踩一，这会很让当事人暴躁哦！这样非但不会让孩子的行为变得更好，而且根本就是挑拨兄弟姐妹之间的关系。

平时应该多强调每个孩子突出的优点，让孩子觉得自己有价值。譬如可以这样说：

妹妹特别喜欢分享，有什么好吃的好玩的，都忘不了哥哥。
哥哥的玩法总是特别**有创意**，妈妈永远都想不到这样玩。
妹妹好喜欢**整理东西**啊，你看你的房间被你清理得真干净！
哥哥真的很会**体贴人**，妹妹哭这么凶，都被你哄好了！

如果孩子们的好行为能被最爱的妈妈"看到"，他们就会知道自己在妈妈心中的重要性，从而充分感受到自己的价值所在，也就没那么急于去用"争宠"这种行为证明自己了。

另外也要注意，**尽量避免让两个孩子陷入某种对立的"角色"当中，**譬如总是强调一个孩子爱静，一个孩子好动，因为这样从逻辑上你就没法解释为什么两个孩子你都爱了。

如果你有意无意透露出自己喜欢安静，那么被贴上"好动"标签的孩子就总是会感觉受到威胁；而"好静"的那个为了博得你的喜欢，就会让自己更加安静，不爱动。这样走极端也是不好的。

其实，父母应该鼓励孩子的性格特点呈现出多样化的状态，有时候好静，有时候好动；有时候很外向爱"撩"，有时候又喜欢独处；有时候很单纯，有时候也会很机灵……这样复杂多样的孩子才是完整真实的孩子，才是值得拥有你独一无二的爱的孩子。

这些年，二孩家庭越来越多，问题也随之而来。很多二孩家庭像我家一样，父母都是独生子女，根本不知道怎么处理兄弟姐妹关系的问题，需要从头学起。

妈妈的精力和关注度毕竟是有限的，兄弟姐妹之间争宠在所难免，但是如果他们争到影响日常生活的程度，当妈妈的还是要经常检讨一下自己，是不是自己一些不经意的表态让手足陷入了一种对抗和竞争的关系中。

我们都希望孩子之间能够相亲相爱，互相扶持陪伴，但是这个难度不亚于娶两个老婆，还希望她们变成闺密。作为孩子们最爱的人，当妈妈的还是要多有一点心机，练好脚踏两只船的功夫，最好是让每个孩子都觉得"我在妈妈心中是最特别的存在"。这样他们自然会心满意足，充满安全感，不再担心兄弟姐妹会压自己一头。当孩子感受不到对方的威胁时，手足的深厚情谊就会自然而然地呈现了。

大宝和二宝同时要妈妈，
到底先顾谁呢？

我们80后、90后独生子女这一代人，是一个很特殊的群体，在我们成长的过程中，很可能会出现这种非常"奇葩"的现象：自己是独生子女，朋友和同学都是独生子女，亲戚家同龄的表兄弟姐妹也是独生子女，长大之后找的伴侣依然是独生子女。这样的环境让我们在从小到大的成长过程中，对兄弟姐妹之间关系的认知基本是零。很多独生女妈妈脑子里兄弟姐妹的概念很大程度上来自韩剧，她们对此充满了不切实际的幻想。

多年以后，当二孩大潮到来，响应国家号召的独生子女父母才突然发现：妈呀！两个孩子怎么会发生这种状况？从前完全没预料到啊！

很多生二孩的读者朋友和橙子说，因为自己对处理手足关系完全没有经验，现在已经被两个娃搞得焦头烂额。老大被分走了关注觉得委屈，老二年龄小需要更多的照顾，老母亲顾此失彼，分身乏术，不知道到底优先顾及哪个才对。

是啊，当老大和老二同时要妈妈时，到底选择哪个呢？

这是个难以抉择的问题，每个家庭的标准都是不一样的：

有的妈妈总是先顾小的，因为幼小的更需要照顾和关心；

有的妈妈总是先顾大的，因为特别怕伤害大宝的感情；

有的妈妈总是先顾哭得更惨的那个；

有的妈妈总是先顾闹的时间更长的那个；

有的妈妈先顾女孩，因为总是想多宠女孩一些；

有的妈妈先顾男孩，因为家里有皇位要继承……

每个人的带娃风格不一样，标准不一样也不奇怪，但是我要在这里说一句：**不论你出于什么理由，以上所有"优先标准"都是垃圾。因为一旦你心里有了确定的"优先标准"，就再也无法公平地对待两个孩子，你的心就慢慢偏了！**

俗话说手心手背都是肉，当妈妈的都会说"两个都是我亲生的，两个我都爱"。但是，这些话只是说着好听，人非圣贤，当父母的有点"小私心"，会因为某种原因格外疼爱其中一个子女，也是人之常情。不信你掐掐，手心手背是一样疼吗？两个子女有不一样的个性，总有一个会更对你的脾气。

但是，**这点"小私心"，你一定要克制住，千万不能表现在行动中，让子女看出来。**一旦孩子们发现父母的心没放正，就会自然而然地形成"阶级"，被偏爱的孩子习惯被优待，不被偏爱的孩子也习惯去"让"。

于是，偏心被合理化成了一种日常行为，接下来的事情就会不可避免地滑向悲剧——两个孩子的心理都会扭曲，留下不同的伤痕。

发现自己不被偏爱的那个孩子，最后会慢慢接受自己"低人一等"的安排，然后他多半会变得"乖巧懂事"，甘于"奉献"，特别"努力"。其实他内心缺乏自尊，自轻自贱，永远觉得自己不够好，不配得到更好的资源，更不配得到无条件的爱，只有刻意地去讨好家人，才能找到一些存在的意义。

而被偏爱，有恃无恐的那个孩子呢？他会接受自己"高人一等"的人设，天然觉得全家人对自己好是应该的，家人的资源都理所应当归自己支配。这种长期有特权的人，会变得自私自利，毫无同情心，而且习惯不去努力，等着别人供养自己。

所以你会发现，**那些"一生缺爱"的子女和那些"自私浑蛋"的子女总是成对出现，**经典案例在我们上一辈人那里到处都是。我们东北有句俗话，叫作"偏袒儿女不得济"，意思就是越是偏爱的那个子女，越是不会给父母养老，反而最看不上的那个子女会对双亲格外孝顺。讲的全都是人伦悲剧，无论是不是被偏爱的子女，没有一个人的人生是幸福的。

正所谓"不患寡而患不均"，所以在多子女家庭里，"不偏心"是一件非常非常重要的事情，哪怕你心里偏，表面上也一定要做到公平。分给孩子们资源，无论是给孩子用东西的标准，还是给孩子的关注和陪伴，都不能有明显的倾斜。**你要让孩子们知道，你对他们的爱是没有区别的，和他们做了什么事情无关。**

再回到开头的那个问题上，当两个宝宝都闹着要妈妈的时候，先顾谁呢？

正确的做法是"不要有标准"！

因为你一旦有标准，就一定会有一个孩子更加适应这个标准。譬如我家毛头天生嗓门大，他的哭声一定会比果妹响三倍，我如果按照"声音响"这个标准来做，那么每一次我都会先顾毛头，这就变成明显的偏心了。

所以，关于哪个孩子优先，一定不要有什么标准，尽量让事件随机发生。这次抱这个，下次抱另一个，有的时候心情不好，就全都不抱。孩子越是总结不出规律，就越感觉不到偏心。拉架也是一样的，有的时候俩宝吵架或者抢东西，实在分不出来谁更有理，不如来个随机分配，这次让哥哥占优势，下次让妹妹占优势，谁都有被照顾的经历，也都有委屈的经历，那就感觉不出来父母偏心了。

兄弟姐妹之间的关系，说复杂也复杂，说简单也简单。

复杂在孩子们整天打架抢东西争宠，为鸡毛蒜皮的事情哭成一团，每天搞出十几桩公案要妈妈给断一断，实在让人头痛欲裂。但实际上，手足的关系也很简单，无论被如何对待，只要父母能做到不让孩子们看出明显的偏心，孩子们对彼此没有怨气，矛盾就都是暂时的，关系自然就不会差。

我看到很多新的二孩家庭的父母总是陷入惶恐，既怕委屈了大宝，又怕冷落了二宝，患得患失，如履薄冰，怕自己的能力不够，没办法给每个孩子足够的爱。

我觉得既然生了二孩，就要用新的角度看待问题，多子女家庭的孩子虽然少了一点父母的爱，却多了陪伴自己成长的小伙伴，这也非常重要。

所以，**你不需要要求自己对每个孩子都达到对独生子女那样的标准，你做不到，孩子们也不需要那么多关注，他们只需要父母足够平均的爱，就够**了。你对公平的重视会让孩子收获纯粹的手足之情，这也是非常珍贵的。

愿多子女家庭，虽然总是吵吵闹闹的，但也其乐融融。

伴侣之间不要互相拆台，家教理念要统一

人啊，永远都是犯贱的！我终于实现了曾经的梦想，把我家榨汁机先生调教得接送、陪玩、照顾吃喝拉撒样样精通，对娃认真负责又有爱，成了一位优秀的"标准奶爸"，但我的感觉却并没有想象中那么美妙。

我们依然会吵架，只不过吵架的内容从"你就不能管管孩子"逐渐变成了"你怎么能这么管孩子呢"。有时候我真的会激动地喊："你赶紧回屋打游戏吧，让我自己带会儿孩子好吗！"

我知道说到这里，很多"丧偶"式育儿的妈妈已经恨不得掐死我了，但是你们真的不知道，男人在带娃的过程中逐渐进入老父亲的角色，不可避免地对孩子萌发出越来越多的责任感，开始和你争夺管教孩子的话语权，这个情况有多恐怖。

譬如前几天，我家榨汁机先生就因为毛头再次弄丢了作业而大发雷霆，他觉得这件事实在太严重了，说明孩子对学习不重视，做事不认真，没有责任感。他对孩子吹胡子瞪眼睛凶得要命，直接激发了我的"老母鸡"属性，我立即暴躁地吼回去："你这是什么态度？有话为什么不能好好和孩子说？孩子也不是故意丢的，刚换了学校不适应，就不能给人家一点改正的空间？你这么凶，他有多害怕！还上纲上线牵扯到没责任感了，你七岁的时候是多

有责任感？还不是逃学去玩游戏机嘛！"

我还觉得我说得挺有道理的，不想某榨汁机直接摔了门，暴走了。两个人都气得要死，好久才缓过来。

又譬如昨天，我送果果进教室的时候很不顺利，她一早因为不肯扎头发，被我说了几句，一直臭着脸，心情不好，进了教室黏在我身上不肯松手，最后分开的时候到底哭了……这些已经够闹心的了，老公还在旁边发出一系列灵魂拷问："孩子散着头发这件事，你非要现在计较吗？为什么不能回家再好好和她商量？为什么在她上学压力大的时候，还把她的心情搞得那么糟糕？你送她进教室的时候，有好好抱抱她吗？为什么不陪她玩一会儿再走？为什么不在窗口守一会儿再走？我送她的时候，她高高兴兴的，怎么你一送她，她就哭哭啼啼的？"

一串串振聋发聩的问句听得我太阳穴突突地跳，只想赶快撕烂他的嘴！好吧，我承认他说得有道理。但是，两个人一起带小孩，难道注定要一直这样互相伤害吗？！我甚至有点怀念他当甩手掌柜的时候，那时候吵架，我至少还能落个道德制高点，现在好嘛，简直是在平原上互相对射，吵完两个人都遍体鳞伤，根本没有赢家。彼此都好痛苦啊有没有！

冷静下来之后，我们仔细分析了一下，发现最近我们两个人的团队协作出现了一些问题。大多数吵架都是这个模式：一个人方法不对把娃惹哭了，另一个人心疼了跳出来指责，指责到对方暴躁发飙，更加不肯承认错误，然后大吵一架告终。

带娃不是一件轻松的事情，谁不知道要春风化雨，要有耐心有方法，但是谁又没有个情绪不稳、状态不佳、脆弱疲惫不堪的时候呢？想要时时刻刻控制情绪，智商在线，既让娃高兴又不破坏原则，过完相安无事的一天，又谈何容易？但是，指责吐槽别人做得糟糕，却是一件太容易的事了：不用控制情绪，不用动用智商，只要动动嘴皮子，就可以证明自己更爱孩子，更懂方法，是个负责任的好父亲/母亲。坏人你来当，好人我来当，爽死人不偿命啊有没有！让我如何去控制自己不嘴贱啊！

但是，嘴巴一时爽，关系火葬场啊！这样隔岸观火的指责越是尽兴，越是痛快淋漓，越是说得有道理，就越是让对方难以接受，对方非但不会去反省自己的错误，反而会气得跳脚，甚至为了保护自尊，会破罐子破摔：我就这样了，你来咬我啊！

可能因为某种传统吧，很多人总是有一种误解，以为尖锐地指出别人的错误，并且仔细地批评一番是在帮助对方，为对方好。他们意识不到，这样做只是为了满足自己潜意识里对力量感的追求罢了，对别人不但没有帮助，反而是一种精神上的攻击，根本就无法被接受。想想看，被不认识的小区里的大妈批评孩子带得不好，还想骂脏话呢，若是被至亲至近的人指责，怎么能不爆炸？你难道不是应该爱我、保护我、理解我、关心我的人吗？怎么能如此伤害我？

另一方面，父母总是这样互相指责对方管教的方式不对，对管教孩子也没有一丁点好处。孩子发现父母有矛盾，就不会觉得自己有错了，只会钻空子，还会无师自通地掌握告状、挑拨离间等技能，利用父母的矛盾为自己获取利益。我记得我小时候练琴，一旦不认真不想练，就会被我爸打屁股，我就故意哭得震天响，我妈就会来救我，数落我爸太凶。这样的情况多几次，我就更加不认真练琴了，反正我爸凶的时候，我使劲喊就好了。结果后来也不知道发生了什么，无论我喊得多响，我妈都当没听见，于是我只好认命，老老实实认真练琴了。当然了，打屁股是非常不好的管教方式，会有非常多的副作用。但是，父母在孩子面前精诚团结，铁板一块，还是毋庸置疑的，就算是不好的管教方式，也总比完全没有效果的管教要好得多。

分析到最后，我和榨汁机先生达成了一个口头协议：为了家庭和谐，为了更好地管教孩子，以后就算对方在管教孩子的时候犯了错，也绝对不可以指责吐槽对方，憋死也不可以。如果没憋住嘴贱，那就是一错再错，是犯更大的错。

可能有人要问，难道眼看着家里其他成员用吼的凶的揍的，没耐心又粗暴的糟糕方式对待孩子，也不闻不问，听之任之吗？当然不能不管，只不过用指责批评的方式来管，不但毫无用处，还伤害关系，绝对不可取。我们平时对待孩子要讲方法，对待成年人也一样要讲方法啊！

其实，自己亲生的孩子肯定都心疼，之所以总是用伤害孩子的方式处理问题，是因为陷入了情绪中或者智商不在线，不知道要如何才能把孩子管教好。这个时候，如果你比较冷静的话，应该用帮助的姿态为对方解决问题，而不是指责他做得不对。

譬如开头第一个例子，毛头丢作业，他爸爸生气吼他，我应该去和个稀泥，跟孩子扮个红脸，想办法把他们两个分开，让娃他爸去喝杯水消消气，然后单独跟孩子说，你爸爸虽然很凶，但他是因为关心你学习才这样的，别怪他，妈妈知道你不是故意的，你也不想丢作业是不是？那咱们来想一想，下次怎么才能不丢呢？如果下次再丢，是不是要小小惩罚一下，让你能记得更深刻呢？维护一下爸爸，再和孩子共情一下，孩子还是会觉得很温暖的，也能够认识到自己的错误。

在第二个例子里，我对孩子显得很急躁，没耐心，是做得不好，但是榨汁机先生可以换一种方式给我建议啊：我们妹妹真是越来越倔了，挺不好搞吧！不过我发现，你送她的时候多抱抱她，答应她在窗户外面陪她一下，她就没那么黏人了。下次你试试看。

如果这么说的话，我不但会虚心接受建议，而且会很感动好嘛！

当然了，知易行难，事后一复盘，都知道怎么做。当你心情不好，娃又哭得震天响时，发挥成啥样就不一定了，也不是每一次都能展现高情商的。但是，人类和动物的最大区别就是动物凭直觉，人类有理性，可以反省自己，认识错误。至少你看到伴侣骂孩子，火冒三丈的时候，和他吵架不要那么理直气壮吧。

总而言之，别再指责伴侣做得不够好了，因为轮到你的时候，你也未必做得多好，只不过你特别擅长给自己找原谅自己的理由罢了。

与隔代教育理念发生冲突时，该如何化解矛盾？

当今时代，养孩子是真的难，想要一个人大包大揽全都管，得累出抑郁症，但是有人帮忙，又多半会被气出抑郁症，因为别人的养法和你的总是不一样。尤其是家里有一位毫无原则、以宠溺孩子为乐的队友或老人，真的让人很崩溃。无论是要糖果还是要手机，全都能立即满足，就算孩子打人或搞破坏，也可以一笑置之……随时随地摧毁你的管教成果。反对是很难的，因为你一旦插手干涉，就好像站在了孩子的对立面，变成了坏人，然后孩子就会和溺爱他的人变成一伙的。要么就理直气壮和你高调对抗——"孩子高兴，让他玩一会儿怎么啦"，要么就阴阳怪气地讽刺你是坏人——"哎呀呀，放下吧，妈妈不让"，要么就背地里带孩子和你玩"捉迷藏"——"今天给你吃糖，千万别告诉妈妈"。结果就是，你越讲原则，他越溺爱，于是孩子在原则不统一的大人之间钻空子，能把人气死！这要怎么办啊怎么办？

第一种情况：溺爱的一方在主要带孩子

这种情况一般都是帮忙带孩子的老人在溺爱孩子。老人如果长期带孩子，精力总是有些吃不消的，这个时候，他们容易趋向于用最简单的方式，譬如用给孩子糖果和手机来解决眼下孩子闹腾的问题，孩子长远的行为习惯什么的，也就顾不得太多了。当然，偶尔满足一下孩子也没什么，问题是他们除了顺着孩子，没有其他办法解决冲突，这样天长日久，"有求必应"就变成了他们带孩子的"唯一办法"，你不让他们溺爱，就等于夺走了他们带孩子的工具。本来给块糖就能解决的事，你强迫他们不许给，他们就不知道怎么让孩子乖乖合作，这孩子就没法带了。

简而言之，溺爱是他们爱的途径，你阻止他们溺爱，就是阻止他们爱，他们怎么可能认同你呢？这种情况有破解方法吗？我们可以努力和老人沟通，给他们读一些相关的育儿文章，平时和他们探讨如何带孩子的问题，遇到孩子不合作，可以采用什么方式，和他们约定可以给孩子看多长时间的电视，每天吃多少甜食合适，如果喜欢给孩子花钱，把钱花在什么样的东西上是比较值得的。这些标准都是可以坐下来好好讨论的，如果你能在理解老人不容易的基础上和他们真诚沟通，是会有一些效果的。

如果你家老人很固执，无法沟通，那吵架也是没用的，没有人会因为吵输了而改变自己。唯一可行的方法是想办法尽量减少溺爱孩子的老人和孩子相处的时间，如果你不能全职带孩子，那就赶紧挑个老师有爱心的幼儿园或托班，早点把娃送进去。孩子在家里被老人惯得再没样子，进入集体后也会懂规矩的。平时在家的时候，你自己也要尽量多花时间和孩子在一起，减少溺爱孩子的老人参与育儿的时间。孩子大多数时候不在被溺爱的环境里，就不会跑偏了。

第二种情况：溺爱的一方是"诈尸"式育儿

这种情况是有原则的你在主要带孩子，但是孩子经常受到娃爹或者老人心血来潮的无原则的娇惯，也是十分难受。譬如好不容易让娃养成好习惯，回老家过个年，就七零八落了；譬如好不容易让孩子晚上九点能躺下，不靠谱的爸爸一旦兴起，就和孩子嘻嘻哈哈地玩到很晚。造成这种溺爱，一般是因为溺爱一方的家长平时和孩子相处比较少，当他们想要和孩子亲近的时候，就因为补偿心理，特别想讨好孩子，也害怕得罪孩子，让孩子不喜欢自己，就难免用力过猛，有求必应。

　　如果溺爱的一方和孩子在一起的时间非常有限，那你其实不必太担心他们把孩子惯坏了，孩子是你带，依恋你，他肯定还是受你影响最多，偶尔被别人娇惯一下，也不打紧。你只需要让孩子明白，情况分两种，一种是"日常情况"，一种是"特殊情况"，日常情况下要讲规矩，特殊情况下可以酌情放纵一下。譬如爸爸平时很忙，好不容易有个假期，或者爷爷奶奶好不容易来小住几天，可以破例多吃点糖果，多看点手机，晚点睡，但是特殊时期过去了，你小子就要给我该干吗干吗！其实就算没有人溺爱孩子，你自己也会偶尔纵容一下孩子，譬如出游很累的情况下，给孩子吃零食玩手机的机会肯定会比在家里多很多。但是带孩子回家之后，就要继续坚持日常原则，孩子也会很快明白现在是在家里，和在外面的那种"放纵模式"是不一样的。规矩固然重要，家庭的和谐氛围也很重要，如果孩子只是偶尔被惯一下，也不涉及安全问题，就放松点，睁一只眼闭一只眼吧，让孩子偶尔享受一下被"宠溺"的感觉：只要爸爸在，就可以耍赖要背要抱；只要去外婆家，就可以随便看电视。这也是一种很幸福的童年经历啊！

第三种情况：混合带娃模式

　　两个理念不同的人经常要在同一时空带娃，这是最复杂也最难处理的情况。事实上，在同一个屋檐下带娃，那个相对有原则的家长是要给那个溺爱孩子的人"擦屁股"的。溺爱孩子的一方单方面享受了最多的养育孩子的乐趣，却把相应的"教孩子做人"的责任完全丢给了别人，并且直接享受别人管教的成果——一旦孩子闹得他受不了了，他就会威胁孩子："再这样，我就要告诉妈妈了！"好人都让他做了，坏人都让别人做了，也是十分精明。

没关系，既然这样，也别抱怨，咱们就尽责当好这个坏人，随时待命，等他翻车。一旦溺爱孩子的队友因为孩子不合作而焦头烂额、焦躁不堪，咱就立即出现，给他收拾烂摊子，火速把孩子拎走搞定。这种时候多了，他就渐渐形成一种"哎呀，管教孩子我不行，必须孩子妈出马"的心理定式，以后自然而然就会把管教孩子的权力让给你了。只要你得到实质上的管教权，那就好办了：

如果你现在让孩子看电视，他一会儿太兴奋了，不肯睡觉，就由你来哄吧！如果你现在让孩子吃零食，他一会儿吃饭的时候没胃口，就由你来劝吧！哦，怕到时候娃闹腾啊？那现在就听我的咯！

有的父母会非常担心，如果孩子身边都是惯着他的人，只有我有原则，会不会让孩子讨厌我，不和我亲近了呢？

这就"玻璃心"了，**孩子是不是和你亲近，和你是不是有规矩、有原则无关，只和你是不是用心爱他有关。**

现成的例子就是橙子我自己，我小时候，我妈对我要求非常严格，规矩特别大，糖果一颗都不能吃，犯了错，她还会很凶地吼我，甚至体罚。而我爸就特别"佛系"，只要他带着我，我做什么都可以，随便看电视吃雪糕，他都不管，闯了再大的祸，他也只是象征性地说下次注意就得了。但是，我还是喜欢整天和我妈腻在一起，一旦我妈有事，让我爸带我，我就很不高兴。因为我妈平时陪我时间长，我的喜好习惯她都了解，和她在一起，就很舒服开心；而和我爸在一起，就一言难尽，虽然可以随便看电视，但是他不知道我喜欢穿哪条裙子，也不会给我扎小辫儿，做饭也不顺口，讲故事也不生动，陪玩游戏也无聊……总而言之，还是妈妈好，即便规矩多也无妨，反正我已经习惯啦。其实，**那些溺爱孩子的家长是在用战术上的勤快掩盖战略上的懒惰，他们总是不愿深入考虑孩子真正的情感需要是什么，只是一味地用最简单粗暴的方式满足孩子，让孩子高兴。这种不走心的讨好，孩子是不会领情的，顶多就是有一种"利用"的心态，把你当个提款机而已。**溺爱的坏处在孩子小的时候看不出来，但是等孩子大了，就会越来越明显，孩子对待溺爱自己的长辈非但不会有额外的感情，反而会认为这种付出是理所应当的。**当过度溺爱孩子的队友或老人发现孩子越来越轻视自己时，自然会尝到溺爱孩子的苦果。**

所以，如果你是有原则的父母，千万不要因为其他家人都溺爱孩子而放弃原则，千万要坚持住，你可是这孩子不变成浑蛋的唯一希望了。

总而言之，家有溺爱孩子的队友或长辈不听劝，不要去和他们正面冲突，这不但会破坏家庭气氛，而且肯定也没啥用，毕竟这世上没有什么事比改变一个人的想法更难。你唯一能做的就是挺身而出，更加积极地参与到孩子的日常生活中，多陪伴孩子。你参与得越多，话语权也就越多，孩子和你的感情越深，受你的影响也就越多。当你是孩子心中那个最亲近、最重要、最不可或缺的人时，别人溺爱不溺爱，就只是一些细枝末节了。

愿孩子们都能在有爱也有原则的环境中健康成长。

把懒老公调教成好爸爸，
你要这样做

老公什么时候最可恨？是你整宿哄娃，他却呼呼大睡的时候？还是你手忙脚乱地一边哄娃一边做家务，他却在专心致志地看球打游戏的时候？还是在你给他安排任务，他却拿出101个理由推托的时候？还是在你抱怨诉苦，他却懒洋洋地抛出一句"带个孩子有什么累的"的时候？

无论遭遇了哪一款老公，都会让人油然生出一种"为什么要和这个浑蛋继续过日子？"的绝望感。为什么温柔体贴、天生奶爸的老公都是别人家的？为什么我要24小时×7天连轴转，队友却要么蓄意旷工，要么消极怠工，生了娃和没生娃一个样，丝毫没进入状态？你可能会气愤难平，一有机会就强烈要求队友尽些当父亲的责任。但是，一般效果都很糟糕。脾气好一点，会满口答应，推一推动一动，出工不出力，敷衍了事；脾气差一点，直接翻脸——"烦死了，没看我上了一天班，累得要命吗！"。最后结果无一不是大吵一架，不欢而散。

经常有新妈妈跟我诉苦，说老公实在差劲，一点都不愿意帮忙管小孩，暗示他装傻，明示他找借口，强迫他又翻脸，日子简直快过不下去了。

其实，这种情况在第一个孩子出生的第一年里真的蛮普遍也蛮正常，甭管你们生娃之前多甜蜜，生娃之后肯定要面临挑战。橙子本人深有体会。

有的时候，我真是觉得这种情况很诡异，这个男人有时候让我恨得想捏死他，但是又做不到完全心灰意冷。从他的种种黏人表现来看，他应该是爱我的，但是要求他帮忙带孩子做家务，怎么就那么难呢？

这个问题，橙子参悟多年，终于有些心得，今天把压箱底的货拿出来和大家分享：怎么才能让老公心甘情愿地帮忙干活带娃？

你是他的爱人，不是他的债主

相信很多新妈妈也和我一样有这种心理：自己生宝宝受了很大的罪，生完之后照顾起来更是辛苦，心中总有些怨气和委屈。看着老公不痛不痒，还不用起夜喂奶，轻轻松松白得了一个娃，心里真是超级不平衡。于是，总觉得老公跑腿照顾是他应尽的义务，使唤起来没有任何心理负担，再加上家务多，心里急躁，语气自然就开始不客气起来：

> 赶紧把尿布给我拿来，快点！
> 快起来去拿奶瓶，没听宝宝哭了吗？！
> 怎么还不把垃圾倒了，告诉你多少遍了！
> 你在干吗？就不能陪宝宝玩一会儿吗？！

拍着良心说，当你吆喝老公做这做那的时候，内心有没有一种小小的快感？老娘受了那么多罪，你当爸爸，也不能让你轻松了！当然，一开始产妇最大，老公有些愧疚感，会听你吆喝，时间长了就受不了了，谁会喜欢被呼来喝去做这做那，做完了还没半分功劳的感觉呢？又不是奴才，又不是受虐狂。

如果你老公没有为孩子付出那么多，和孩子之间的情感联系自然就更弱。他为孩子付出多少，是他自己的选择，种什么因，得什么果。所以，就算他为孩子付出得比你少很多，他也顶多是欠孩子的，不欠你的。

所以，新妈妈们要求老公干活的时候，不要一副债主嘴脸，夫妻之间也要相互尊重，说话一定要注意语气，别使唤人家干活，还摆出理所当然的样子。女子本弱，为母则强，但你别强大过劲儿了，忘记了温柔的力量。你老公能供你差遣，不是因为你生孩子有功，不是因为他欠你的，而是因为他爱你。所以无论如何，你都要可爱一点。总板着脸发号施令的人怎么会可爱呢？

那怎么说才可爱？撒娇啊！示弱啊！同样的事情，换个方式说就好听多啦！

老公，我又忘拿尿布了，帮我拿来好吗？你真好！

老公，我一走路，腰就好痛哦，你帮我把奶瓶拿来好吗？宝宝饿了。

老公，外面好冷哦，我不想出去，帮我把垃圾倒了好吗？

老公，我实在太累了，眼睛都睁不开了，能不能让我睡一下？就一个小时就行！

你要表达的是"我扛不住了，我需要你"，而不是"这是你的义务，赶紧做！"。前者会激起男人的保护欲，后者只会引起反感啊！要让人家做事，就要好好和人家说话。

你会吵架吗?

有人可能要说了,老娘每天累得晕头转向,哪里有那么美丽的心情注意语气?还撒娇呢,看他那个懒癌发作的样子,我就生气!如果你生气,那就吵架吧。有了孩子之后,吵架基本就是必修课啊!很多事情就是吵来吵去才磨合成功的。但是,吵架和吵架不一样,有的夫妻越吵越甜蜜,有的夫妻越吵越伤感情。所以,就算吵架,也不能白吵,每次吵架都是一次沟通,只不过过程激烈一点而已。你可以有情绪,可以喊,可以吼,可以哭,但只要你还想继续过日子,想解决问题,就不要犯禁忌。

1. 不以伤害对方、羞辱对方为目的

人身攻击能免则免,语言其实是最残酷的武器,伤人于无形,这种话只会让对方恼羞成怒,也对你人身攻击,最后两败俱伤。吵完一架,双方都鲜血淋漓,只记得气得要疯了,却忘了想要解决什么问题。不要做这种傻事。禁用句式:"你就是个×××""你不像个×××""你看××家的××"……

2. 就事论事,不翻旧账,不上纲上线

我知道翻旧账和上纲上线特别解气,女人也特别爱做这样的事,和开批斗大会似的,前者罗列罪状,后者直接宣判,恨不得把老公打倒,再踩上一万只脚,爽!过瘾!可如果这样直接把老公定罪了,他气愤之余,很可能会破罐子破摔——"我也说不过你,你说我这样,我就这样了,爱咋咋的!"这恐怕不是你想要的效果吧。禁用句式:"你从来都是这样""你就是不在乎我"……

3. 自己解决,别去找爹妈过来搅和

是独立的成年人,就不要搞"找家长告状/诉苦"那一套,别指望老人会

主持什么公道，你婆婆不可能向着你，你亲娘永远会觉得女婿对你不够好。本来是两个人的事情，一旦老人出面，事情就会陡然复杂几个数量级，只会把剧情推向更加"狗血"的方向，小事也变成大事了。

4. 永远别提离婚，除非你已经深思熟虑过了

越爱提离婚的人，其实越不想离婚，提离婚只不过是一种要挟的手段。而要挟的资本呢？无非是对方对你的爱。你就没想过这种事做多了，人家不爱你了怎么办？而且提离婚也会转移焦点，具体的矛盾和问题反而没人关心了，就算闹得天翻地覆，架也白吵了。

有人要问了：橙子，你这也不许说，那也不许说，那吵架吵些什么呢？

1. 说出自己的感受

描述自己的感受，告诉对方你正在经历什么样的情绪：伤心、失望、沮丧等等。告诉他你有多崩溃，你不说，他可能真的不知道。

2. 说出自己的期待

你想要你的丈夫做些什么来帮助你，就直说——你如果能够这样做，我就不会这么生气，这么难过，这么累。切记切记，不要指责，不要和别人家的老公比。

3. 辩论以及讨价还价

你老公可能会觉得你太敏感，觉得你小题大做，觉得你要求的他做不到。那么，你可以继续更激烈地表达自己的感受和诉求，一哭二闹三上吊，随便你。虽然很可能吵到最后也没有什么结果，但是第一不会伤感情，第二也让老公知道了你的想法，当他理智一些的时候，他会对你有所体谅的。

吵架应该是一种激烈的沟通，而不是互相攻击和伤害。有孩子的头一年把能吵的事情都吵一遍，双方充分了解了对方的痛点，之后就很少会踩到雷区了。

从这个意义上来说，吵架是件好事，就看你会不会吵。

抢占了道德制高点，并没有什么用

女人和孩子都是弱势群体，弱势群体总是天然政治正确的，通常都会占领道德制高点，特别容易对当爸爸的进行道德上的指控，尤其容易指控当爸爸的不爱孩子，没有尽到责任。"你是隐形爸爸，我就是假性的单亲妈妈""你比奥巴马都忙，连陪孩子的时间都没有，你成功个屁啊""父亲的陪伴对孩子来说很重要，缺乏父爱的孩子会……"，持类似观点的文章可以说刷遍朋友圈，你有没有转发给老公呢？

但这种指责在孩子出生的第一年其实压根就是伪命题，因为前提就是错的。事实上，很多新爸爸可能根本也没有多爱宝宝（虽然他们拒绝承认），何谈应该怎样爱？

孩子一出生，女孩就立刻变成了母亲，但很多孩子爹很可能还是个大男孩。他和那个哇哇乱叫的小东西压根不熟，没什么感情基础，对孩子不上心，简直太正常不过了。妈妈这个时候要找各种机会让爸爸和宝宝增加互动，产生感情。要激发新爸爸爱孩子的内在动力，付出得越多，爱得越多，爱得越多，付出得越多，形成良性循环。

所以，舍不得孩子套不着孩子爹，尽管他换尿布换得歪七扭八，给娃穿衣服穿得得了"审美癌"，喂饭喂不进去两口，陪玩各种惊险，你也要咬牙闭眼就当没看见，情商够高，还得昧着良心多夸两句，提高他的积极性。

我们当母亲的多半是天然爱孩子的，不由自主地想要多陪孩子，而孩子爹则正好相反，是因为陪孩子多了，才慢慢开始爱孩子。而孩子爹之所以想要多陪孩子，主要还是因为爱孩子娘。所以，作为新妈妈，你得让老公爱你，他才会爱屋及乌地爱孩子。千万不要因为照顾孩子而冷落老公，那样的话，孩子成了他的竞争对手，成了孩子娘和他吵架的原因，他怎么可能去爱孩子？

爱不是要求来的，陪伴不是强迫来的，道德大棒抡起来过瘾，只是把人逼得虚伪了而已。如果你想让老公变成合格奶爸，就收起指责，做一个可爱的妻子，让老公感受到家庭的温暖。这样，他怎么可能不去爱那个像你的孩子呢？

说了这么多，其实可以归结为一句话：夫妻之间的感情，才是解决孩子出生第一年危机的关键。说得文艺一点，爱是解决问题的唯一途径。细心保护好你们的爱，相信困难都是暂时的，一切不愉快都会过去。只要你们还相爱，那么别怀疑，他终究会是一个好爸爸。

伴侣把孩子吼哭，
你要如何化解僵局？

在养孩子的路上，大多数时候真的感觉很孤独。学习了很多育儿道理，大多数时候敌不过一个不懂行的猪队友。

那些平时"父爱不动如山"的孩子爹，一旦心血来潮想动动，那就会"山体滑坡"，绝对是一场灾难——又不了解孩子，又没经验没方法，遇到孩子不合作不听话，也不细想原因，直接凶神恶煞地把孩子吼哭或者揍一顿了事！

老娘我辛辛苦苦地控制情绪，和孩子讲尊重、搞共情，温柔坚定，正面管教，好不容易把育儿水平提高了，为什么到了你那里，就直接回归简单粗暴了呢？！可这个时候你给他普及育儿理论，他多半眼睛一瞪："你搞这些有啥用？我看这孩子就是欠修理，你看我给他点厉害的，他马上就服服帖帖了！"你和他说，父母总发脾气会对孩子的心理产生不好的影响，人家就说："我小时候就是被打大的，现在不也挺好！"鸡同鸭讲、对牛弹琴啊有没有！遇到这种拒绝学习提高的孩子爹，感觉还不如"丧偶"呢！

嗯，虽然真的很生气，但是千万别这么想。孩子爹只要想参与育儿，就算搞得鸡飞狗跳、乱七八糟，也比完全不参与强，只不过他一开始难免摸不着门路又急躁，崩溃发脾气什么的。越是这样，你就越要宽容，多给他机会带孩子。如果这个时候和他谈什么育儿道理，就等于在批评他没耐心、能力差，反而会搞得他恼羞成怒，根本就不会承认自己有错误，或者他发现说不过你，一生气干脆全都丢给你，继续"不动如山"去了，当妈的还得一个人辛苦。这不是双输结局嘛！想要得到一个带娃奶爸，就得先舍得孩子啊！

可是，真的放手让孩子爸带娃，真的很怕他给孩子幼小的心灵造成严重伤害啊有没有！当然了，说放手也不能真放手，你和稀泥的能力也非常重要啊！

大家都知道，父母在孩子面前要保持一致，孩子爹态度再恶劣，他也是孩子爹，必须要维持他的权威性，不能当着孩子的面和他唱反调。与此同时，又要安慰孩子受伤的小心灵，最好能劝得孩子合作听话。这可真是考验情商的问题！

其实这也不难，对待倔强不合作的人，我们有个传统智慧，叫作"一个唱白脸，一个唱红脸"。英文中也有个经典套路，叫作"坏警察和好警察"（bad cop and good cop），有异曲同工之妙。

所以，我们经常在电影里看到这样的情节：

对待刚被逮捕的犯罪嫌疑人，一般会先出现一个唱白脸的坏警察表现得非常凶，吹胡子瞪眼睛拍桌子大发脾气，进行各种语言攻击，最后甚至开始暴力威胁，让嫌疑人非常害怕，但是又不服气，硬撑着不想输。这时候，唱红脸的好警察上场，把坏警察拦住，让他先停止动怒，然后转过来很温柔地关心嫌疑人，各种安慰他，体谅他的处境，理解他的难处，态度温暖如春风。这个时候，嫌疑人的心理防线就会崩溃，再提出要求，他就特别容易答应了。

这套操作因为特别符合人的心理规律，所以非常强大，普通人都很难抵挡。

我的意思不是说把孩子当犯罪嫌疑人审问，而是说这种"坏警察和好警察"的方式确实很容易让人卸下心防，轻易释放委屈情绪，减少对抗，促进合作。

当然了，我们平时用温柔坚定、正面管教的方法肯定是最好的。但是，当坏警察已经出现时，与其去指责批评拆台唱反调，把简单的亲子冲突搞成全家大乱斗，还不如你也配合一下，赶紧进入你自己的角色——唱红脸的好警察。

第一步，安抚宝爸，让他先停止发脾气，一定要先和他形成统一战线：哎呀呀，什么事啊，把你气成这样，说给我听听……哦，小孩子不懂事，看把你气的，不值得，赶紧坐下喝口水歇歇，看我来搞定他！

第二步，柔声安抚孩子，别说事，先共情：妈妈知道你也不想做错事，爸爸太凶了，你很害怕，对不对？来，让妈妈抱抱。好，想哭就哭一会儿吧。

第三步，等孩子比较平静了，开始和稀泥。注意，不要批评爸爸或者孩子任何一方，只是把爸爸对孩子的要求，用最最最亲切和蔼温柔的态度再表达一遍（哪怕你觉得这个要求对孩子来说太高，不合理，也要硬拗一下），并且做一些解释：爸爸就是想让你吃饭的时候坐好不要乱动，这样你就不容易摔下椅子，也不会把饭菜弄到地上啦，是不是？妈妈知道你有时候会忘记，屁股自己就乱动起来了，是不是？那咱们来尽量提醒一下自己，看看能不能做到。能做到，你就是个餐桌礼仪很棒的小朋友哦！

这个时候，孩子刚受完委屈，看到妈妈用这么好的态度提出要求，就算有点难，他也一定会努力做给爸爸看，证明自己还是很乖的，不应该被凶，至少在态度上就会合作了。爸爸看到自己的要求被执行，也会觉得心里很舒服。大家都有台阶下，完美！

而且在这个过程中，没有任何一方受到伤害，是双赢。小孩子虽然被吼了感到委屈，但还是受益的，他会知道爸爸发脾气是不对的，要好好说话，还可以和妈妈学会描述自己的感受，更会明白那些爸爸没有传达好的规矩道理。宝爸也会知道应该如何和孩子好好说话，学到一些共情安抚的技巧，他即便嘴上不服气，心里也得佩服，还是俺媳妇有办法，原来要这样做，以后得学着点。

这不比你和宝爸吵俩小时有用得多嘛！

当然了，冲突解决完之后，如果你觉得宝爸的要求不太妥，在孩子背后，找个他心情比较好的时机再和他交流：我知道你是想让孩子有规矩，不过咱家娃还太小了，你这个要求对他来说是不是有点高了呢？宝爸很可能不听劝，觉得自己要求并不高，你也可以和他讨价还价一下，看看把规矩定到什么程度，双方都能接受，然后再看看效果，再商量调整。宝爸也会因为这种育儿讨论和实践的增多而对孩子越来越了解，也越来越愿意付出。

想拥有一个带娃奶爸，说容易也容易，说难也难，非常锻炼情商，得控制自己不靠本能去"保护孩子"。教育宝爸和教育宝宝一样，都要有耐心，不能一上来就要求他做得和你一样好。

我一直就认为，批评对人是没有帮助的，无论是对孩子还是对大人，都是如此。只要你指责对方做得差，对方就会觉得丢脸，树起防御之心狡辩，不可能听进去你说什么。你想让他怎么做，就要多示范，做给他看，他看得多了，慢慢就学会了。

　　谁都是第一次当父母，不都得慢慢学习嘛，当妈妈的学得快一点，那就多带一带后进生啊！

　　愿各位宝妈都能成功调教好猪队友。养娃的道路上这么艰辛，不要互相嫌弃和指责了，这都是内耗啊！父母双方互相陪伴，互相鼓励，才有力量把娃教育得更好。

借力打力，破解"诈尸"式育儿

最近有个新概念，叫作"诈尸"式育儿，这真是近年来我看到的最妙的说法。它是说那些不想做事，却酷爱刷存在感的猪队友，在育儿过程中不但不参与，反而在你崩溃的时候跳出来挑毛病、拆台、拖后腿，站在上帝视角说风凉话。

你这边满头大汗地做饭，而孩子抱着你的大腿号叫，手忙脚乱、顾此失彼之际，某人终于听不下去了，从电脑屏幕前抬起头，凉凉地说一句："这孩子平时就是让你给惯坏了，怎么就不能自己玩一会儿？"你这边苦口婆心、威逼利诱，劝孩子多吃点蔬菜，孩子好不容易张嘴了，某人那边来一句："逼孩子干吗，谁小时候爱吃蔬菜啊？我小时候最讨厌吃蔬菜！"孩子一听，立即又把嘴巴闭上了。熊孩子连连闯祸，你忍无可忍，拽到一边刚训了两句，刚才还像不存在一样的某人突然现身，来龙去脉都没搞清楚就来了一句："你怎么又发脾气，就不能和孩子好好说话吗？你是不是心情不好拿孩子撒气？"

婚姻生活中，总有很多时刻让人想掏出机关枪把伴侣"突突"了。

孩子爹，要死请你死透一点，再这么"诈尸"，老娘真的可以帮你死一死！说出以上这些言论的不是别人，正是我亲爱的老公榨汁机先生，别看他现在一副"贤良淑德"的样子，以前也曾经是这么个气死人不偿命的浑蛋啊!

我现在也可以理解浑蛋的心态。最近娃爹负责送孩子上学，每天清晨，当我迷迷糊糊地听见某榨汁机鬼吼鬼叫地把快要迟到的娃们吼上车的时候，我也非常想要叉着腰说一句："你和孩子凶什么？迟到有那么重要吗？下次早点起来不就得了！"然而，我还是忍住了，虽然我忍得很辛苦。

"诈尸"这件事实在太有诱惑力了。

正所谓"劳心者治人，劳力者治于人"，不干活光说话的人，看着就那么有牌面。我来说，你来执行，执行得好，那是我领导得好；执行得不好，那是你太差劲。正好，我再来挑挑毛病，你再来改正。虽然我平时是摊手摊脚的资深甩手掌柜，但一开口就秒变负责任的好家长，只需要付出几颗唾沫星子，就刷到了那么多存在感，在家里就能过上"指点江山"的帝王瘾，真是让人欲罢不能啊！

"诈尸"这么让人上瘾，那还有的治吗？

当然有的治啊！其实在我看来，**"诈尸"式育儿比"丧偶"式育儿还真是强了不少**。"丧偶"式育儿大都是无法挽救的，因为这个人对家庭缺乏基本的责任感，觉得养育孩子和他没关系。对于这种死得透透的人，那真是不用抱任何幻想了。"诈尸"这种呢，虽然能把人气死，但至少说明这个"尸体"对人间还有留恋，对孩子对家庭还有那么一些责任感，至少觉得自己应该"参与"一下，只不过他非常聪明（鸡贼）地选择了一种"最容易"的参与方式而已。说几句话就能达到目的，大爷为啥要动手呢？

那这个"诈尸"要怎么破呢？

妈妈们遭遇"诈尸"，第一反应大多是气炸肺，然后和娃爹硬杠，大吵一架，用各种方式来证明自己的专业和正确，证明对方的无知和瞎捣乱。总而言之，千言万语汇成一句话：你懂个屁！这么干固然很解气，娃爹最后八成会自讨没趣地摸摸鼻子，默默"死"回去，但事实是：**虽然你看起来在气势上是赢了，但根本是中了娃爹的圈套。**

他的目的就是凭空刷存在感不做事啊，只要各种拆台的风凉话说出口，就已经成功刷了存在感。"好爸爸"已经当完了，然后你又及时冲上来说他不行，没资格管孩子，逻辑就变成了"他有更好的办法，而你不接受"，这就相当于让他不需要为自己的话负责任了啊！你事也做了，还当了"坏人"，失败得一塌糊涂有没有！所以，娃爹"诈尸"的时候，千万要情商在线，不要硬杠，要使出太极手段，借力打力，让娃爹跳到自己挖的坑里。

第一步：卖惨，承认自己无能

无论娃爹指责你什么，你都别回嘴，然后做出一副遭到了重大打击的样子，心情低落，闷闷不乐，让人看着不落忍。然后，等环境合适的时候，开始和娃爹卖惨，最好能配合抹眼泪：嘤嘤嘤，你刚才说得对，我真是个失败的妈妈，连个孩子都搞不定。我就是忍不住去惯孩子，我就是忍不住忧虑他不好好吃饭，我就是忍不住和他发脾气，我也不想这样啊，可是我控制不了自己啊，我怎么这么差劲啊！嘤嘤嘤！注意，这一切都是套路，咱们内心强大，不要真的认为自己很差劲。

第二步：求助

一番自责之后，你把你绝望的小脸转向娃爹：你说我怎么办啊？你能帮我想想办法吗？孩子一哭，我就忍不住去抱；孩子不吃蔬菜，我就觉得要大祸临头了；孩子一犯错，我就想发脾气。我心理是不是有毛病啊？你说我要怎么做才能避免这些呢？注意，**求助一定要显得无比真诚，千万不要有一丝一毫"看你的好戏"那种嘲讽，要真心实意地请求他的帮助**。不要觉得自己掉价，这表面上是求助，实则是让娃爹为自己说的话买单。如果娃爹有自知之明，他会马上知难而退：啊！我只是说说而已，我哪懂啊！你管得挺好的，挺好的。如果他还沉迷于"当家长"，想继续强撑，那就太好了，继续进行第三步。

第三步：丢包

撑场面的娃爹肯定开始瞎出主意：你就别管他，让他哭嘛，哭够了就不缠人了；吃不吃菜随便他嘛；他犯了错，你就和他讲道理，不要那么吼嘛！总而言之，都是说起来容易做起来难的事情。好，**不管多么不靠谱的主意，你都要忍住，不要吐槽，一旦吐槽，前功尽弃**。马上摆出一副为难脸：哎呀，你说得都对，可是我实在做不到啊！孩子在我眼前，我就忍不住要管，克制不住洪荒之力啊！要不然这样，下次再发生这种事，你就把孩子抱走，或者让我回避一下。我眼不见心不烦，就不会那样了，我也不喜欢自己那个样子啊！

现在你把这个包丢出去，娃爹有两个选择：

1. 甩锅不接包

娃爹说：啊啊啊，别找我，我可不管。这个时候，你就可以说了：你如果不能管，下次可不可以不要这么说我，你一这么说，我就觉得自己很没用，特别难过！嘤嘤嘤！撒个娇，让娃爹把这事答应下来。娃爹虽然没有进坑，但好歹和你做了一次有效沟通。下次娃爹再"诈尸"，你也有的说了啊！

2.硬撑接包

要是真的比较在乎娃，娃爹就一定会硬撑到底。这个时候，你真的要豁出去，跟他讲好，他一"诈尸"，你就把孩子交给他离开。回来的时候，就算发现娃爹管得不好，也别多说，确认一下"被娃搞崩溃"的眼神即可。用不了几次，娃爹就会明白你的苦处，你们很快就会变成一条战线上的革命同志。

你放心，娃是娃爹亲生的，就算带不好，也肯定带不坏，带娃不是也需要练手慢慢学嘛！而且，**当娃爹开始担负责任时，心态就会出现微妙的变化，没人给他兜底了，他要保持"好爸爸"人设，就会不知不觉地开始在意，开始焦虑，开始恐惧。**

我家榨汁机先生就是明晃晃的例子，只要他做饭，他就比我还闹心孩子挑食；只要他管孩子写作业，他就比我还容易暴躁；只要他带着孩子玩，他就比我还容易被吵崩溃。他也渐渐明白，带娃真的是知易行难，混账话就再也不好意思说了。

家长之所以会出现"诈尸"的现象，无非是因为立场不同，看事情的角度不同，策略自然也不同。一方殚精竭虑，一方高高挂起；一方深陷旋涡，一方隔岸观火。这种事，吵架真的没用，**最釜底抽薪的办法就是把对方拉到自己的立场去看这个世界，他自然会明白你为什么会那样。**

最重要的是，你要给娃爹处在你的处境的机会，放手让他来管。如果你舍不得孩子，那就真的不要抱怨"诈尸"式育儿了。

婆媳矛盾这个世界难题，"歪果仁"的解法值得思考

很多人都觉得一言难尽的婆媳矛盾是中国家庭所独有的，因为在中国传统家庭里，亲子关系要大于夫妻关系，婆婆视儿子为精神寄托，媳妇是要"抢走儿子"的人，婆媳关系变成了两个女人争抢一个男人的三角关系，自然也就水火不容了。这个推论有一定道理，但并不是根本原因。

为什么呢？因为**就算在夫妻关系大于亲子关系，崇尚独立的西方发达国家的家庭里，也一样有婆媳矛盾**，金发碧眼的小媳妇和老太太一提起in-law（婆婆或儿媳），也都是一脸一言难尽的样子。

前一阵子，BuzzFeed网站搞了一个关于"糟糕的婆婆"的吐槽征集活动，响应者山呼海啸一般。一条一条读下来，我发现外国婆婆也各有各的奇葩行为：

在我们结婚当天，我婆婆在任何人都不知情的情况下，带来了我丈夫的前女友，还特别提醒他：你现在重新做选择还来得及。

我婆婆来我家住时，喜欢把门敞开着上厕所。当我善意地提醒她关门后，她居然变本加厉地全裸着去洗澡，再一丝不挂地回房间。

当我做千层面用的是ricotta奶酪，而不是cottage奶酪时，我婆婆竟然

哭了，说因为我放错了奶酪，所以毁掉了他们家族的历史和传统……

我让我婆婆花一小时来照看一下当时还是婴儿的儿子，结果她直接把孩子带到了酒吧，还跟大家说那是她的宝宝……

我婆婆过来帮我照看孩子的时候，会顺手整理我放内衣的抽屉。

当然，上网吐槽的都是媳妇。橙子我在美国住的时候，结交过很多美国老太太，听到更多的是婆婆对媳妇的吐槽：

有的媳妇从来不动火做饭，永远都带着孩子到外面吃；

有的媳妇家里乱得不行，连卫生纸都找不到；

有的媳妇总是穿得很暴露，而且对婆婆说话也不够尊重；

有的媳妇不会持家，家里总是入不敷出；

有的媳妇没有信仰，从来不带孩子去教堂。

…………

这些鸡零狗碎的事情看着很熟悉吧，和中国的家长里短并无本质区别，无非就是生活习惯不同、观念不合导致的矛盾，甚至也有各种越界问题。说好"歪果仁"之间互相尊重彼此空间的呢！

总而言之，**婆媳矛盾是世界性问题，两个女人之间爆发战争，原因不一定是要争取同一个男人，最重要的问题可能只是"她的做法，我就是看不惯"。**女人天生特别在意细节，一点小事都会引起心里不舒服，两个同龄的女人在一个屋檐下相处好都不容易，更何况是差异那么大的两代人呢！有婆媳矛盾实属正常，没有才算撞了大运。

那么，外国的婆媳之间有矛盾，有没有闹到危及婚姻的程度呢？基本没有。

即便这个婆婆看媳妇一百个不顺眼，巴不得儿子赶紧出轨，甚至不惜闹婚礼，想办法给儿子介绍对象，她也没办法真的对夫妻双方的关系造成实质性的伤害，基本处于无能为力的状态。为什么呢？

第一，两代人很少长期住在一起。

在国外，大多数孩子都会离开家乡工作，就算在本地工作，年轻人想要个人空间，也会尽量自己买房或者租房住。不过，鉴于大城市房价很贵，我也确实见过小两口住在父母家里的，但是他们会把房子装修一下，尽量把两家人分开，譬如分隔出两套客厅和厨房，子女甚至还要交些房租给父母，一家人当两家人过，尽量保持独立的空间不受打扰。既然平时不太见面，再奇葩，也就是忍一时的事，闹矛盾也不会成为日常事件。

第二，小家庭都非常独立。

并不是那种随便嚷嚷的独立，而是实实在在的经济上的独立。成年后的子女和父母之间基本上没什么金钱往来，年轻人没有赡养老人的义务，老人也没有给年轻人买房娶媳妇带孩子的义务，经济上的关系清清楚楚。这看上去好像很冷漠，但实际上，外国的父母和子女之间的亲情也是很浓厚的，年节期间也会因为追求阖家团圆而发生交通大堵塞。老人大都会帮小夫妻照顾小孩，年轻人也会请假去照顾生病的老人。

这些都是基于情谊，而不是某种依附。小夫妻要出门约个会，老人会帮忙看孩子，孩子放学太早，老人会帮忙接一下，甚至接孩子来祖辈家度个小长假也是有的，但是那种常年住在子女家里，免费带孩子、做家务的老人可以说绝无仅有。当然了，如果老人瘫在床上失去自理能力，年轻人会尽量多去看老人，但是没有子女会经年累月在病床旁伺候，都是专业机构负责照顾这种老人。

所以，**外国的子女并非不爱父母，只是他们不觉得"欠父母"的，他们会力所能及地去对父母好，但是当父母提出过分要求时，他们拒绝起来也会非常理直气壮，因为彼此之间是对等独立的关系。**

第三，国外的老人比较有"追求"。

如果国内的一位老人家只想着跳广场舞，到处旅游，而不想帮孩子带孙子，导致小夫妻有一方不得不辞职带孩子，估计会遭到周围所有人的数落：做人怎么可以这么自私呢！亲孙子都不帮忙带，眼看着孩子那么辛苦，你也太狠心了吧！

而这种在国内会受到批评的行为，可以说是国外所有老人的日常行为，他们就是可以理直气壮地不帮小夫妻带孩子。在国外，很可能会发生这种情况：小夫妻打电话过去说，妈，这周末我得出差，帮我带两天孩子呗。那边回答说，哎呀，亲爱的，你怎么不早说，我已经和你玛丽阿姨约好去参加个茶会，不能帮你带孩子了。这真是太遗憾了！你需要找其他人了。

国外的老人，生活重心并不在子女身上，他们虽然不跳广场舞，但也有很多事情做。我当年住的小区比较僻静，大半房子都是退休老人在住，我住了三年，居然没见到一个带孩子的。

有的老人每天忙着参加各种教会活动和慈善活动；

有的老人喜欢做手工，做木匠活，家里挂满各种手工艺品；

有的老人喜欢种花，家里种满了还不算，小区周围免费种得跟花园似的；

有的老人喜欢骑自行车，每天穿着专业赛车服，戴着头盔，骑车满山转悠；

有的老人喜欢开敞篷车兜风，每次都能带回不同的老太太……

有一次，好不容易遇到一个带孩子的老太太，聊了半天，发现那孩子根本不是她的孙辈，而是她在当保姆，给雇主带孩子……

这样有自己精神寄托的老人家，就不太会威胁到小夫妻的婚姻，就算再看不惯媳妇，也不会闲到整天去找媳妇的麻烦，毕竟还有很多自己的事情要做。

说了这么多，不是让大家来猎奇，而是因为有借鉴意义。如果你处于糟糕的婆媳关系中，危及婚姻，那么，不要抱怨自己的婆婆是奇葩极品，而要积极地行动起来，往以下三个方面努力：

1. 尽量住得离婆家远一些，至少不要总住在一起。

2. 尽量保持小家庭的经济独立性，多赚钱，多带孩子，越少"欠"老人，越有话语权。

3. 培养和支持老人的爱好，让他们有更丰富的精神寄托，譬如跳广场舞啊，养宠物啊，到处旅游啊，种个花种个菜啊，等等。

这些都会对改善婆媳关系有帮助。

当然，如果你更喜欢传统大家庭那种模式，老人带孩子做家务给你包办，那你就得忍受各种价值差异、个人习惯、教养方式带来的矛盾。出来混是要还的嘛！

婆媳矛盾是世界性难题，永远会大面积存在，不会消失，只不过当我们拥有更现代、更独立的家庭关系的时候，婆媳之间就算有天大的矛盾，也没有那么重要了。

放下焦虑，
做自信妈妈

过于重视孩子的感觉和过于忽视孩子的感觉，本质上都是对孩子的一种伤害。没有人能够始终开心，父母的职责也并不是让孩子保持开心。

警惕有毒的"愧疚感"，
不做完美妈妈

"我不是个好妈妈"，在给橙子的留言中，这句话应该是出现频率最高的一句话。忍不住对宝宝吼叫了，"我不是个好妈妈"。不小心让宝宝生病或者受伤了，"我不是个好妈妈"。让宝宝玩了手机看了电视，"我不是个好妈妈"。需要去上班，不能在家陪宝宝，"我不是个好妈妈"。甚至看到橙子发了毛头的视频集锦，一堆妈妈也愧疚自己没有给宝宝录很多视频。感觉这年头当个好妈妈实在太难了，宝妈们是不是太容易愧疚了呢？

愧疚是一种什么样的情绪

愧疚是一种想要为别人的不愉快和痛苦负责的感情倾向，觉得一切糟糕的事情，都是自己做得不够好而导致的。这种情绪经常会隐藏在内心，很难表达，却会使自己感到异常难过，甚至痛苦。

有的时候，这种情绪会非常强烈，从"愧疚"演变成"自罪"，哪怕事过境迁，依然不肯放过自己，甚至会导致抑郁的情绪。很多有产后抑郁症的妈妈，经常挂在嘴边的一句话就是"我就是个罪人"，原因仅仅是自己没能母乳喂养，或者怀孕的时候情绪不太好。因为孩子是这个世界上最麻烦的一种小生物，各种问题层出不穷，又特别容易大哭大闹，作为这些问题的主要负责人，当妈妈的一般是产生愧疚感的"重灾区"。（说点题外话，当爹的一般没这种心理，都觉得自己做得特好，如果有问题，那一定是别人造成的，迷之自信，不知何故。）可能你觉得既然自己犯了错，就应该使劲愧疚。但事实是，这种情绪过于泛滥，对你没有任何好处。

警惕愧疚感

愧疚感其实和愤怒感一样，是一种不该被放纵的负面情绪。平日里有一些暂时性的愧疚情绪倒也无妨，但是如果你经常陷入愧疚的情绪中不能自拔，总觉得自己对不起孩子，你的状态就会变得更加糟糕，这对解决未来的问题并没有任何帮助。且不说"孩子生病""不能母乳喂养""剖腹产""出了事故"这种无法改变的事情，你的愧疚感并不能让你穿越回去改变历史，只会让你的情绪变得糟糕，无法自拔，让这件事一直没法过去，就像心里扎了根刺，动不动就会疼痛，让你对以后发生的事情也错误归因（譬如背了很多锅的剖腹产和母乳喂养），影响你接下来的生活幸福感。

就算对那些你觉得可以改进的问题，愧疚感也毫无帮助，而且会让问题一直持续。习惯吼叫和打骂孩子的父母，事后大都会有强烈的愧疚感，但是这种情绪并不会让他们下次就住口或者住手，很可能会吼得更凶，打得更重。

经常疏于陪伴孩子的父母，也往往会有很深的愧疚感，但是这并不妨碍他们明天继续拿着手机放不下。

当着孩子的面吵架的父母，回头可能愧疚得抱着孩子哭，但是下次吵架依然不会注意地点场合，依然不会注意言辞和态度。

我们常识性地觉得，做错了事会愧疚的人总比不会愧疚的要好，甚至会认为只有愧疚自责，才能自省并改善。但事实不是这样的，越是愧疚感经常泛滥爆棚的人，生活就越糟糕。真正把娃养得健康活泼，并且家庭生活和谐幸福的人，反而是看起来心大如斗、漫不经心，对错误不是很较真的人，譬如像橙子这样的，榨汁机先生经常感叹说："你为啥可以活得这么没心没肺？好羡慕。"为什么没心没肺一点，反而更好呢？

为什么会有愧疚感

产生愧疚感的根源是不接纳自己，不接纳那个不太完美的自己。这可能和童年的经历有关，有些人因为从小得不到父母的接纳，长大之后尤其不懂得接纳自己，总要求自己完美，对自己犯错误特别容易耿耿于怀，一不注意，就愧疚感爆棚。

问题是，没有人是完美的，没有人会不犯错，如果你跟自己犯的每一个错误过不去，那就是在跟自己过不去。小孩子因为状况特别多，简直是这种有"完美综合征"的母亲的"照妖镜"。不接纳自己导致愧疚，愧疚导致对下次犯错的焦虑，焦虑导致犯更多的错，然后是对自己更多的不接纳和否定，你就会进入死循环，永远都出不来了。接下来，这样的思维习惯会继续扩展，你会跟犯错的家人过不去，跟犯错的孩子过不去。然后，孩子长大之后，也成为一个不接纳自己的人。

不幸福就是这么代代遗传的。那么，如何能跳出这个死循环呢？

同情自己和饶恕自己

要说西方人在这方面有个很妙的传统，就是向上帝告解。忏悔人跟神父说，神啊，我有罪，然后叨叨，把自己的大错小错统统说一遍。然后神父说，神赦免你的罪。然后忏悔人就真的像蒙主恩赐了一样，快快乐乐、毫无负担地走出了告解室。小时候看到电影里的这种情节就很不懂，这是什么神啊，怎么犯了什么错都要饶恕呢？！

其实，告解和心理辅导有异曲同工之妙，就是用某些方式让那些和自己过不去的人开始同情和饶恕自己，最后接纳自己，和那个不完美的自己和解，用更好的心态去面对接下来的生活。神都饶恕你了，你还有什么不能饶恕自己的呢？想一下，你的一个朋友犯了一个错误，痛苦地向你诉说，你会揪着她的错误不放，不断批评她，还妄想着她会变得更好吗？肯定不会。如果你是个体贴爱护她的人，那你一定会看到，她虽然犯了错，但她依然是个好人，你会理解她的感受，给她提出改正的意见，抱抱她，安慰她说"过去的就让它过去吧"，让她有勇气继续前行。

你知道如何安慰朋友，现在你要学会用同样的办法来安慰自己。尝试去安慰自己，理解自己，抱抱那个受伤的自己，最后接受那个不完美的自己。同情自己和饶恕自己并不是让我们逃避责任，而是让我们正视现实，接纳自己，从而获得改进的动力和勇气。一个容易愧疚自责的人是做不好事情的，因为他会非常害怕再次犯错。

然而，你在让自己变好的路上，是不可能不犯错的，如果你不接纳自己犯错，就会特别容易找借口，破罐子破摔，停留在原地，根本也不可能变得更好。请记住，你很重要，你值得被理解、被爱。请对自己充满善意，没心没肺一点，过去的事情就让它过去吧，做自己的神明，将自己宽恕吧。

好妈妈不等于完美妈妈

不可否认，在国内，舆论环境真的非常不好。无论是媒体还是个人，都特别喜欢用"伟大的母爱"这个道德要求来绑架妈妈，好像你不去"伟大"，你就是不负责任一样。这看起来是给母亲封神，其实是不把母亲当成人。

而现实是，当妈妈的都是活生生的人，也会犯错，会疲劳，会软弱，会有各种不得已的苦衷。奶永远够多，心情永远美丽，说话永远得体，既能整天陪娃，又能疯狂赚钱，把孩子养得永远胖胖萌萌，不生病、不哭闹、不害羞、不淘气、不捣乱的母亲，在这个世界上是不可能存在的，做到其中任何一条都非常难。

谁家带娃不是鸡飞狗跳、乱七八糟，摸着石头过河，一边带娃，一边学习带娃呢？只不过别人家的草坪更绿，天边的海更蓝，你能看到的，永远都是别人光鲜亮丽的一面，背后的那些狗血和鸡毛的事情，怎么会让你知道？！

岂能尽如人意，但求无愧我心。

只要你努力付出了爱，即便你犯了很多错，即便你不完美，你依然是好妈妈，是世界上最好的妈妈，是你的宝贝独一无二的妈妈！

请永远都不要对自己说"我不是个好妈妈"！

"让孩子高兴症候群"
是种病，得治！

曾经写过一篇文章，教家长们怎样帮娃把牙齿刷得彻底干净，需要把娃撂倒，扒开嘴巴，扯开腮帮子，把牙齿所有的侧面、咬合面都刷到。

留言中一片哭天抢地，说这怎么可能啊！好难操作啊，娃不配合啊，哭得好厉害啊！各种抱怨。

这也就算了，最让人心塞的是，我还被一些读者义正词严地教训了，说我这么搞法不现实，让小娃太恐惧，会有心理阴影。正确的做法是慢慢引导，让孩子高高兴兴地培养对刷牙的兴趣，最后爱上刷牙。

搞得我好像在教大家虐待孩子一样……

不禁暗自感慨，"让孩子高兴症候群"真是当代的一种全球性的父母易感病啊！

所谓"让孩子高兴症候群"，是以"让孩子高兴"为终极目标的父母特有的一种养育风格。

有这种症候群的父母，觉得孩子开心快乐才是正常的，一旦孩子有难过、沮丧、挫败或者反抗等负面情绪和行为，他们就会自责，觉得是自己或者家人哪里做错了。

他们会在养育孩子的过程中如临深渊，如履薄冰，生怕自己的某些反应不当，给孩子造成"心理阴影"，影响孩子的终身幸福。他们会由衷希望找到某些最符合儿童心理的方式，让孩子不必受任何委屈，不哭不闹地断奶，高高兴兴地进幼儿园，面对冲突和挫败，永远不发脾气。他们会经常说，"凡事尊重孩子的意见，不要强迫孩子做他不想做的事情，孩子值得被世界温柔对待"，听起来让人无法拒绝反驳。

然而，这种父母经常会感到挫败，因为他们无法控制孩子的失控情绪或者行为，并且经常对孩子一再妥协。

他们会经常怀疑自己教养孩子的能力，因为他们总是对孩子的执拗和坏脾气毫无办法。

于是，他们可能经常到处问这样的问题：

宝宝想要什么东西就必须弄到手，要不然就大哭大闹怎么办？
宝宝不喜欢换尿布，强换就大哭大闹怎么办？
宝宝总是做危险的事情，不让做就大哭大闹怎么办？

总而言之，他们不接受孩子大哭大闹，孩子大哭大闹是不应该的、不对的，得满世界找办法让孩子别大哭大闹。找不到办法，他们就会倾向于妥协。

说了这么多，你有没有中枪呢？

可能是因为我们这一代人被上一代的父母简单粗暴地养大，留下了很多痛苦的记忆，所以我们会对自己的孩子格外疼惜和爱护。但是，很多时候，我们容易走向另外一个极端。

子曰，过犹不及。

过于重视孩子的感觉和过于忽视孩子的感觉，本质上都是对孩子的一种伤害。

没有人能够始终开心，父母的职责也并不是让孩子保持开心。

事实上，你也不可能做到这一点，因为真实的生活不是那样的。恰恰和你想的相反，你会发现，你越想让孩子开心，他反而会越来越不开心。除了快乐，人类还有很多其他情绪，恐惧、沮丧、愤怒、难过等等。这些情绪其实没有对错，都是我们情绪世界的一部分。我们有责任让孩子从小就充分感受到各种情绪，并且学会应对这些情绪。**如果你总想让孩子保持快乐，你就是在剥夺孩子学习自我安慰的权利！**

孩子需要学习听从父母或者长辈的指导，学习与他人交往，学习适应新的环境，学习这个世界的生存规则。在这个过程中，他们自然会遭遇各种挫败、各种委屈，他们会哭闹，会尖叫，会反抗发泄，但是最终他们会熟悉这些情绪，并且能够从容驾驭这些情绪。

能够积极面对、合理应对自己的情绪，就叫作情商高。

所以，你大可以把孩子撂倒，按住刷牙、换尿布、打预防针，让他知道，有些事情必须要做，哪怕你不愿意，忍忍吧。你当然也可以劈手夺下孩子不应该玩的东西，让他知道，这个世界有界限，有些东西你不能碰，再闹也没有用。你也有权利和义务去阻止孩子做出打人、抢东西等暴力行为，让他知道，你要遵守一些规则，你的开心不能建立在别人的痛苦上。

他会难过，会不甘，会哭闹，你可以拥抱他，安慰他，但是你没有让他"开心起来"的义务。这件事，他得自己学习。

孩子虽然稚嫩，但是他们并不脆弱，他们不会因为受了些委屈和挫败就有心理阴影。正好相反，经常应付日常生活中普遍存在的烦躁、无聊、失望和挑战，会让他们的心灵越来越坚强。

在这个过程中，父母需要做的只是纯粹的陪伴而已。当孩子陷入负面情绪的时候，告诉孩子，妈妈知道你生气/难过/失望，想哭就哭一会儿吧，如果你需要拥抱，妈妈就在这里。情绪适应能力就是这样一点点建立起来的。情绪适应能力强的孩子，才是更容易快乐的孩子。我从不相信刷牙这种令人难受的事情真的会有人喜欢去做，自觉刷牙的人不过是因为害怕牙痛或者迫于社会压力，不得不忍受这些小小的不适。

真实的人生不就是这样嘛，大多数事情都是我们不喜欢做的，努力学习工作，打扫整理房间，保持个人卫生，维持身体健康，哪一样不是多多少少要强迫自己一下。你并没有什么特别好的办法，让做这些事变得和看电视、玩手机一样让你快乐。

孩子也是一样，他有自己的成长任务，很多不快乐的事情，他也必须要去做。与其花心思让孩子快乐起来，不如想办法让孩子拥有适应不快乐的能力。

经历很多不快乐是成长的必修课，你不可以让孩子逃掉这一课！

"孩子还小，熬过这段就好了" 是"过来人"的最大谎言！

最近和一个年长的华人朋友聊天，她听说我家有两个娃，一个三岁一个六岁的时候，挑了挑眉毛，笑着调侃了一句："哎哟，要熬出来啦！"

我突然联想到我家榨汁机先生也经常说类似的话，每当过年，或者在孩子过生日、开学这样比较有纪念性的日子，他总会半开玩笑感叹说："哎，孩子又大了一些。让我算一算，再熬15年，我们俩就自由了。"又联想到以前我和我妈抱怨说带娃很累、很烦、很缺觉的时候，她总是说，当妈妈就是这样辛苦啊，把孩子熬大些就好了。连我自己有时候也会这样想：娃还这么小，再把他们熬大一点，我就去好馆子吃顿饭；再把他们熬大一点，我就去好好旅个游；再把他们熬大一点，我就去读个书。然后，我突然发现"熬"这个字真的值得玩味。

"熬"这个字意味着很辛苦；

"熬"这个字意味着时间很漫长；

"熬"这个字还意味着咬牙坚持。

相信只有亲自养过娃的人，才真正明白这种感受吧！

世界上的大多数父母肯定都深爱自己的孩子，但为什么很多人还是选择用"熬"这样一个字来形容陪伴孩子成长的这个过程呢？难道养孩子真的需要经受"熬"的苦刑吗？

其实并不是，养育孩子给人带来的快乐也是其他人无法想象的，虽然辛苦，但大多数人是不后悔的。之所以会觉得要"熬"，只是因为我们为养孩子被迫付出了一些我们本不想付出的代价，而这些是我们一开始不曾想到的。

其实，当我们选择生娃的时候，我们不太了解有了娃意味着什么，只知道长辈催促你生，不生就不孝；周围环境迫使你生，不生就不合群；基因里的原始繁衍欲望更召唤你生，不生就觉得人生空虚不完整。

直到真的怀孕了，生产了，才发现整个生活从此天翻地覆，再也恢复不成从前的模样，甭说什么说走就走的旅行了，就连想吃就吃、想睡就睡的自由都没有了！妈妈们的生活节奏完全由不得自己掌控，整天被孩子的需求推着走，全天围着孩子转，除了身体上疲劳，更多的是精神上不堪重负。

逛逛街，看场电影，和朋友小聚，吃一顿大餐，在个人爱好上消磨几个小时……那些少女时代简简单单的小幸福，现在对你来说却如此奢侈和遥远，想都不敢想，眼前永远是洗不完的衣服，收拾不完的房间，哄不完陪不完的娃，一天连着一天，一夜接着一夜，让你透不过气来。

可每当你吐槽发牢骚的时候，总有过来人一遍一遍地告诉你，娃还小，熬一熬吧，再熬大一点就好了，熬过三个月就不闹了，熬过一岁就能睡好觉了，熬过两岁就不用整天抱着了，熬到三岁上幼儿园就能撒开手了……

可孩子三岁以后就好了吗？事实上并没有，孩子三岁之后，真正操心的日子才刚刚开始：操心他的学习，操心他的安全，操心他的身体，操心他交朋友，操心他和老师的关系，操心他的兴趣爱好……哪一条出了事，都够你夜里辗转反侧睡不着的。身体是没有以前累了，心却越悬越高了。小东西越来越聪明，越来越有主见，还不如抱在怀里的时候好摆弄呢！

老问题的确会消失，但是新问题永远层出不穷。熬过去？开什么玩笑，熬到什么时候是个头？！本来以为只是100米短跑，累过这段就到了，结果咬着牙跑了不知道多少个100米之后，才赫然发现，这明明就是马拉松！

"熬过去就好了"的逻辑是：孩子正处在需要你的时候，你要把全部精力都放在孩子身上，你自己的需求要为了孩子放一放，牺牲一下，过了这段就好了。可你养的并不是一只小狗，几个月就能出窝，人类成长成熟得如此之慢，单凭着爱心、毅力和爆棚的母爱，你可熬不过去！每个人都需要心灵上的力量和营养，每个人都需要感受到自己的存在，如果你长时间地委屈自己，压抑自己的需求，苦苦去等孩子长大，基本有两个结果：

要么你熬着熬着，再也坚持不下去，精神崩溃，怨气冲天，因为过多的付出而内心难以平衡，潜意识里总觉得自己的人生被孩子耽误了，看到孩子有一点不符合自己的预期，就莫名其妙地烦躁，甚至出现控制不住的语言和肢体暴力行为。

要么你对这种全副精力的付出感到麻木，习惯了。你习惯了以孩子为中心，习惯了牺牲自己，习惯了把一切资源都投到孩子身上，觉得孩子是自己的人生意义和精神寄托，最后完全失去了自我。乃至孩子都成年了，你依然放不开放不下，无法停止去参与孩子的人生。

无论哪种结果，都是挺可怕的一件事，不是吗？孩子是熬大了，可你也把自己熬得都不认识自己了，不是吗？那些"熬过这几年就好了"的话，听听就算了，我们平时切不可真的用"熬"的心态来养育孩子。毕竟我们的养娃马拉松才刚刚开跑，现在就把自己搞得筋疲力尽，你还怎么从容跑到终点？

母乳喂养好，尽力就行，实在做不到，也就算了。辅食当然是自己做的最健康，但是偶尔偷懒让娃吃一顿罐头，也不会有什么坏事发生。今天太累了，不给娃洗澡，擦擦身也过得去。孩子哭闹，并不是每一次都能哄好，实在哄不好，就让他哭一哭，地球不会因此而毁灭。觉得透不过气了，就去歇一歇，把孩子交给别人，给自己一些闲暇时间来放松心情，不要因此而有任何负罪感。对自己好一点，每个星期都去做一些让自己快乐的事情，别让自己觉得委屈。

请永远要记得自己是谁，永远别忘记那些属于自己的梦想，别真的只因为孩子而放弃本来想要的东西。如果你想要看一本书，现在就找时间去看，不要说等孩子大了再看，你有时间看育儿书，就一定有时间看自己喜欢的书。如果你想去旅行，现在就开始做计划出发，带不带孩子无所谓，自己出去走走，换换心情，也很重要啊。如果你有了一个很想要的工作或者求学的机会，一定要紧紧抓住，孩子其实也背不起"耽误父母事业"的罪责。**人生是用来过的，不是用来熬的，就算多了个娃，辛苦了很多，我们也要尝试去过得有滋有味，不能熬得苦哈哈！**

事实上，如果你自己苦哈哈的，孩子也甜不了。休息，是为了走更长的路。先对得起自己，没有丝毫怨气，才能对得起娃。

养娃这条路很长很累，

我们也从不曾因此而后悔。

妈妈也是凡人并非完美，

何苦要对自己求全责备。

我想，最好的爱也许并不是全身心付出，

而是要懂得量力而为。

三个美国全职主妇的故事
教给我们的事

很多宝妈留言问我这样的问题：橙子，我家宝宝××个月，我要回去上班，可是感觉老人带娃不靠谱，雇人又不放心，我到底要不要辞职当全职妈妈？

关于这个问题，很多文章会很鸡汤励志地说，女人一定要独立，女人一定要靠自己，当全职主妇是没有前途的……

这种话说得轻松，大道理谁都明白，可是面对着哭着要妈妈的孩子，面对着每天冲锋陷阵般的生活，面对着老人和保姆在育儿上的各种分歧，哪个当妈妈的心底没有个岁月静好的全职主妇梦呢？

其实，我至今都很怀念我那七年多的全职主妇时光，可以全心全意地陪伴孩子过慢生活，陪他游戏、读书、观察大自然，不错过他一点一滴的成长；还可以每天把家里收拾得井井有条，给全家人做营养全面的三餐；更可以有很多时间和老公交流谈心，增进夫妻感情。总而言之，感觉家庭生活质量很高，每天心情美美的！

既然当全职主妇有这么多好处，那还纠结什么呢？让我来给大家讲三个我在美国认识的老太太的真实故事，相信大家看了会受启发。

第一个老太太叫Jane（简），虽然满头银发，但是很有精神，都快七十了，依然非常喜欢打扮，哪怕是冬天，也露腿穿裙子，完全不相信寒冷和关节炎有什么关系。Jane很年轻时就嫁了人，有三个孩子，一直和老公感情很好，算得上白头偕老。Jane刚结婚的时候，以为自己会像自己的母亲一样，当一辈子主妇，可是当到第八年，她越来越难以忍受了。虽然她当时有最完美的美国中产阶级生活——漂亮的房子、三个可爱的孩子、爱她的老公，但是她知道自己过得非常不快乐，她发现自己不想一直被困在家里。于是，她在第三个孩子还很小的时候，毅然去考了教师资格证，当了小学老师。

美国的小学老师任职门槛低，所以工资也不太高，付两个小孩的托儿费都不够，家里也少了人操持，她出去工作可以说完全不值得，但她觉得还是工作让她更开心一些，老公也支持她。于是，她就一直工作到60多岁才退休。**Jane告诉我：主妇的生活是不错，但是总有一天你会过够。**

第二个老太太叫Linda（琳达），我认识她很久，一直觉得她也就70多岁，后来发现她居然已经94岁了，耳不聋眼不花，还能每天坚持徒步行走两公里和游泳100米。这些都不算厉害，最让我目瞪口呆的是她的经历，她年轻的时候做全职主妇，一个人带大了五个孩子，还全都供上了大学，没有老人或者保姆帮忙带！

当时Linda把最小的孩子送进小学之后，算了算，发现靠丈夫一个人难以支持五个孩子考大学，于是她决定出去找工作。但是，因为当全职主妇太久，和社会脱节，找不到工作，Linda居然重新考了大学，读了一个新的学位，毕业后找到了一份很好的工作，甚至赚得比老公还多，而那年她已经四十出头了。Linda的老公在她60多岁的时候就去世了，而Linda到94岁还身体硬朗，还好因为她当年工作了一段时间，攒下了不少养老保险，即便这么长寿，也足够她度过一个安逸的晚年。**Linda告诉我：家里需要钱，我除了**

拼尽全力，别无选择。

第三个老太太叫Mary（玛丽），远远看上去，觉得她也就40多岁，离近了看，才发现她已经是年逾花甲的老人家，保养得好是一方面原因，最重要的是她的眼神过于清澈，甚至有那么点不谙世事的少女感，她年轻的时候一定是个美人。

Mary大学毕业就嫁人了，丈夫是一名医生，美国的医生都很有钱，她自然留在家里当了主妇，抚育三个孩子到了十几岁。一切看上去很完美，突然有一天，丈夫当着所有孩子的面和她说：我们离婚吧，我爱上了别的女人。真的没有任何征兆，上一刻他们一家人还在餐桌上有说有笑，下一刻男人就收拾东西离开了家，第二天离婚律师就上门了。

丈夫中年出轨，这么重大的打击并没有影响到Mary的生活。事实上，Mary离婚后，过得还挺好。依照美国的法律，像她这种多年的全职主妇，如果离婚，不只会分到一半财产，在接下来的日子里，只要Mary一天不结婚，就会按月收到前夫的赡养费，大概占前夫收入比例的一小半。于是，Mary离开了前夫所在的城市，在儿子就读的大学城买了个带有温室的大房子，还养了只猫，平时去去教堂，到了节假日，就开车去看看远方的儿女，这一辈子的生活也是另一种岁月静好。**Mary告诉我：男人变心真的不需要任何理由。**

看过这三个故事，你就会知道美国中产阶级中为什么会有那么多全职主妇，她们真的是进可攻退可守，是不是要当主妇对美国女性来说并不需要那么纠结和焦虑，因为她们随时可以改变主意，不会因为这个选择付出过于沉重的代价。只要她们想，她们就可以随时回到社会当中。在美国，无论是大学招生还是公司招人，都不允许有年龄和性别歧视，甚至是对女性有所偏向和优待的政策。退一万步讲，就算她们待在家里一直当主妇，老公变心想找个小的，她们也可以全身而退，让前夫在有生之年都养着她们。

一个称职的全职主妇是家里的一件无价的奢侈品，她让孩子有更好的陪伴，让家庭有更多的温暖，让生活有更高的质量。全职主妇其实是一个非常美好，值得所有人尊重的职业。但是，要不要当全职主妇，不同的人有不同的境遇，就应该有不同的选择，因为每个人要冒的风险不一样。美国的女性，当主妇的风险系数就很低，更容易做出选择。

在国内当全职主妇，风险系数会相对高一些：第一，社会上的性别和年龄歧视还很严重；第二，法律上不保护离婚女性。所以，当你选择做全职主妇的时候，就要想一想：

1. 当未来某天你不想当主妇的时候，有能力重新走上社会吗？

2. 当老公靠不住的时候，你有实力一个人支撑生活吗？

如果答案都是否定的，那么你的工作就是你唯一的后路，千万不要随意切断这条后路。

年轻的时候总觉得结婚是所有故事的美好结局，觉得良人就可以免我惊、免我苦，免我无枝可依四下流离，可进入了**婚姻生活才知道，那只不过是小女孩一厢情愿的意淫。**

婚姻的内容太过复杂，需要我们用一生去参悟，它给你安全，也给你束缚；给你家人，也给你负担；给你亲密，也给你争执；给你忠诚，也给你背叛。婚姻是混沌的，无论你做对还是做错，婚姻的结局我们都无法控制。面对这人生的无常，我们能做的是什么呢？只能强大一点，再强大一点。

做家庭主妇是一份伟大而幸福的事业，每个女性都有权利去追求这一份幸福。可是请别忘记，**无论做哪份事业，都务必要做一个强大的人，强大到无论未来会发生什么，都可以不忧不惧。**

管教孩子的四层境界

小朋友一两岁，正是立规矩的时候，当他们做了过界的事情时，父母的管教方式非常重要，因为孩子会根据父母的反馈来调整自己的行为，进而发展出自己的一套适应环境的行为模式。相对放纵溺爱不作为的父母，能采取行动来管教孩子的父母都是很负责任的。但是，不同的管教方式有高下之分。

橙子觉得管教方式可以分为四个等级：

四等父母用殴打管教孩子

一言不合就动手，棍头下面出孝子，让孩子从内心彻底恐惧自己，害怕自己，从而听话。这种管教我不多说了，在国外，这不叫管教，叫犯罪！

三等父母用情绪管教孩子

不打，但是孩子一做错事就生气发脾气。孩子做错事情，父母有情绪，也不是不可以，但是如果你把吼叫、横眉怒目、拍桌子跳脚等宣泄情绪的方式作为"管教"孩子的唯一方式，甚至有时候没那么生气，也要装作很生气，就非常有问题了。

因为孩子比较弱小，大人的庇护对孩子来说就是天，所以孩子会对大人的情绪非常敏感，一旦大人发脾气，他就会非常恐慌，为了消解大人的情绪，他可能什么都愿意做，这也是发脾气的管教方式一开始会非常有用的原因。但是，随着时间的推移，你会发现发脾气这招越来越不好用，因为孩子会对你的脾气产生"抗药性"，他会发现，父母发脾气虽然吓人，但其实他们也不会把我怎么样，脾气过去了，还是会一样爱我，他就没有那么害怕了。知晓这一点之后，孩子会拿出两个策略：

1. 不被父母的情绪影响：你吼你的，我就当没听到。
2. 消解父母的情绪：卖萌卖惨，用甜言蜜语把父母哄开心了。

说到底，用情绪管教孩子的方式是不对的，因为孩子对父母的情绪过于敏感，所以他会把重心放在应对父母的情绪这方面，而对自己做错事情完全没有反省。

用这种方式管教的孩子，短期会害怕听话，但是长期下去，要么变得冷漠封闭，要么变得油嘴滑舌、嬉皮笑脸。没有一个孩子会因为父母容易生气发怒而变得举止得体。

总而言之，用情绪管教孩子的最大问题就是实行"人治"，而不是"法治"。是人就有弱点，会松懈，孩子就会钻空子，把"人"搞定，行为问题就无解了。

二等父母用惩罚管教孩子

那么，不实行人治，而实行法治呢？立好规矩，坚定原则，孩子犯了错，就让他承受很难受的后果——打手心、罚站、禁足、取消看电视买玩具等各种福利等等，让孩子形成条件反射，下次不敢再犯。这种方式要比用情绪管教强一些，会长期有效，因为实在的惩罚不太会让孩子产生"抗药性"，孩子会因为讨厌被惩罚而控制自己的行为不出格，慢慢就变成了习惯。很多"家教甚严"的家庭都是这样管教孩子的。

但是，**这么管教孩子会让孩子感觉糟糕，不被爱**，如果实行得过多过密，会给孩子很大压力，产生很多副作用。面对惩罚，个性比较强的孩子会愤怒，甚至会找机会报复，长大些还会有强烈的逆反心理，破坏规矩有快感；个性比较弱的孩子会变得胆小自卑，畏畏缩缩。更重要的是，由于各种规矩都是父母定的，孩子都是被动地去遵守规矩，自己没有主动性，一旦父母不在，就容易全线崩溃，完全管不了自己。

所以，**惩罚的方式虽然有效，但如果作为唯一的管教方式，也是不好的。**

一等父母正面管教孩子

《正面管教》是一本著名的育儿书，非常著名的"温柔而坚定"原则就出自这本书。

孩子做错事情，态度一定要温和友好，至少不能发脾气，等自己和孩子双方都比较冷静之后，再让孩子去承担相应的后果。

举个例子，孩子打了你，你很生气，孩子可能也有点害怕。这个时候，不要发脾气，不要理孩子，到旁边冷静一下，等自己心平气和一点的时候，回来用比较严肃的语气和孩子说，你刚才打了妈妈，妈妈真的非常痛，妈妈这么爱你，从来不打你，你却这么伤害妈妈，你觉得你这样做对吗？

这个时候，如果孩子也处于比较冷静的情绪状态下，他是会承认自己的错误的。然后，你可以要求孩子和你说对不起，给你揉一揉，表达歉意。

　　你表示原谅之后，再问孩子刚才为什么要打妈妈，帮他分析原因，告诉他用不打人的方式要如何表达自己的想法，和孩子商量好，如果下次再出现同样的情况，要有什么样的惩罚，并且记录下来。注意，这个时候定下的惩罚措施是和孩子商量的结果，而不是父母单方面用权力压人，所以孩子下次再犯的时候，去实行这种孩子认可的惩罚，是没有副作用的。

　　当然，如果可以的话，尽量让孩子承受自然的结果。譬如孩子不吃饭，你就不用惩罚他，让他饿着就好了；不多穿衣服，那就冻着呗。**孩子会根据自然的结果，自动自觉地规范自己的行为。这比用惩罚威胁和逼迫要好。**

　　《正面管教》这本书的内容很多，有很多非常好的管教理念，这里受篇幅所限，就不多说了，我认为每个父母都应该去仔细看一下这本书。当然了，正面管教对父母的要求比较高，不是每次都能做到，但是你至少要有这个意识，多做一点，你管教孩子的境界就提高一点。

　　当你发现孩子难管的时候，别怪孩子调皮，而要检讨一下自己的管教方式。管教孩子是一门学问，既不能让孩子摸鱼钻空子，又不能让孩子受到伤害，态度要软，心肠要硬。虽然我们可能没办法做得完美，但这并不妨碍我们不停地向最好的方向努力啊！

金钱和陪伴，
哪个对孩子来说更重要？

经常有新妈妈来问我：橙子，我家里收入不高，但是我真的很受不了老人带孩子，你说我要不要辞职当全职妈妈？我的回答一般是这样的：**这个问题要问你自己的内心，是当职业女性更快乐，还是当全职妈妈更快乐，无论选择哪一个，只要你不会后悔，就是正确的选择！**

这个回答无懈可击，但是肯定不能消除所有人的纠结——并不是每一个妈妈都知道自己到底要什么。就算我有过七年全职主妇经历和四年创业生涯，我至今也无法判断到底哪个选择让我更快乐，好像各有各的快乐。

事实上，**很多当妈妈的并不在意自己快不快乐，更多的是会在意自己会不会后悔。**

如果因为追求个人的快乐而耽误了孩子的成长，当母亲的是无法原谅自己的。

那么，问题就来了：对孩子来说，陪伴更重要，还是金钱更重要呢？

如果你在我当全职主妇那几年问我这个问题，我一定会回答你陪伴更重要。事实就证明了呀，我亲手带大的孩子就是这么棒：作息饮食健康，习惯规矩到位，长势喜人又机灵聪明，还和妈妈感情非常深厚，虽然吃的用的都是便宜货，却是快乐满足又自信有爱的小孩。这个结果，靠花钱能得到吗？

所以，选择全心陪伴孩子成长是对的，小孩子有全职妈妈带大真的是最幸福的事了呀！我一度非常不理解那些说没钱生不起孩子的人，养个孩子也不花什么钱吧，足够的爱和陪伴就是娃所需要的一切了呀！我一度认为我悟出了养娃的真谛，就像我曾经认为婚姻的真谛就是"相爱"一样，也不能说不对，但角度确实过于片面。

人性就是这样，只要屁股坐在那条板凳上，就会不停地寻找各种证据说服自己，这条板凳是最好的板凳……

当我在机缘巧合之下换了一条板凳，看事物的角度不一样了，想法自然就变得不一样了。

自从公众号逐渐开始有稳定的收入，存款开始变多之后，我就开始无法抑制地想要给孩子花钱，并且越花越觉得值——我的孩子值得拥有更好的东西！

金钱不只能换来更好的学校，更丰富的课外活动，更适宜的生活和玩耍环境，还可以换来父母更有耐心、更加包容接纳的心态：衣服脏了，东西坏了丢了，没关系呀，孩子你以后注意就好！买玩具花得太多，文具手工耗材用得太多，没关系呀，孩子你学到东西就好！想要去搞体育、搞艺术、搞小众爱好，没问题啊，孩子有梦就要追，爸爸妈妈支持你！

育儿界总是鄙视物质上的富养，提倡精神上的富养，好像精神上的富养就省钱了一样！千万别误会了，无论什么层面上的富养，都是烧钱的养法。物质上的富养只是把钱砸在孩子身上，精神上的富养是砸钱去改变孩子身边的环境，还是砸环境更贵啊好不好！孟母为了孩子三迁是很动人，可是搬家有多花钱你不知道吗？还搬三次！

现在再回想自己当年那种种精打细算的陪伴：领着娃去公园、博物馆玩，要掐着最划算的时间停车；带娃参加庆典，却舍不得买场子里的吃的喝的和纪念品；幼儿园哪个便宜选哪个；只要是花钱超过10块钱的亲子活动，统统拒绝参加……虽然当时我做这样的事情并没有错，但是**我不得不承认，陪伴不能解决孩子成长中的所有事情。**

而且，陪伴也没有我当初想的那么重要，也没必要陪得那么多。事实证明，就算少陪伴一些，也不会发生什么灾难。因为我工作太忙，我们二宝果妞在一岁半的时候让奶奶带了很多，奶奶走了，只好早早就上全天幼儿园，并没有得到像哥哥小时候那么细致周到的陪伴，现在也一样聪明伶俐，习惯好、懂规矩，和我也很亲，看不出和哥哥有什么区别。

人的成长过程就是不断打脸的过程，我从前一直觉得养娃只要用爱陪伴就足够了，钱什么的都是焦虑导致的浮云。然而，有钱把娃富养之后，我才发现，嗯……真香！

正因为我走进过围城，也走出过围城，对两边的好都很了解，所以我一度对金钱与陪伴的取舍感到更加迷茫，感觉无论是给不够金钱，还是给不够陪伴，都会愧疚。直到有一天，我想起幼时读过的一个故事：

国王问阿凡提，金钱和美德摆在你面前，你选择哪一个？阿凡提毫不犹豫地说，我当然选择金钱了。国王就笑话他说，你居然是这样贪财的阿凡提，如果是我的话，我肯定选择美德。阿凡提就笑了，说，当然了，人嘛，总是越缺什么，才越需要什么，我的美德已经很多了，所以不需要，但是我穷啊，选金钱没毛病；你钱财足够，而且缺德，自然选美德了。

故事看上去只是阿凡提在抖机灵羞辱国王，但是仔细想想，你会发现这个故事其实蕴含着一个非常深刻的人生悖论：

一个人拥有最多的那样东西，反而是他最不需要的；而他最需要最渴望

得到的东西，恰恰是他最缺乏的。

这样一个悖论印证在孩子身上，就会让当父母的永远无所适从：如果孩子已经拥有很多陪伴了，那他现在就最不需要陪伴，反而特别需要金钱；如果他拥有很多金钱，那他就最不需要金钱，反而非常需要陪伴。

简单来说，结论就是：**那些贪心的小孩总是不会满意你做的选择，永远惦记着全都要，所以你给什么都可能是错的**（当然，如果你都能给得起，那是例外）。我以前曾经听说过这么一个段子，正是对这个悖论的完美诠释：

在一所美国大学里，一个中国留学生在闲聊之时，被美国同学充满同情地问，原来你的父母平时都不习惯拥抱你吗？那他们是怎么表达对你的爱的？中国留学生感到很尴尬，就有点赌气地说：他们直接给我钱！

美国学生当时就全给"跪"了，纷纷羡慕中国父母用"给钱"这种方式表达爱，他们本来在中国学生面前还充满优越感，结果一想到自己可怜的助学贷款，优越感就立即变成了怨念。

西方国家的父母这些年名声在外，他们好像个个都对孩子非常尊重，乐于陪伴也善于陪伴孩子，也非常开明，给予孩子很多选择的自由，看似十分完美。但是，对西方国家的孩子来说，情况却并非如此。美国的孩子上大学，94%需要申请贷款，痛苦得不要不要的，谁家父母给孩子付了学费，美国学生真的会由衷地羡慕嫉妒恨，比起上个大学要背十几二十年的债务来说，他们可能宁愿父母更专制严厉一点吧……

所以说，**对孩子来说最重要的东西，哪有什么绝对的呢，不过就是越缺什么，越想要什么罢了**。

回到原来的问题上：对孩子的成长来说，到底金钱更重要，还是陪伴更重要？

有的人会从年龄上说事：越年幼的孩子，越想要陪伴，因为他难以感受到金钱带来的力量；而越年长的孩子，越需要金钱，因为他越来越独立，陪伴反而让他觉得烦。但这只是表象，事实是，在越年幼的孩子身上进行教育投资，收到的效益就越大；处在青春期的孩子，如果得不到陪伴关心，就会叛逆愤怒，行为跑偏。

并没有什么时期孩子只需要陪伴，或者只需要金钱，一旦你在这两者之间做出选择，你就错了。

当你玩命挣钱，并且把大把大把的钱砸在娃身上，让他感到习以为常的时候，那倒霉孩子根本不会领你的情，他只会委屈地抱着你的大腿嘤嘤哭：那些都不是我要的，我只要爸爸妈妈天天陪着我！但如果你这个时候信了他的邪，真的不赚钱了，全身心陪伴他，他长大之后，又会翻脸不认账埋怨你：你看看别人家孩子的起跑线，你再看看我的！我为什么不是富二代呀？我为什么要比别人多奋斗那么多？

总而言之，无论选哪边，他都可能会抱怨，你都可能会愧疚。所以，既然小兔崽子永远都不会满意，那你还有什么好纠结的呢？

失去自我，以他人的需求为中心的人生，就是这样永远患得患失，充满漏洞，哪怕那个中心是你的亲生孩子，也避免不了这样的求全责备。

既然人生中的这些抉择总是充满这样的循环悖论，是非对错无法分辨清楚，就不要想那么多得失后果了，顺势而为，选择你喜欢的方式就好了。至于平衡事业和家庭什么的，见鬼去吧！平衡不了就不平衡了。这世界上，谁又真正做得完美？

去做你想要做的事，告诉孩子，妈妈爱你，陪在你身边是为了爱你，上班赚钱也是为了爱你，你现在可能有不满，但终究有一天，你会懂妈妈！

我爱孩子有多深，
嫌弃他们就有多真

"母爱"是一种多么伟大而神奇的力量，相信大家都已经清楚了。即便你在生娃之前赌咒发誓，决不为了孩子牺牲自己，失去自我，生娃之后，也或多或少会有打脸的体验。

只要你本能没坏掉，必然会母爱上身。这个时候，无论你多努力，都是徒劳，就算不失去全部自我，一大部分自我总是会失去的。

你的生活状态会急转直下，整天忙碌，没有娱乐，不再自由，不再轻盈，甚至连睡一个香甜的觉都很奢侈。但是，再苦再累，当看到怀中那个小宝贝的笑脸时，你都会立即觉得一切都是值得的。从这个角度来看，**母爱要比号称要死要活的男女之爱更加让人走火入魔。**

想象一下，无论多么令人神魂颠倒的男神，如果生活不能自理，让你24小时×7天不停地照顾他，还不停地发出噪声让你睡不好觉，估计你挺不到一个月，就啥爱都不剩了。但是，母爱好像完全没有这个被磨损的问题，小朋友的成长总是能治愈老母亲所有的疲惫，即便岁月更迭，孩子从小肉团子长成大小伙子，母爱依然会一如往昔地纯粹。

如果没有意外，妈妈的爱基本会浓烈地持续一辈子。

作为一个母亲，我从来不想去否认母爱的炽烈，但是我也越来越强烈地意识到，妈妈对孩子的感情其实不单是"母爱"，它其实是很复杂的综合体，但是因为母爱过于被强调，**有的时候，我们甚至不愿意承认自己对孩子有另外一种与生俱来的强烈情感——嫌弃**。这种情感可能有点阴暗，你可能会为此感到羞耻，但是你却不能否认它的存在。在养育孩子的过程中，压抑住内心对孩子的嫌弃简直是一种日常行为：

当害羞或者害怕的孩子紧紧抱着你的大腿，死活不肯松开的时候；

当寻求亲热的孩子在你怀中一刻不停地扭动的时候；

当调皮捣蛋的孩子又把你好不容易整理好的房间弄乱的时候；

当心理脆弱的孩子因为一点点小事又发出尖叫和号哭的时候；

当锻炼语言能力的孩子向你不停地提出问题，不停地东拉西扯，从早念叨到晚的时候……

哪怕你非常理解孩子的行为，也无法摆脱那种有些厌恶，有些烦躁，又有些无奈掺杂在一起的恼人情绪。生活是爬满虱子的锦袍，永远温柔耐心的妈妈都是电视里演的，真的是亲妈，谁还没在心中发出过这种嫌弃的咆哮呢——好想把他扔远一点啊！哪怕只有一刻也好！！

又爱又嫌弃，才是真实世界里的亲子关系，看上去真的很矛盾、很拧巴呢！

生娃的头两年，我会一直为这种时不时冒出来的"嫌弃感"而感到内疚和自责：孩子还小，不懂事，我应该更有耐心更包容，可我却这么容易就心生厌烦，我不是个好妈妈！嘤嘤嘤！可养了这么多年娃，我却逐渐对这种"嫌弃感"释然了。

因为我发现这种嫌弃的感觉并非只起负面作用，也非常有积极意义。原子之间有两种力，一种是引力，一种是斥力，离得太远，引力会超过斥力；离得太近，则斥力会超过引力。这两种作用力让原子之间维持一种相对稳定的状态。

我觉得亲子之间的感情同样如此，**母爱是一种引力，把孩子拉近，让我们尽力为孩子付出，保护孩子；而嫌弃则是一种反向的斥力，它会把孩子从我们身边推远，让我们情不自禁地想要放一点手，轻松一些，也让孩子有机会走向自主和独立。**

所以，**有了嫌弃的感觉并不是不爱孩子了**，而说明你和孩子之间太近了，你的心理承受不了了，情绪发出了警报，让你把孩子推远一点，从而让亲子之间的距离维持在一种双方都能接受的稳定状态。

当你陪孩子睡觉陪得心生厌烦时，就是时候让他分床分房睡了；
当你给孩子喂饭喂得想爆炸时，就是时候让他自己吃饭了；
当你陪玩陪得烦躁无比时，就是时候让孩子学着自己玩一会儿了；
当你带孩子带得满心嫌弃时，嗯，就是时候让孩子上幼儿园了。

然后，当孩子分房睡觉了，自己吃饭了，能自己玩一会儿了，上幼儿园了，距离拉远了一些，嫌弃带来的斥力就减小了，你心中就又充斥母爱了，亲子关系就重新变得稳定。

但是，这种稳定不是一成不变的，而是动态的。你会发现，孩子越长大，萌感越少，你内心的嫌弃感就会越多，然后进入新的不稳定阶段，直到距离再被拉远一些为止。

　　嫌弃带来的斥力就是这样，让你情不自禁地把孩子越推越远，直到孩子随着年龄的增长而完全独立。这个过程并非人类所独有，你看连猫猫狗狗、老虎狮子这些动物，随着幼崽的长大，也会越来越嫌弃幼崽，一开始还给舔毛，展现慈爱之情，过了一段时间，幼崽一过来求着吃奶，就被打跑。当幼崽足够成熟的时候，动物妈妈甚至会龇牙咧嘴地把亲娃撵出自己的领地。从这个角度来看，对幼崽的嫌弃感是多么健康而自然啊！可以说，嫌弃和母爱一样，是进化过程中产生的必然的、有积极意义的情感。

　　鸡汤文章里总是写得很动人：母爱不是恒久的占有，而是得体的退出，要在孩子年幼时给予强烈的关爱，又要在孩子长大后忍住失落，看着孩子的背影在路口转弯处消失，不必追。这说得好像当妈的好惨，付出一场，最后还得忍痛含泪把孩子送走。

　　在我看来，所谓"得体的退出"，根本没有那么悲情，只不过是再自然不过的生命过程。只要你能正视和审视心中那时不时就蠢蠢欲动的"嫌弃感"，遵从内心的呼唤，用合适的方式把孩子推远到你觉得舒服的距离，一切成长和分离都只不过是水到渠成。

　　母爱带来的引力从来都不曾减弱或者消失，只不过嫌弃感在逐年增加而已啊！爱孩子是爱孩子的，第一次看到孩子的背影在转弯处消失，确实会非常失落，但是，嫌弃感终究会让你成为一个在开学季欢呼雀跃的"坏妈妈"。

对孩子"关心则乱"？
问自己这个问题就可以搞定

几乎每个新妈妈都爱纠结，正所谓关心则乱，面对宝宝，好像每下一个决定都很艰难：宝宝感冒了很不舒服，要不要跑一趟医院？宝宝不明原因地大哭，是抱还是不抱，是喂还是不喂？宝宝是"睡渣"太折磨人，要不要进行睡眠训练？宝宝在公共场合撒泼耍赖，要不要好好教训一下？……

这种问题，每个妈妈都可以拉出来一个延伸到天边的清单。

当妈妈的几乎每天都会天人交战，左右为难，好像怎么选择都有道理，又好像都不太对，甭说不科学的说法遍地都是，连育儿专家写的书都会有互相矛盾的地方，如何才能保证自己做出那个最适合自己宝宝的选择呢？

看似不可能做到，答案却非常简单，它就藏在你内心，那就是问问你自己：你做出这个决定，到底是出于对宝宝的爱，还是因为你当下的各种情绪？

因为各种文艺作品把"母爱"搞得太煽情，我们经常误以为"强烈的情绪"就是"爱"。宝宝感冒了发烧咳嗽很辛苦，你急得像热锅上的蚂蚁，心想会不会变肺炎啊？会不会烧坏脑子啊？咳嗽多了会不会留下后遗症啊？这感觉不叫爱，叫焦虑。

宝宝不明原因地大哭，你一边犹豫要怎么做，一边听着哭声好心痛，觉得自己让宝宝哭这么惨，不是个好妈妈。这感觉不叫爱，叫愧疚。

宝宝哄了很久都不睡，又没人帮忙，你抱得胳膊都麻了，真想顺窗户扔出去，心想我要不要放下进行睡眠训练，哭一哭就当锻炼肺活量了。这感觉也不叫爱，叫愤怒。

宝宝在公共场合哭闹耍赖不合作，行人纷纷侧目，你感觉受到千夫所指，虽然你知道孩子哭闹事出有因，但心里却开始犹豫要不要好好修理一下孩子。这感觉不叫爱，叫羞耻。

爱只会让你感到从容、平静、温暖、满足，从来不会让你感到烦躁不安，如芒在背，惶惶不可终日。如果你感觉内心有如一口油锅在沸腾，那你绝不是在爱，而是陷入了情绪当中。

当你被情绪席卷的时候，能量全都被主管情绪的那部分大脑用掉，理性大脑是没有在工作的。这个时候，你所有的行为都是情绪控制下的产物。

人类进化出"情绪"这种东西的时候，还和动物没什么区别，整天过着朝不保夕的生活，情绪会让身体分泌各种相关激素，让人迅速进入"战斗"或者"逃跑"的状态，这样的反应有利于人类更好地生存下去。

所以，当你被情绪控制的时候，身体不是处在"战斗"状态就是"逃跑"状态，做出任何行为都会用力过猛，怎么做都不会对。

譬如，当你处于愤怒状态管教孩子的时候，你就一定会忍不住吼他或者打他，就算强行忍住不吼不打，也会面目狰狞，说很多伤人的话。这不是说管教这件事本身不对，而是你管教的状态和方式不对，愤怒的你是处在攻击状态，既然是攻击，就一定会伤人。又譬如说，当你处于愧疚状态的时候，就会倾向于满足孩子的一切要求。当然，孩子的要求有些合理，有些不合理，但处在愧疚状态的你是没有办法去仔细思考和分辨这些的。这不是说

"满足孩子"这件事本身有什么问题，而是你状态不对——你一心只想让孩子满足，好摆脱这种难过的感觉。愧疚的你是处在逃命状态，那肯定是不顾原则，丢盔弃甲的。

所以，事情本身并没有对错。孩子哭了，抱还是不抱，其实都有道理。有些时候，孩子只是浅睡眠醒来有点烦躁，其实没多大事，哭哭就睡回去了，抱起来反而打扰他，但是有些时候，孩子确实感觉不舒服，非常需要妈妈，不抱肯定不行。如果你处于理性状态下，你会先去思考判断孩子为什么哭，然后按照自己的判断进行尝试，并且在尝试的过程中根据孩子的反应调整方法，慢慢总能做对。如果你处于有情绪的状态下，你就容易把孩子的哭声解读为"他一定是在怪我"或者"他就是要累死我"，然后做出冲动的决定，转过头来又觉得自己做得不对，开始后悔弥补，但是下一次情绪上来，又故态复萌。这样来来回回改来改去，当情绪的奴隶，就完全无法形成对孩子有原则、成系统的养育。

育儿这件事，风格有很多种，不同的孩子适合的方法也不一样，**但只要那是你深思熟虑之后下的决定，并且在操作过程中保持最大程度的理性，你就一定会做对。**

同理，孩子生病，去或者不去医院其实都可以，只要这个决定是你通过一段时间观察病情得出的结论，而不是因为焦虑或恐惧而做出的选择。宝宝睡眠不好，训练是可以的，但是你要做好各种知识准备，进行心理建设，和家人沟通好，因为一时冲动而训练肯定是不对的，也坚持不下去。孩子犯错，你可以实行不惩罚的"正面管教"，当然也可以惩罚，甚至体罚并非一定不行（只是体罚的副作用很大），但是一切要在有爱的氛围下进行，让孩子感知到"妈妈爱你，只是不能接受你的行为"。管教是为了让孩子变得更好，而不是为了"找面子"或者"泄愤"。

既然有情绪的状态不对，那么如何做到没有情绪呢？当然了，是人都会有情绪，**你需要做到的是不要在有情绪的时候下决定。**

可是，这件事依然知易行难，就像喝醉的人都在说自己没醉一样，越是有情绪的人，就越是坚持认为自己没情绪，很理性，甚至还能找到很多很多理由支撑自己的决定。

所以，**你要做的第一件事情就是感知自己的状态**，只要觉察到自己状态不对，情绪立即就会化解一半。

所以，养成习惯，每当你遇到事情纠结不已、左右为难的时候，先不要想这个问题本身，闭上眼睛，感受一下自己的身体状态：心脏有没有跳动得很厉害？胃里有没有感觉隐隐作痛？脖子和肩膀有没有觉得很僵硬？浑身是不是很紧张用力？

只要你能感觉到身体的哪部分不太舒服，不放松，就说明你的状态不对。这个时候，就算你觉得十万火急，快要大祸临头，也一定不要做决定，更不要急着行动。正所谓磨刀不误砍柴工，先想办法给自己一个相对独立的空间（如果娃哭，也只好让他先哭一下，试图忽略他），深呼吸，脑子放空，什么都不想，把注意力集中在一件没意义的事情上，譬如捏一个球、抠手指、玩头发等等，等待时间慢慢过去，大概5～10分钟就够了，觉得自己的心情比较放松不烦躁了，再来思考并处理这件事。

如果有条件，接受亲人的一个长长的拥抱，或者听听喜欢的音乐，都会大大加速这个情绪消解的过程。情绪满载的时候，你永远都会觉得自己被逼上绝路，没有其他选择。

当理性回归的时候，你曾经的经验、你学来的知识才会起作用，你会意识到这件事其实还有很多处理办法。正所谓"山重水复疑无路，柳暗花明又一村"，就是这个感觉。

生娃之前，橙子是个佛系少女，万事不着急，很少烦躁生气，什么事都不纠结，考试总比平时成绩好，一直觉得自己性格心态棒棒的。没想到的是，小娃的出生简直是对人性的终极考验，把佛系少女生生逼成了暴躁大妈，动不动就崩溃，整天顺不过来气，平常说话声音提高八度……

后来我分析了一下，我之所以会感觉自己性情大变，是因为我从前生活压力不大，引发情绪的问题也比较少，就算有情绪，消解的空间也比较大，毕竟有什么是逛个街撸个串解决不了的呢？但是，有了孩子就不同了，压力大，情绪多，还没什么个人空间，所以不能像从前那样让情绪自然而然地消解。

所以，作为孩子的妈妈，我们要刻意练习，时刻觉知自己的情绪，高效率地消解情绪，让那个理性的自己能够在线更长时间，从而有力量去做更加正确的事情。

请妈妈们用爱来养孩子，而不是用情绪来养！

你付出了，也变强了！

橙子在写第4章的《伴侣把孩子吼哭，你要如何化解僵局？》这一篇时，谈了一下怎样动用情商，"套路"没耐心的娃他爹，并且顺便调教他一下，示范如何用正确的方式对待孩子，让他慢慢学习提高。但是，在和周围的姐妹们聊起这个话题的时候，很多当妈妈的都很有情绪：为什么动用情商的总是我？

我为了更好地养育教育孩子而努力去学习，去提高自己，孩子爹却什么心思都不肯花，把孩子弄崩溃，还要我花心思照顾他的情绪，还要做表率提高他的带娃能力……自己养儿子不够，居然还要帮婆婆养儿子，凭什么？

岂止是育儿方法的问题，在整个养育孩子的过程中，当妈妈的这种"不平衡感"爆棚的时刻我们都太熟悉了：

凭什么女人要吃那么多苦才能把孩子生下来喂大，而男人爽一下就有人叫爸爸？

凭什么女人要在家庭和事业之间做出艰难抉择，而男人赚钱回家就算负责？

凭什么女人要家务孩子样样照顾周到，而男人就可以心安理得地笨手笨脚？

…………

　　总而言之，男人结婚又有人照顾，又有人给他生养后代，爽歪歪，女人结婚则一直被家务、孩子、男人拖累，简直血亏赔大了有没有！真的是越想越不平衡啊！

　　正因为我一直对这种"不公平"感触很深，所以我也曾经写过吐槽的文章，痛斥这个正在从传统向现代转型的时代对女性的多重标准要求和求全责备。可是这两年，我却有了一种新的角度来看这个问题：

　　我们女性在家庭里确实普遍责任更大，干活更多，事业和家庭都要顾。但是正因为如此，我们变得更强大了，在家庭和社会中更加有地位和力量了不是？生活永远不会亏待勤奋认真的人，你每多操心劳累一分，你的能力就增长一分，你在这个家庭和这个社会上的话语权和掌控感就多一分。

　　你越是为孩子操心受累花时间，你的育儿能力就越强，孩子就和你越亲密，你在育儿方面的发言权就越多，谁乱说，你尽可以叉着腰理直气壮地说：这娃是我一手抱大的，我最了解，你不带孩子，你懂个屁！当然，如果你不想吵架，也可以自信地翻个白眼儿给他。你越是为家务劳动受累，你做家务的能力就越强，凡是和家务相关的事情，你就有资格说了算：今天就吃这个，因为老娘爱吃，你爱吃不吃，有能耐自己去做！你越是为事业付出，你的工作能力就越强，相应地赚钱就越多，你对整个家庭的消费行为就越有底气来支配：老娘工作这么辛苦，就想度个假，就想买个包，就想吃顿好的犒劳一下自己，有毛病吗？！

　　你越是花精力去经营夫妻关系，你的情商就越高，越善于沟通，你对这段关系的把握能力就越好，老公就越容易被你吃得死死的，鬼使神差地愿意听媳妇的话，到头来受益的还是你呀！

是的，你是付出更多，更劳累，但是你全都不白干啊，你也是收获最多的那个人啊！老公也只是蹭个热度沾点光而已，你才是那个有光环的主角。如果你不想那么辛苦，随便应付，能不做就不做，也容易得很啊，但事情的走向也不会受你控制。如果你不走心管孩子，孩子和你不亲，不听你话，不按你的规矩来，你是一点办法都没有的。如果你不管家务，那这个家吃得合不合你的健康标准，卫生情况达到什么水平，物品摆放是不是整齐，合你心意，你都没有资格吐槽。如果你不赚钱，那怎么花钱你的意见只能作为参考，具体得听赚钱那位的。如果你不努力去经营夫妻关系，那么在婚姻里，你永远属于被动的那一方，这段感情的走向如何，你也只能听天由命。

正所谓"尊严来自实力"，你所经历的都会让你变得更强大，努力去做了，你就怎么都亏不了！虽然你在这个家里更累一些，但是你在这种劳累中锻炼出来的各种能力——育儿能力、做家务能力、赚钱能力、沟通能力等等——全都是你自己的，这些能力会不离不弃地跟随你一辈子啊！

你越是受累，越是掌控得多，越是可以按照自己的想法去生活。就算你真的对这段婚姻失望，想要放弃，这些能力也会让你有机会更好地开始新生活，不是吗？就像如果你觉得一家公司给你的待遇不好，与其天天抱怨这家公司差劲，压榨员工，不如先用尽全身解数把每项工作做好，增长经验和能力，让自己身价更高，这样辞职出来单干或者跳槽到下家公司才更容易啊！很有可能的是，当你充满工作热情，工作能力又提高了时，这家公司就离不开你了，给你涨待遇，不让你跳槽了。

很多原本柔弱的女孩在养育孩子的重重困难中迅速成长蜕变成坚强勇敢的母亲时，内心总是很委屈的：我本来想要的是被人仔细收藏，免我惊免我苦，被疼爱一生的啊！为什么我要经受这些苦，为什么生活对我如此不公？可你仔细想想，很多女孩向往的所谓"一辈子被宠成公主"的生活，和"一辈子活得像个废人"，实质上又能有多大区别呢？一直当一个不谙世事的柔弱小女孩，永远傻傻地听从安排，过随波逐流靠运气的人生，很有意思吗？

所以，千万不要为自己失去少女属性，变得强悍而感到委屈，而应该感到高兴，你变得强悍不是为谁做出的某种牺牲，而是一种自我成长，可以让你变成更好的自己，不惧怕任何事的自己，可以掌控全局的自己。

家庭和社会也许对女性很不公平，但是生活永远会以各种形式公平回报那些努力付出的人。

我知道很多姐妹都羡慕北欧发达国家地位高的妇女，女人无论是在家带孩子还是在外忙事业，都能受到社会和家庭的充分支持和尊重。可是，人家国家的妇女地位高，是经历了历史上多少次妇女抗争，最终写在法律法规里，写在文化传统和政治正确里了，而我们国家无论官方还是民间的观念都远远落后于人家。那中国的女性想要有地位怎么办？卖惨和抱怨有人在乎吗？只能靠自己的双手和智慧去争取这份地位啊！

据统计，中国女性的工作时间是全世界最长的，虽然看上去很惨，但是作为一个男权文化严重的国家，比起日本、韩国来，中国女性的地位显然要高得多不是吗？这其实是这个变革的时代赋予我们女性的责任：我们用更多的付出换取更高的地位和更多的话语权，让强大而优秀的女性持久形成巨大的力量，进而形成新的传统，这个社会才会有改变的可能。

当然了，社会对女人的要求过多了，咱也不必样样都完美，选那些你自己认为最重要、最适合你的事情去付出努力就好。如果能力强，就多付出一点，能力差，就少付出一点，但是一定要心甘情愿地付出，付出了有没有收获不一定，但是一定会有成长。怕就怕你因为心里觉得不平衡，不甘心全力付出，总想和老公争个对错输赢，凡事都要问个"凭什么"，讲个"公不公平"，最后你争赢了又怎么样？输掉了整个家庭的利益，输掉了你变得更好的可能性，更可能输掉了两个人的感情。

就像我小时候读到的寓言故事：两只山羊同时从两边走独木桥，走到中间，谁都不想让谁，谁先退都觉得不甘心，于是在独木桥上顶犄角打架，终于都落到水里淹死了。**聪明的女性不要做这种双输的傻事，先退一步让对方走过来，你也能够从容地走过去，不是吗？**

家庭里，凭什么女人总要付出更多？

因为团队合作不同于竞争，本就没有什么公平可言，多半是一个大神带着一堆很菜的"菜鸡"，大神负责所有推进，而"菜鸡"能不拖后腿，就已经是很努力了。一个家庭就是一个团队，分工是否公平并不是最重要的，重要的是能力强的人能充分发挥水平，能力差的人能充分得到锻炼，持续成长，再反过来帮衬能力强的人，这样整个团队才能进入良性循环，越来越有效率。

所以，咱们优等生就不要嫌弃后进生啦，既然有缘认证成了队友，养娃路上还是多少带带他们吧！

做快乐妈妈，找回你的社交生活

当妈之后，你会常常感到孤独吗？

虽然家里经常吵吵嚷嚷、热热闹闹，让你根本闲不下来，你甚至无法意识到这份孤独，但是我知道，当你在深夜好不容易哄睡了孩子，自己却舍不得去睡的时候，当你把孩子关在门外，享受一份上大号的清净的时候，当你在孩子偶尔没搭理你的间隙发了几分钟呆的时候，心里那种空荡荡的感觉你一定体验过很多次吧。

那年，毛头九个月大，因为老公换了新工作，我们举家搬迁到美国的新罕布什尔州。安顿好不久，我在我经常混的母婴论坛上发帖吐槽新搬的这个地方太荒凉，没有卖中国货的店也就罢了，连个中国人都见不着，帖子里无意中透露了城市的名字，结果很快有一位论坛里的宝妈在站内联系我说，好巧，我也住这个地方，我们通个电话吧。然后，我就像着了魔一样，和从来不认识的陌生人打了将近两个小时的电话。我们俩身边都有孩子，谈话经常被孩子打断，不过没人介意，两人都会耐心等对方把孩子搞定之后再继续聊，聊到电话要没电了还意犹未尽。然后她提出，要不然你有空到我家来坐坐吧，我家地方大，孩子们可以一起玩。我一点都没犹豫就一口答应了。

我老公听说我要见网友，觉得我特搞笑，两个女的有什么好见的，网上聊聊不就得了嘛！当时我还不会开车，我家的小区在一座小山上，如果我去网友家，需要花20分钟从山上走下来，搭上半个小时才来一次的公交车，下车之后再走10分钟左右，才能到。做完客，我还要再这样原路返回，爬上山，才能回到家，光在路上就要花费将近两个小时。简直不能再折腾了！

然而第二天，我居然真的鬼使神差地扛着大胖娃跑到她家去了，然后就有了第二次、第三次，后来几乎每隔两三天就要去一次，风雨无阻，我都佩服自己的毅力。你可能觉得我和这位网友一见如故，特别投缘什么的，其实并没有，我和她的成长环境完全不同，甚至三观什么的都不太一致，除了孩子，几乎没有共同话题。我们混在一起也没做什么特别的事情，就是看着孩子们在一起玩，偶尔解决一下他们的小纠纷，有一搭没一搭地互相说说自己孩子的一些琐事，小半天就飞一般地过去了。每次去她家闲聊，我就感觉自己内心深处好像有什么东西苏醒了一样，突然变得精神起来，路上消耗精力也不感到疲劳。

后来，我又通过这位网友认识了更多当地的全职华人妈妈，有了一个自己的社交小团体，我们经常聚在一起，一边带娃一边聊天。我渐渐有了一种全面复活的感觉。

刚生完娃那一阵，我觉得光是带娃和做家务就累得要命了，能减少消耗就减少消耗，每天除了带娃在楼下遛遛，其余时间就和娃一起宅在家。娃睡了之后，上论坛发帖和在QQ群里聊天是我唯一和社会联系的方式。其实就连上网发帖和聊天，我也是有负罪感的，老公总是批评我，你整天喊累，晚上孩子睡了还不多休息，总在网上瞎逛什么哪！

后来我渐渐发现，比起缺休息缺睡眠，带娃妈妈更容易缺少的是社交生活，一两个星期不接触外界可能没什么感觉，天长日久围着娃转，就特别容易有一种挥之不去的孤独感，就算生活上没有什么不满意的，心情也不会太好。这种孤独感有时候是老公和亲妈都难以帮我们消除的。

　　每当我和我妈通电话闲聊带孩子的种种琐事的时候，我总是要尽量避免吐槽，因为我一旦透露出带娃的辛苦，我妈就会说，不让你生你非得生，当妈哪有那么容易，我当年如何如何如何……忆苦思甜完毕之后，再附送999条传统养娃锦囊妙计，譬如让娃多穿点，别受风之类的。简直是添堵！

　　和直男老公倾诉这些事，就更难得到让人舒心的反馈。来自火星的男人面对女人的抱怨，总会一本正经地摆出一副"我们来讨论一下为什么会发生这个问题，以及如何解决这个问题"的姿态：

　　你说孩子今天又不好好吃饭，老公多半会说："那怎么办？是不是你做得不好吃啊？"

　　你说孩子今天特别爱闹，不听话，老公多半会说："我跟你说了多少遍，他闹你就别搭理他。"

　　往往把你噎成内伤，还无法反驳他。

　　最理解带娃妈妈的欢喜忧愁的，往往还是那些带娃的同类。甭管两个女人原来的背景多么迥然不同，性格多么不匹配，只要变成了同龄孩子的妈妈，一聊起来就没完没了。

　　两个妈妈聊天很有意思，一般都是这个格式：

　　"我家孩子今天又不好好吃饭。"

　　"我家的也是啊，一看见勺子，脑袋扭得跟刘胡兰似的！"

　　"我家孩子今天也不知道怎么了，特别闹，让干啥不干啥。"

　　"我家的也是啊，有时候特乖，一天也不怎么哭，有时候整天和我作对，闹得我头都要炸了。"

　　在旁观者看来，这好像是两个时空的自说自话，两个人都在没完没了地说自己家的娃，但居然还聊得挺开心，感觉特别奇怪。其实，这种"超时空对话"才是我们带娃妈妈最需要的聊天方式。

　　第一，带娃的很多难、很多累我们需要倾诉出来，但是不需要什么建议和解决方法，有人倾听并表示理解，我们就会感到非常轻松。

　　第二，带娃妈妈特别容易焦虑，总觉得自己做得不够好，当和其他妈妈交流，发现"我不是一个人在战斗"的时候，就会卸下很多压力。

　　除了聊天会特别让人舒心，两个带娃的妈妈凑在一起，还有一个巨大的好处，那就是两个妈妈带两个宝宝，要比一个妈妈带一个宝宝轻松一倍。

　　首先，宝宝的注意力被另一个宝宝分散走了。两个娃你看我我看你，可以看半天，两岁以后就可以慢慢有交流有互动，妈妈们就可以从陪玩中解脱出来了，只要约定好规则，解决抢玩具的问题就可以了。尤其是两个女娃，小闺密一起认认真真地过家家，妈妈们可以安心地坐在沙发上喝咖啡，不要太惬意啊！

　　其次，带娃资源可以进一步优化。玩具总是别人家的好玩，饭总是别人家的好吃。娃在自己家里天天闹腾要关注，你一分钟不理他，他都要作妖，到了别人家，立马就消停了，摸摸这个碰碰那个，啥都觉得新奇好玩。两个娃一起对着吃饭，互相增加食欲，都比在家里吃得多。我当时经常和三个妈妈排好班，今天到A家吃，明天去B家吃，每隔三天我只要准备一顿中饭招待大家就可以，可以蹭三顿饭，娃也可以玩三家的玩具，效率真不要太高啊！

　　几个妈妈一起带娃出门玩，更是欢乐加倍。如果妈妈带一个娃出门，就要时刻盯着娃，不能分神，连上个厕所都难，累就一个字。要是好几个妈妈带着好几个宝宝出门，那就方便多了，随时都有朋友来搭把手，娃们在一起追来跑去的时候，派代表轮流盯一下就好，其他妈妈精神上的弦就可以偶尔松弛一下，看看蓝天白云，听听鸟语，闻闻花香。啊，生活真是美好！

另外，娃们在一起混熟了，还有锻炼社交能力的好处，早早就会知道一些简单的社交规则，譬如不能打人，不能抢东西，要轮流玩，还能和小朋友学会新玩法，乃至发展语言能力，体会到小小的友谊。好处实在太多。

美国有很多公益组织成立叫作"mother goose"（鹅妈妈）的俱乐部，组织本地带娃的新妈妈们在一起聊聊天，带小娃唱唱歌、做做游戏。这都是非常有益于新妈妈身心健康的活动。我觉得这种组织形式非常值得在中国推广一下。

在新罕布什尔州住的那三年，是我朋友最多的三年，也是我带娃生涯中最快乐的三年，我们这帮朋友中的三个人甚至都在一年内生了二胎，聚在一起热闹得就像一个幼儿园。我们组织去各种地方野餐，去果园采摘，去湖边烧烤玩水，背着娃爬山远足，参加节日庆典，逛博物馆，在家里搞烘焙、包饺子、做汤圆，居然还吃了很多次火锅……每一次聚会都留下美好的记忆。在搬到那里之前，我一个人带娃，虽然可以把毛头带得作息规律，什么都井井有条，但心情总是十分低落，蔫蔫的没精神。自从有了一群可以一起带娃的朋友，我突然感到正能量爆棚，精力超级充沛，整天干劲十足，笑容满面，甚至让每天上班被老板虐的老公感到非常不平衡。

很多朋友和橙子倾诉，说带娃的日子里有一种说不出的郁闷，虽然宝宝很乖，带起来不是很累，但心情总是不佳，感觉自己好像特别矫情。我要说，这一点都不矫情，只是说明你感到孤独，需要社交生活了。虽然当妈妈的不可能像没娃的时候那样，总是打扮得美美的去逛街看电影，但是我们的社交生活同样可以很开心，很精彩。

人类是社交动物，当妈妈了其实更容易孤独，更加需要社交。希望带娃的妈妈们能勇敢地走出去，在给娃找些小朋友的同时，也给自己找些朋友，时不时参加一些有趣的活动，带着娃一起热爱生活！

对于多元的教育观念，
我有自己的坚持

很多家长推娃痛苦，是因为他们总喜欢把最复杂的任务留给孩子，把最简单的任务留给自己。

一个加拿大小学生佛系散漫的日常

经常有人问我，橙子你现在事业做得这么好，有没有考虑全家搬回国发展？说实话，对这个问题，我一度非常动心，毕竟我大中华的淘宝网购和八大菜系是如此诱人……不过，一想到我家那个混世魔王的上学问题，我就马上打消了这个念头。这娃若是回了国，怕是会被当成白痴吧！听说国内的娃还没上小学，就能认识1000个汉字，20以内的加减乘除全都会了，而这还只是平均水平。我家毛头在上学前班之前，连26个字母都认不全，无论怎么教，b、d、p、q就是分不清楚，甚至分清楚6和9都有问题。

作为学霸父母，孩子是这样的学渣，本来是看不下去的，所以前年他进学前班之前，我很怕他跟不上，想让他练习一下写字母。教了两天，我感觉自己要因为脑溢血而英年早逝，每分每秒都在压抑疯狂想拿皮带抽孩子的欲望。亲生爹妈真的是最可怕的老师。冷静下来之后，我还是觉得自己不蹚这趟浑水比较好，等到臭小子学不会跟不上求我的时候，我再教他，他应该能收敛合作一些。入了学才发现，我实在是想多了！什么跟不上，着急，不存在的！

加拿大搞的是"因材施教"，老师会根据每个孩子的水平提出不一样的学习要求（所以他们那里会有一个班里有一半一年级学生，一半二年级学生这种匪夷所思的现象），所以不论孩子多差劲，都不会有什么挫败感。

而且，我实在怀疑孩子们到底有没有在学习，教室是下面这样的：

对于多元的教育观念，我有自己的坚持

毛头学前班的教室

最烦的是，没有作业啊没有作业！回家就是傻玩啊！每天书包里只放两样东西——饭盒和水杯，有时还从家里拿玩具去分享……这是去了个大号幼儿园吗？

一年学前班上下来，拿回成绩单，一溜儿的中等，优秀的只有一项，定睛一看，还是体育。再一看期末最后一天带回家的作业本，简直要崩溃：

小游戏：请找出图中
有几个写反的数字

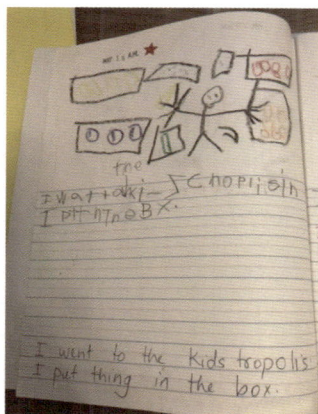

对于老师的翻译功力，
我只能说佩服佩服

对于加拿大的教育，我是服气的，真的是寓教于乐啊！眼看孩子写成这个样子，老师也不要求孩子改，这这这……这像话吗？！眼看着要上一年级了，书也不会读，字也不会拼，感觉再这么放羊下去，孩子就要变成半文盲了。而毛头对这一切毫无知觉，每天高高兴兴地背着轻飘飘的书包去上学，老师好亲切，学校好好玩，我爱上学，耶！榨汁机先生安慰我说，哎呀，别着急嘛，这不是学前班嘛，上了一年级应该会正式一点，毛头是咱们俩的孩子，笨不了的！为什么男人总是对自己的基因迷之自信呢？就算你基因好，你学生物的不怕有基因突变嘛？好吧，那等一年级正式开学吧！

看上去一切照旧，整天做手工讲故事，动不动就出去郊游，搞公益活动……两个月过去了，依然没有作业，依然不会读书。问毛头，你们班的小朋友有会读书的吗？答曰，有啊，有好几个呢！××可以读很厚的书了。我说，那你不会读，你不着急啊？答曰，还有好多人不如我呢！老师都夸我有进步呢！这个环境未免太宽松了一点吧，我突然非常怀念当年经常痛心疾首地训学生的小学老师。

眼看着娃学习是这个进度，实在坐不住了，于是我和榨汁机先生两个人轮番上阵，每天逼着毛头学半个小时的自然拼读（phonics）。臭小子不愿意啊，嫌难啊，嫌无聊啊，撒泼打滚耍赖。在打孩子犯法的国度，我只能强压着火，静静地等他闹完了，然后继续跟他死磕。就这么赶鸭子上架地恶补了一个月，总算磕磕绊绊地能读书了。

效果是很显著，不过这一个月，家里每天晚上上演狗血剧情，臭小子鬼哭狼嚎，闹得地动山摇，也是让我生无可恋，亲子关系前所未有地紧张。于是，当我发现毛头有能力自己拼读出单词之后，我就赶紧收手了，臭小子你还是继续在学校放羊吧，虎妈推妈真不是一般人能当得了的，生个脾气暴烈的高需求性情中娃伤不起。

去年秋天，正好搬家换了新学校，于是发生了普天同庆的事情，毛头终于有作业了！作业就是每天读一本书，然后画一幅画，写一句读后感。这也叫作业？画一幅画是什么鬼？难道不应该是今天学了8个单词，然后每个单词写10遍这种作业吗？我真的对加拿大的教育太失望了。

就这么简单的作业，臭小子依然每天跟我整幺蛾子，我不能告诉他怎么写，也不能提醒他写错了，不可以说他字写得不好，让他写多一点也不愿意。我真的想跟毛头忆苦思甜一下，中国像你这么大的小朋友写作业要写到10点以后，觉都睡不够，而你每天就算拖拖拉拉，半个小时就可以完成作业，知不知道自己多幸福啊！作业是留了，然而老师依然佛系，眼看着孩子乱七八糟的狂草和明晃晃的拼写错误，依然给贴奖励贴纸。

而且这熊孩子写作业完全是在放飞自我，三观不正，简直没法忍。

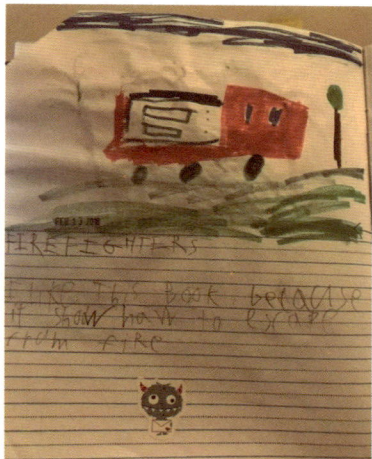

how和from这种词居然也会拼错　　翻译：我不喜欢这本书，因为它太长了

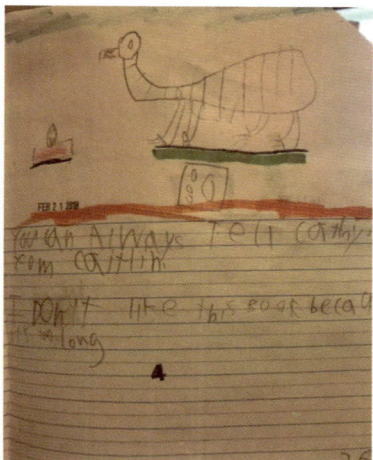

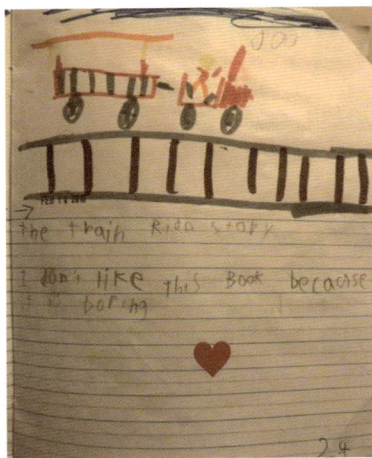

翻译：我不喜欢这本书，因为它好无聊

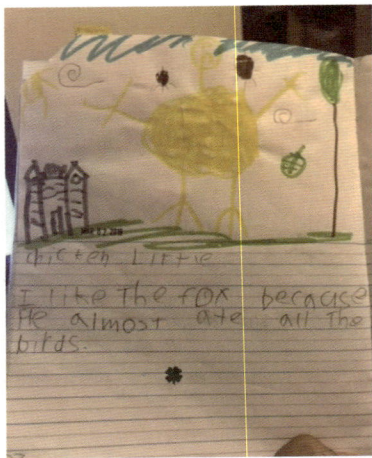

翻译：我喜欢这本书里的狐狸，因
为它差点把所有小鸟都吃掉

　　毛头小朋友，你要是生在中国，估计早就被修理一万次了。不过，经历
了逼着他学拼读那一役，我看到他这种作业，也只能苦笑，根本没勇气提出
修改意见，还是命要紧，心里已经在盘算着要不要给他请个家教来代替我承
受苦难了。可是，转过天来，就收到了老师的通知，说第二天学校要开优秀
学生表彰大会，要给我们毛头颁奖。

毛头的奖状

　　我就震惊了，毛头能得什么奖？！
多半是关心同学团结集体奖什么的
吧。第二天接过奖状一看，傻眼了：
最佳学习进步奖！

　　老师颁奖的时候说，毛头小朋友
在写作上非常努力和认真，而且很有
毅力，并且取得了很大的进步，所以

特别给他奖励。老母亲在下面顿时老泪纵横，一方面固然是为娃骄傲，另一方面还是觉得有点匪夷所思，这样也可以得奖？进步了？真的进步了吗？偷偷拿出他刚刚写完的作业看了看：

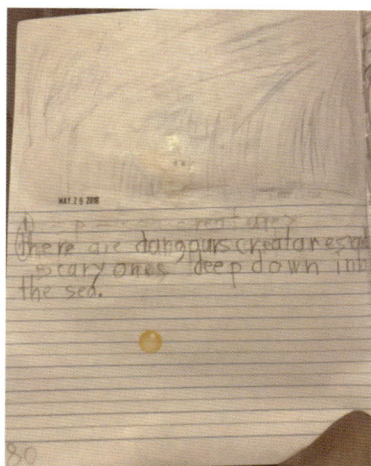

嗯，依然有拼写错误

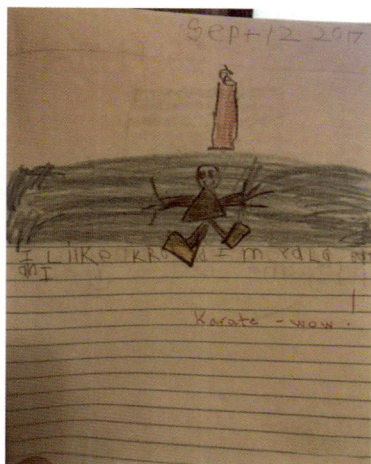

再看看九个月前不知所云的火星文

　　进步是能看到的，句子写得长了，不再是永恒的"I like this book because...（我喜欢这本书，因为……）"句型，字母写得比以前好看了一些，也都能规规矩矩地待在格子里了。

　　而且，毛头最近读书变得好流利，已经可以给妹妹念绘本了。好吧，进步确实挺大的。在我完全没有帮他的情况下，在如此放羊的学校教学环境里，他居然还能进步，我也很吃惊。也许我对学习这件事有点误解，觉得既然是学习，就要认真，就要一点不出错，基础夯实了，才能进步。但那只是我最熟悉的一种学习方式，可能学习的方式是多种多样的，也许像毛头这样的娃，比较适合这种"丢盔弃甲狂奔"式的学习方式吧，尽管乱七八糟、错误连篇，但只要他能保持好学向上的心，这些小错误都是暂时的，给他一些空间，让他慢慢成长，他总会越来越好。

　　虽然看到毛头直到现在依然b、d不分，7和9会写反，内心还是十分崩溃和绝望，但孩子的学习生涯才刚刚开始，老母亲不知道还有多少修炼的路要走。孩子，愿你更努力一点，妈妈更佛系一点，我们一起加油吧！

学习知识可以抓大放小，
追求完美既辛苦也没必要

暑假到了，我家毛头小朋友——哦不，应该叫作毛头小同学，二年级毕业了。我曾经对加拿大公校系统的"放羊吃草"式教学很忧心，经常怀疑人生，于是千辛万苦砸下银子把他们兄妹两个搞进了一所排名还不错的私校，以为那里的学习氛围会稍微紧张点，学习任务能稍微繁重点，我也好有点理由能让自己配合着"鸡血"一点。不是那么多文章里都说，西方发达国家的教育是场阴谋，穷人家的娃在公校里尽情享受快乐教育，而有钱人家的娃在私校里争分夺秒地刻苦攻读嘛！

然而，孩子们在私校里待了一阵，我才发现有点不对。哎哎！说好的刻苦攻读呢？从深度和广度上说，教学内容是比公校丰富了很多，但是完全没有任何"刻苦""努力"之类的感觉，孩子们每天上学轻松愉快、欢天喜地，书包里只有水杯、饭盒和防晒霜，不知道的还以为是去郊游。依然是和大型幼儿园一样的教室，依然是轻飘飘时有时无的作业，依然是宽松自由的学习方式。重复练习？背诵抄写？解题训练？全都不存在！感觉上学和闹着玩儿一样。感觉还是在放羊吃草，只不过放羊的草场更大一些，草的质量更好一点罢了。

这还能不能行了？！

　　过往的受教育经历告诉我，想把知识学扎实了，就要下苦功夫，必须要经历反反复复的记、背、练的枯燥过程，没有这个过程，光玩游戏，能掌握得扎实才有鬼！表面上好像知道了，实际用起来一定会错误连篇，乱七八糟。

　　事实上，我的经验也没错，缺乏大量重复练习的学习方式，就会让孩子写出这种抽象派的玩意儿：

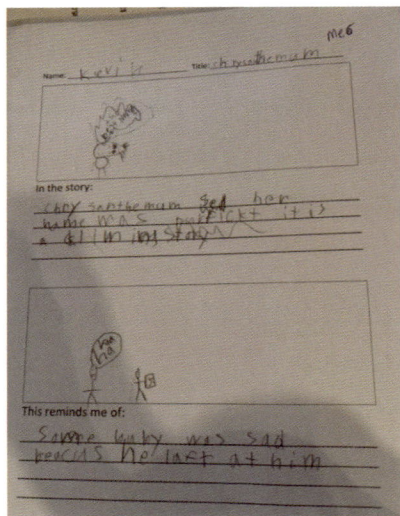

毛头的作业

　　不好好写字，并且满篇拼写错误，而右上角写着6分（满分是7分），我也是不懂。

　　当时我拿着这个作业问老师，我们娃这字母写成这样，拼写离谱成这样，不用纠正吗？老师一脸无所谓的样子，耸耸肩，仿佛我问了一件非常无足轻重的事：他还在学习中啊，不用纠缠这些，以后会越来越好的。反正问了也白问，怎么问都说孩子挺好挺聪明，没问题。唉，我感觉有点无法沟通，这还没问题，那啥叫有问题？

娃都二年级了，不要求写得好看也就罢了，连拼写正确都不要求，你们是不是也要求太低了？

可随着时间的推移，孩子拿回来的"作品"越来越多，我渐渐发现，恰恰和我想的相反，其实学校对孩子驾驭文字能力的要求不但不低，反而比我预想的高很多。

写个小作文：

我的朋友Jayden（杰登）：他有趣得像只猴子，酷得像个超级英雄，"壕"得像个印钱的……

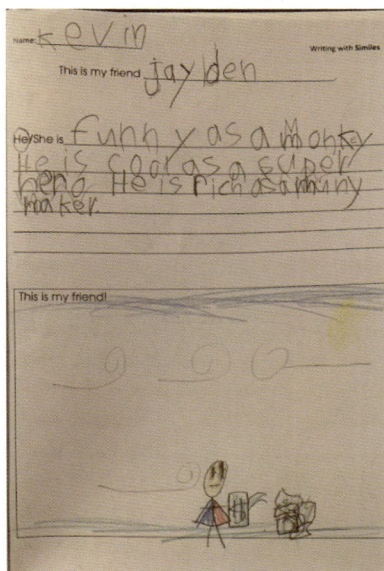

小作文

写个实验报告：把厨房纸放在杯子里，再把杯子放到水里，会发生什么？

预测可能会发生什么，描述实际发生了什么，解释为什么会这样。

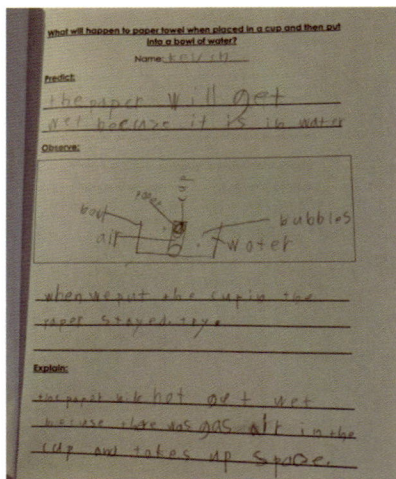

实验报告

听故事写感想：

用图文概括一个有钱的好心人拯救被奴役的孩子的故事。

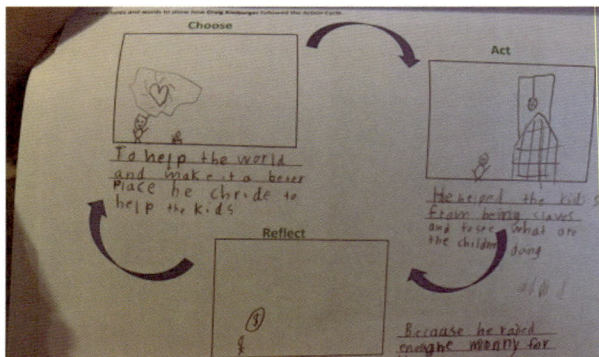

听故事写感想

写个研究报告：

看书学习研究一下犹太人的光明节传统，并总结一些关于光明节的知识。

研究报告

写个自我评定：

谈一下在这个探究活动中收获了什么，有什么体会。

自我评定

看图说话：

这张图呈现了什么？你的疑问是什么？你的推断是什么？

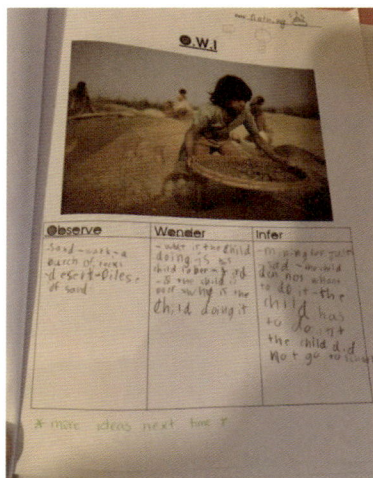

看图说话

读完一篇说明文，然后写个概要：

大概是写袋鼠的生命历程，小袋鼠是怎么长大成熟的。

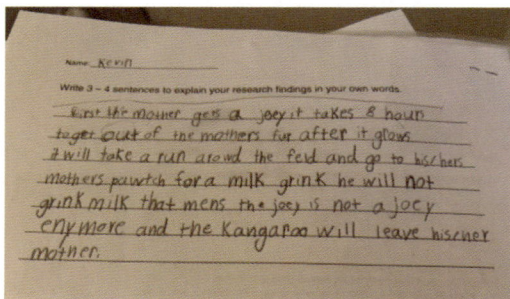

读文章写概要

看到这里，你可能会说，我觉得我英语还行啊，怎么看不懂？看不懂就对了，熊孩子的拼写问题真的太多了，稍微难一点的词就瞎拼，作为亲妈，我也只能半蒙半猜。让人匪夷所思的是，老师就纵容学生用这种烂到家的字迹和各种奇奇怪怪的自创拼写来做课堂作业，居然连纠正都不纠正。我也真的是服气：这这这……这基础没打牢就要盖房子啊，能行吗？

非但能行，而且特别能行。

学期要结束了，没有期末考试，取而代之的是期末"大作业"（project），让每个孩子研究一种濒危动物，并且将研究成果进行展示。由于这个大作业是在学校课堂时间来做的，所以家长无法帮忙，只能提供一些硬件材料，具体查资料、组织语言、撰写文字、布置展板，都由孩子自己一个人完成。

毛头小同学的作品是"科莫多巨蜥"，某榨汁机给儿子3D打印了一只巨蜥和两棵树

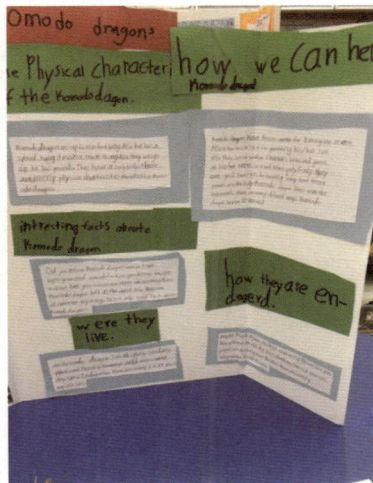

不过，整个展板都是毛头自己一个人做的

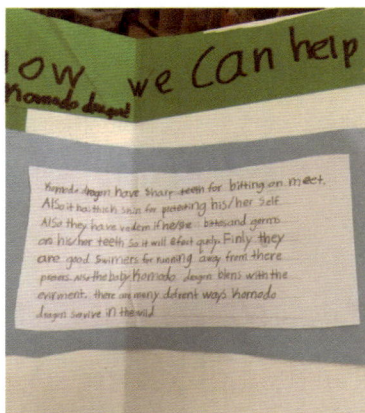

毛头自己写的文字

我第一次看到展板的时候，不禁发出感慨：哎哟，这么多字啊！那你抄书可抄得挺累吧？毛头马上瞪圆了眼睛：妈妈你说什么呢？不能copy（抄）书上的东西，那叫steal（偷），老师说必须读了书之后use（用）自己的words（话）写一遍！我离近仔细读了一下，可不，拼写错误依然到处都是有没有！虽说看上去比以前的好猜了。很多处可见的错误充分证明，这么多东西都是孩子自己一个字一个字写出来的……难以置信！我二年级的时候在干吗？肯定不敢自己写这么多字，因为会害怕自己写错啊！

中国人坚持传统的学习习惯，总觉得学习必须得"夯实基础"，先要把每个字都写好看、写正确，然后学习每个字词的用法，学造句，都学得差不多了，再开始写作文，一步一个脚印地往前走。

但是，发生在毛头身上的事情让我改变了想法。**他不用把字写正确漂亮，不用把词用得多精准，语法更是没有要求，用乱七八糟半吊子的语言就开始哗啦哗啦地写，写多了，居然也飞速进步。**可能就是因为这边的老师选择忽略毛头那么多的错误，他才有勇气越写越多，越写越好，而且小小年纪就能做出这么复杂的东西。

我以前经常认为学习是个苦苦的"盖高楼"的过程，每一层都要夯实了，打好基础了，才可以再往上盖一层。可有些情况下，学习更像"开着一辆破车狂奔"的过程：甭管这车多破多烂，只要还能走，那就继续开，边开边修边解决问题。等开到了很远的地方，这辆车也被越修越好，虽然还是有些毛病，但你也看到了很多美丽的风景啊！这不比盖高楼的过程开心得多，也有效率得多！所以有的时候，当父母的真的不必过于纠结于"夯实基础"这件事。

橙子记得自己上小学的时候，也有很多让我妈崩溃的时候：九九乘法表里的四八得多少，死都背不出来；"低"和"底"两个字就是不停地搞反，分不清；拼音里一旦出现"r"，就不会拼；2和3总会写镜像字……

每次我妈都觉得这么简单的东西，教这么久都不会，这孩子简直笨死了，不知训哭了我多少场。可她如果不纠结这些问题呢？暂时跳过去，我会因为存在这几个知识漏洞就再也啥都学不会吗？不会啊！事实上，这几个知识点我也只是领悟得比其他知识晚了几个月而已，丝毫不影响其他学习，就像毛头的拼写问题并不耽误他去写很长很长的文章一样。

因为比起整个英语拼读系统，某些单词的拼写问题是细枝末节；

比起整个乘法系统，四八得多少是细枝末节；

比起我的整个识字量，"低"和"底"两个字能不能分清是细枝末节。

其实，**学习最重要的是对整个知识体系的登堂入室，而不是纠缠于掌握每一个细节，学习的过程真的不需要那么完美，也永远不可能那么完美。**

一开始学会了一些，弄不懂一些，记不住一些，回头再补起来一些，再忘掉一些，后来又捡起来一些；今天挺熟练，明天又生疏了……这样的混乱的学习过程，谁又没经历过呢？谁敢说自己某个知识体系一个盲点都没有？

你自己的车子也是千疮百孔的，就不要苛责孩子了。

虽然从应试教育的评价体系上看，掌握不了一个知识点就要扣多少分，总觉得很失败，可是**用更长远的战略目光来看，学习是一件需要贯彻一生的**

事，还是应该让它更有乐趣，让人更有成就感，不去计较一城一池的得失，才能有勇气开拓更广阔的天地啊！

　　愿我们的孩子都可以被接受开着一辆破一点的车去更远的地方旅行，因为最重要的并不是那辆车看起来是不是漂亮，而是他们最终可以到达的地方有多美好，不是吗？

北美的孩子也需要"幼升小衔接"

橙子出国十多年了，对国内层出不穷的新生事物的了解真的有点跟不上，所以当我第一次接触"幼升小衔接"这个词的时候，其实是蒙的：这又是什么鬼？

找国内的朋友打听了一下，好像就是在孩子上学前一年（也就是五岁），不让孩子上幼儿园大班了，找个机构让孩子把小学的东西提前学一学。很多人吐槽说，这分明就是搞抢跑，非常不地道。但是"衔接"的孩子多了，就形成了剧场效应，班上大多数孩子都把一年级的东西学得七七八八了，所以老师讲课也就默认大家都会，一带而过讲得飞快，那些没"衔接"的孩子就非常吃亏，逼得大家好像必须让孩子"衔接"不可了。

这就让很多家长十分纠结，又不想拔苗助长，又害怕孩子上学之后跟不上进度。

幼升小衔接班，上还是不上，这真的是个问题！

其实，"超前学习"也是橙子一直非常痛恨的一件事情。孩子的大脑发展认知能力有自己的节奏规律，大脑发育没到那个份儿上，有些抽象的概念就是无法理解。同样的东西，你超前学，学得既痛苦又艰难，到了合适的年龄再学，则一点就通，学得又轻松又有成就感。这小学的内容这么浅显，无非就是加减乘除、拼音认字，一些早晚都能学会的东西，何苦在孩子小小年纪时，就败坏他们的学习胃口，就只为了在马拉松的起跑线上抢跑出一秒钟呢？

但是，就"幼升小衔接"这个概念本身来说，我倒是不排斥。

因为幼儿园的生活和学校的生活就是截然不同的，你让孩子从幼儿园那种吃吃玩玩、唱唱跳跳的快活生活，咔嚓一下直接跳转到规规矩矩坐好，长达40分钟不能乱说乱动的学校生活，孩子肯定是难以适应的。我就非常清楚地记得，我上一年级的时候，班里那几个纪律性很差，让老师头痛的同学，基本都是没上学前班，直接进入一年级的孩子。

所以，**我觉得创造合适的环境去"衔接"一下，让孩子从幼儿园的生活慢慢过渡，去适应学校生活，真的有必要。**

发达国家也有这个"幼升小衔接"制度，北美两国的教育体系都是K12学制，这个"12"指的是从小学到高中的12个年级，而这个"K"代表的是"kindergarten"。这个词如果你去查字典，是"幼儿园"的意思。可是，这个翻译简直大错特错！"kindergarten"一点幼儿园的意思都没有，北美的全天托管的幼儿园叫作"daycare"，其中三岁班叫作"preschool"，四岁班叫作"pre-k"，到了五岁就要去kindergarten了。

这个kindergarten和幼儿园毫无关系，它属于正式的学校系统的一个年级，每个小学都有，所以**进入K年级，本质上就是入学，这也是北美小朋友人生中一个重要的里程碑。**

每到开学，校门口就会有成群结队的家长带着自家的五岁萌娃举着一块牌子照相留念。

那么，K年级的生活是什么样子呢？据我观察，它既不像在幼儿园那样整天玩，也不像在正式的学校生活中那样整天学习，而是处于这两者中间的一种状态。

　　上K年级是让孩子融入整个学校的教学环境中，遵循学校的时间表，让孩子熟悉上学、放学、上课、下课、午休等比较正式的学校作息概念。在对孩子的规矩要求上，K年级和其他年级是一样的：对老师要用尊称（幼儿园可以叫名字），进出要排队，不可以在走廊上乱跑，上厕所要报告老师，上课的时候要静静坐好，

牌子上写着"K年级第一天"

发言要举手，老师说话要认真听，等等。所以，K年级生活的很大一部分内容是学习学校里那些不同于幼儿园的"规矩"，光是"老师说话要认真听"这一条，孩子们就整整训练了好几个星期。但是，你要说K年级和其他年级的日常生活都差不多，那也不对，因为孩子们"玩"的内容实在太多了。

　　我家五岁的果妞今年9月刚刚进入K年级，他们的日常活动是这样的：

玩拼图、假扮游戏

进行科学观察

玩橡皮泥

排练布偶戏

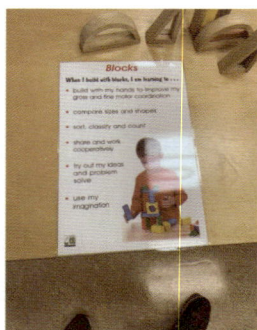

玩积木

写字和画画

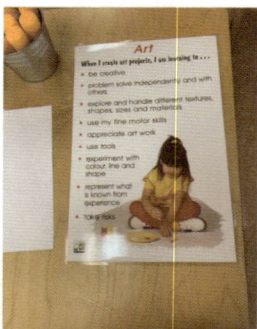

"艺术创作"

你可能会说，哎呀呀，这和幼儿园的生活也没啥区别嘛！

我当年也以为上K年级就是像上幼儿园一样成天傻玩，但是一年下来，我发现孩子学的知识也是很多的。毛头在K年级毕业的时候，已经认识并会写所有的大小写字母，还知道这些字母的基本发音，可以进行简单的自然拼读，数学上也会写所有数字，自己能数到100，知道加减法的概念（只训练5以内的加减法），还懂很多几何概念，会基本的测量。你可能觉得这些内容很少，但是鉴于孩子整天玩，我已经很惊喜了。

这样，一年的K年级上完，小朋友正式上一年级的时候，就一点都没有不适应的感觉了。敏感"龟毛"如毛头小朋友，在升一年级之后，也只是抱怨了一下，说"现在没有玩玩具的时间了"而已，其他方面，无论是环境、规矩还是同学，他都很熟悉，所以完全不会排斥学校生活，也非常适应接下来比较正式的学习。

当年毛头刚上K年级的时候，其实是有各种问题的：害怕新环境不愿意进门，不敢回答老师的问题，没朋友，听不懂课（那时候他英语还不好），等等。我很庆幸他这些问题都可以在K年级的时候从容解决，不用带到一年级的正式的学习生活中去。所以，**基于以上我家小朋友的经历，我认为，让五岁的"准学龄"孩子有一个介于幼儿园和学校之间的衔接过渡阶段，是非常符合孩子发展需要的。**

只不过鉴于国情，国内"幼升小衔接"这件事好像搞得有些拧巴，要么就是过于佛系，把啥都不懂的孩子直接扔进学校，搞得孩子各种蒙；要么就是过于焦虑，急急忙忙让孩子在正式上学之前学一大堆东西，搞得孩子消化不良，有厌学情绪。这两种极端的做法都是不可取的。

在我看来，幼升小衔接重要的是两点：

一是让孩子适应环境，熟悉学校和课堂，习惯于每天都学点东西，有点作业的生活。

二是让孩子学规矩，包括遵守时间的规矩、行动坐卧的规矩、听课的规矩等等。

至于具体学了多少知识，倒是其次，因为孩子才五岁嘛，逻辑能力是极有限的，能理解20以内的加减法就挺不错了，乘除法搞不明白实属正常，不要过多要求，反正将来也要再学一遍，不急于在这一时一刻学会。不过，记忆类的知识，譬如一些常见字啊，拼音读法啊，倒是可以在这个阶段教一点，因为这个年龄的孩子死记硬背的能力是很强的，反正有大把时间，只要变着花样多重复，孩子会记得很快。别管最后能记住多少，先混个脸熟再说，等到真正学的时候，看着亲切，学起来也事半功倍。

当然了，有些孩子属于天使天才型的小朋友，可以迅速适应新环境，脑子够快，学习新知识不用提前混脸熟，那自然不用衔接。但是，如果你家娃是个敏感的小朋友，专注力不太够，爱闹腾坐不住，或者作息差劲（晚上不睡，早上起不来），自理能力不足，等等，就确实需要幼升小衔接一下，就当上学提前排练，有什么问题也能早发现早解决。

如果真的要让孩子做幼升小衔接，我建议大家尽量选择那些更加重视规矩作息、学习习惯，但学习内容相对较少，对学习效果要求不多的机构，如果能让孩子每天有一些玩耍时间，就更好了。

家长也要放平心态，孩子在幼升小衔接班里出现什么适应问题，或者某些知识学不会，实属正常，不要过于焦虑，反正是演习嘛，佛系一点，耐心帮助孩子解决问题，孩子在正式上学的时候才能顺顺利利的。

学习特长，
如何才能让孩子坚持下去？

去年这个时候，我正在张罗给毛头和果果小朋友找钢琴私教老师（之前上了半年一对多的钢琴学习班），市场上的钢琴老师很多，该选哪个，我也比较纠结。当时，有朋友给我推荐自家孩子的华人钢琴老师，说很负责很严格，对学生要求很高，孩子的进度很快。

这些在很多人看来是绝对的优点，但是在我看来却都是深深的大坑。我家的毛头小朋友个性实在太强，他对自己的要求已经很高了，弹得稍不如意就情绪起伏很大，如果老师再给他更多压力，他敏感的神经一定会不堪重负，整天崩溃给我看。老母亲还是命要紧。

于是挑来挑去，给毛头和果果找了一个当地的钢琴老师，是个很面善的白人老太太，看上去就很温和，绝对是那种每天夸人一百遍不重样的经典北美老师做派。

如果你有相关经历，就会知道演奏乐器是一件多么让人神经紧张的事情，有一点点错误听起来都会非常明显，分分钟逼死有强迫症的人。想要把一首曲子演奏得完美，需要注意手型位置、节拍强弱等超多细节，而要让一个自控能力很差劲的小屁孩精准地把控这些细节，简直是逆天而行。在这么高的要求下，春风化雨就是扯淡，必须得动用权威压服，所以在我的印象中，无论教什么乐器的老师，都有一种不怒自威的高压气场。

但是，加拿大这个nice（友好）之国的老师究竟是不一样的，一点压迫感都没有，教我们家俩娃快一年了，我还没见过她有丝毫烦躁的情绪，就算不认真练习的毛头把她布置的作业弹得和屎一样，就算坐不住的果果经常跳下琴凳满屋子乱跑，她依然可以一直保持微笑，顶多就是笑眯眯地告诉毛头，这支曲子你弹得还不够熟练，回家再练一周吧；顶多就是笑眯眯地和我说，果果小朋友好像不能集中注意力太久，建议把45分钟的课改成30分钟。"佛系"得一塌糊涂。

老师这么宽容，好处是显而易见的，俩娃都很喜欢上钢琴课，平时在家练琴也不用特别催，非常积极并且兴趣十足。这些都是极好的。可代价也是有的，学习的进度简直慢到令人发指。

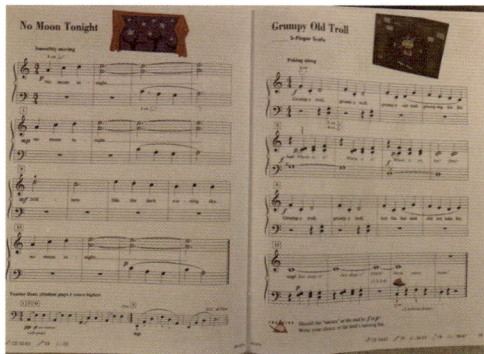

学了快一年，连个八分音符都没看见

想当年橙子小时候，四岁开始学电子琴（没钱买钢琴），每天要练习两个小时，学到五岁就能弹《野蜂飞舞》这种能让手指头打结的世界名曲了，六岁的时候就获得了市级比赛奖项，而我这种水平的在小伙伴圈子里还算比较笨的，经常被嘲笑。比起这种火箭速度，毛头和果果的进度简直就是老牛拉破车。毛头学到现在，每首曲子都短小精悍，绝对不会超过八行，而且还有大量重复旋律，用到的技巧也非常简单。

果果就更不用说了，基本就是在玩游戏

在这么轻松的任务下，这俩娃完全没啥压力，毛头每天撑死能弹20分钟，有时候玩得太累了还会罢弹，果果更是连10分钟都坐不住，我想让他们练时间长一点都没啥合法性——这曲子就这么简单，我已经练熟啦，你让我练那么多遍干吗？

就算去上课有了新作业，依然是短小精悍而且很简单的曲子，弹起来so easy（很容易）。我比较了一下这本教材的第一首曲子和最后一首曲子，难度差别根本就很小，就算完全不偷懒一课一课地练下去，一年下来也不会有太大长进。虽然练了这么久也有进步，但也太慢了，感觉他们就算再学三年，也达不到我五岁时候的水平。

这老师到底有没有水平啊？是不是在故意拖拖拉拉混学费啊？直到我看到这位老师在期末召集她所教的所有学生开的一场演奏会，我才打消疑虑。

我觉得我家俩娃开始学琴已经很晚了，但是在她的学生里一站，就是小屁孩，一屋子学生有三分之二都是初高中的青少年，基本都是这位老师从小教大的。出场学生的年龄越大，弹奏水平就越高，等到了今年上大学要走的两个学生上场，已经技惊四座了，没想到压轴的是一个已经上大学回来给老师捧场的学生，感觉就是专业级别的。

原来人家老师是有水平的，只是默认要把战线拉长到十多年而已，自然不会急吼吼地赶进度了。

可是，我还是想不通，我的人生经历告诉我，无论学什么，想要学得精，都要付出艰苦卓绝的努力，一定是要经历很多刻意练习的痛苦的，像我家俩娃现在这样慢慢悠悠、毫无压力地练琴，真的能练到像师哥师姐那么好的程度吗？出于这种担心，我找了个机会扭扭捏捏地向老师暗示：现在的任务量对我家俩娃来说好像过于轻松，要不要给他们上上难度？

老师心领神会地笑了，和我说了一段发人深省的话：我知道毛头和果果很聪明，推一推他们可以学得更快，但是我认为孩子们刚刚接触钢琴，**这个入门的阶段是非常珍贵的，应该尽量延长它，而不是着急结束它。因为在这个阶段，可以最大限度地激发孩子对音乐和弹奏钢琴的兴趣和热情，应该让他们尽情地享受弹奏钢琴的快乐。**所以现在我让他们学一些轻松愉快的曲子，不给他们太大压力，放慢脚步，让钢琴慢慢渗透到他们的生活里，成为他们心目中很美好很重要的存在。等到他们长大一点了，到了可以精进技术的时候，他们一定会遇到瓶颈，时常陷入焦躁和自我怀疑中。这个关头，入门阶段的那段感受就非常重要了，孩子会因为回忆钢琴带给他的美好感受而对钢琴有很深的情感羁绊，就算遭遇很大的挫败和阻碍，他们内心也会非常难以割舍这个爱好，就不太可能会放弃了。**只要不放弃，他们就能继续进步。**

听到这里，我终于恍然大悟，为什么我小时候虽然电子琴已经弹到能得奖的水平，却说放弃就非常轻易地放弃了，就是因为我关于弹电子琴的记忆，99%都是痛苦的。由于当时的老师追求速成，我练琴的强度非常大，每天进行枯燥重复又艰苦的练习，根本超越了一个四五岁孩子的承受能力，即便乖巧如我，也免不了进行各种反抗，我的父母和老师就只能动用各种非常手段让我合作——威胁、羞辱、训斥，乃至进行各种体罚。简直就是童年阴影。

这样的经历让我对弹电子琴根本没有任何留恋，得了那个奖之后，我趁着父母松了口气，以学业忙为借口，几乎是欢天喜地地放弃了弹电子琴。当时我不但不觉得有任何留恋，反而像丢掉了一个枷锁一样感到无限轻松，而且完全不想再捡起来，没两年就基本忘得渣儿都不剩了。

现在想来，也真的是非常非常可惜。想想看，有多少国人的孩子学习乐器，也有类似橙子这样的经历呢？刚入门的时候被逼着"打鸡血"，上了小学就放弃了一大半，到了初中又放弃一大半，坚持下来的人更多的是考完级别证书就认为自己完成任务了。等到了高中，除了那些走专业道路的，其他人都很难坚持了。把演奏乐器当成爱好陪伴一生的人太少太少。

相信现在绝大多数父母都和我一样，花钱让孩子学特长，无论是艺术上的还是体育上的特长，并没有期待孩子真的走这条专业道路，成名成家，只是想让孩子多一种技术，多一个爱好，让人生更加多元，有更多选择。如果你真的能保持这个初心，把思考的尺度放到孩子的一生这个长度上，你就不会选择焦虑地拿着鞭子抽孩子，生怕他学得太慢，因为那只是拔苗助长，看上去一时效果显著，实则毁灭了最重要的内驱力。

所以，无论让孩子学习什么特长，都不要急功近利，先把这个项目中最美好、最有趣、最让人享受的部分展示给孩子看，"暗戳戳"地吸引孩子入坑，渐渐在情感上把他套牢，让孩子在这条漫漫长路上，就算没人时刻督促，也能自觉自愿地坚持走下去。

当孩子遭遇校园霸凌时，
我们要如何帮助他？

　　转眼就年底了，在北美，又到了圣诞歌曲大串烧的时候，进了商场在唱，打开收音机在唱，熊孩子们回了家也一直在唱唱唱。被洗脑了若干年之后，我也被迫学会了其中好几首经典圣诞歌曲。其中一首因为旋律很好听，成功引起了我的注意，于是我查了一下歌词，结果发现这首在1949年被创作出来的古老圣诞歌曲居然讲述了一个反霸凌的故事。

（扫描二维码即可观看歌曲视频）

　　歌词里讲的故事是这样的：鲁道夫是圣诞老人的一只驯鹿，但和其他驯鹿不一样的是，它长着一个亮闪闪的红鼻子。因为这件事，其他驯鹿都看不起它，嘲笑它，不让它加入驯鹿的游戏。

　　直到在一个弥漫着大雾的圣诞前夜，圣诞老人对鲁道夫说："你看你的鼻子又红又亮，今夜你正好可以走在最前面，给我的雪橇做向导啊！"从此，再也没有驯鹿看不起鲁道夫了。相反，大家都羡慕它有一个这么厉害的鼻子，纷纷和它做朋友。红鼻子的鲁道夫就这样永远创造了历史，成了最受欢迎的驯鹿。

　　你难道不觉得这个故事的前半段让人非常熟悉吗？

近些年来，霸凌的话题越来越受到关注，小孩子们道德发展没有成形，法律又很难管，一旦邪恶起来，往往特别残酷。

新闻里，只有那种把人弄得重伤甚至出人命的暴力霸凌才会引人注目。其实霸凌是非常隐蔽的，暴力只是其中一种比较明显的表现形式而已，那种软性"精神霸凌"更加普遍，也更能伤人于无形。只要班级里有那么几个人领头，公开去针对某个孩子，编派他的坏话，嘲笑他的弱点，搞一些恶作剧让他当众出丑，让全班同学看不起他，这个被排挤的对象就会完全生活在地狱中。霸凌的孩子只是觉得好玩，并且享受了践踏一个人尊严的优越感，但是对被霸凌的孩子来说，这简直是他一生的噩梦，他会格外敏感、胆怯、自卑，失去自信和自尊，无论是试图小心翼翼地讨好别人，还是试图去反抗，发怒发脾气，效果都会适得其反，然后遭到更大的嘲笑和排挤。

回忆一下，是不是你身处的每个班集体里都会有那么一两个可怜的孩子，总是被全班人看不起和嘲笑，就算有同情他的人，也会因为害怕受到牵连而不敢和他玩？

孩子被排挤被嘲笑的原因好像有很多，一般来说，肥胖的、相貌丑的、身体有缺陷的、学习不好的或者新转来的孩子比较容易受到这种排挤。这会让人误以为孩子被霸凌是因为自身有缺点，如果他没有这个缺点，就没人欺负他了。

所以，很多家长看到孩子身上有什么缺陷，譬如胆小啊，内向啊，瘦小啊，有胎记啊什么的，就会非常担心孩子以后被欺负，想要帮助孩子改善缺陷。但往往事与愿违，即便你努力改善，孩子依然容易受欺负。

橙子自己就是一个很典型的例子，从记事开始，我妈就说我胖，运动能力不好，还反应慢，性格内向，害怕我被欺负，总想办法帮我"改毛病"，结果她怎么努力都没用，不管在哪里，我永远都是被欺负的那一个。长大之后，我对童年的经历进行了很多反思，发现自身有缺陷根本就不是被霸凌的原因，胖的人、反应慢的人、性格内向的人不止我一个，为什么只有我被欺负呢？而在被霸凌的那些人里面，不乏长得还挺不错，而且性格外向的人，有的人甚至学习成绩也挺好，但依然会遭到嘲笑和排挤。

所以，霸凌的人是先找到那些看上去"散发出弱者气息"的人，然后在他身上挑毛病去嘲笑。**哪些人会"散发出弱者气息"呢？答案只有一个，那就是自卑的人。**

当一个人自己都不喜欢自己，自己都觉得自己胖、自己丑、自己内向是缺点的时候，其实就把心灵的弱点暴露给了别人，有些心地不善良的孩子会敏感地察觉到这个弱点，并且试图去攻击，通过踩别人来彰显自己的优越感。

其实每个人都有缺点，如果你不把缺点当回事，被攻击的时候不生气不回避，反而去调侃化解，攻击就会失效。我上初中的时候，班里有个同学的手伤残了，只有三根指头，看上去很丑很畸形，但是他就一点不为这个自卑，别人谈到他的手，他就会津津乐道地讲述他的手是怎么受伤的，还会愉快地拿自己的手开玩笑，说我这只手真的很酷不是吗！他的态度非常大方淡然，无论别人怎么谈论他的手，他都不会受到伤害。所以，这个同学虽然有缺陷，却完全不会被瞧不起，反而有很多朋友。

但是，自卑的人就不一样了，一旦别人谈论他的缺点，他就会"被戳到痛处"，或者发怒，或者失意回避，表现出受伤痛苦的样子，让嘲笑他的人立即感受到了"伤害别人的快感"，从而产生继续攻击和伤害对方的动力，一旦有机会就去戳对方的痛处来彰显自己的优越感。

而且，霸凌者不光会自己伤害对方，还会到处说这个被霸凌者的坏话，联合更多的人欺负他。《人类简史》上说，一起说别人坏话，是两个人迅速产生稳固友谊的有效途径，这是人类的劣根性之一。所以，你会发现，这个喜欢霸凌欺负别人的孩子，一般都是在集体中人缘很好，很有影响力的那个人，这样的人说话通常都特别有感召力，很快他就会让所有人认为，那个被霸凌者就是脏，就是丑，就是有神经病，就是不正常，欺负他是应该的，对他表示友好才是丢脸的。至此，一个霸凌的氛围就成功形成了。

对一个弱者来说，一旦周围形成了霸凌的氛围，就很难去改变了。

有人说，怎么不告诉大人，让大人帮忙解决呢？你可以想象一下，一个孩子告诉老师和家长"×××说我坏话，不和我玩"，老师和家长会怎么反应呢？大人那么忙，怎么会把这种小纠纷当回事呢？就算当回事，也很难去干预——人家说你坏话，你根本没证据；人家不愿意和你玩，大人总不能强迫人家和你玩吧？而且被霸凌的孩子告了状之后，会受到更厉害的嘲笑：哟哟哟，还会告状，你是小baby吗，还在吃奶吗？真是开不起玩笑，这点事，至于嘛！就算老师和家长想尽办法，不许霸凌者再接近被霸凌的孩子，效果也会非常差，因为比起不被欺负，被霸凌的孩子更加渴望的其实是"友谊"，是"被看得起"，所以有的被霸凌者甚至会为了得到友谊而"自残"，去讨好霸凌他的人。（最近新闻中报道的女孩眼睛被塞小纸片的事件，我强烈怀疑就是这个原因，被霸凌的孩子但凡有一点反抗，纸片怎么塞得进去？）所以，被霸凌的孩子越是被大人所帮助，就越会失去拥有友谊的可能性，因为所有孩子都讨厌"打小报告"的人。

所以，鲁道夫因为长了一个亮亮的红鼻子而被其他驯鹿欺负这件事好像根本无解，就算圣诞老人说"嘿嘿嘿，你们不许欺负鲁道夫"，也是没用的。如果圣诞老人鼓励鲁道夫说，"鲁道夫，你的鼻子很好看呀！你不用管别的驯鹿怎么说，不要搭理它们"，那有用吗？还是没用！因为圣诞老人认为鲁道夫的鼻子漂亮，只是圣诞老人的想法，其他驯鹿并不会这么想，所以依然会继续欺负鲁道夫。这也是几乎所有校园霸凌都非常难办棘手的原因，因为就算大人用权威来干预，收到的效果也非常不好。

那么，面对霸凌，到底要怎么办呢？

在这首歌里，圣诞老人做了最正确的事情，他让鲁道夫用红鼻子为雪橇导航，并且由衷地感谢它，让红鼻子这个原来的"缺点"变成了现在的"骄傲"。最重要的是，连鲁道夫自己都会因为自己有一个红鼻子而骄傲了，就算以后再有人因为这件事嘲笑鲁道夫，鲁道夫也会反击他说："我这个鼻子可不一般，圣诞老人送礼物都离不开我呢！"从此再也不为自己的红鼻子而感到自卑，也不再因为红鼻子而受到伤害。霸凌的氛围自然也就消失了。

让被嘲笑的"缺点"变成"骄傲"，从而让被霸凌的孩子找回自信，是反霸凌最有力也最有效的方式。

事实上，在北美，人们这几年在反霸凌这件事上也正是这么做的。

譬如前一阵子有一条新闻，说有一个内向的四年级小男孩梦想去上田纳西大学，在"大学色彩日"这天，因为没钱买大学的正版衣服，他自制了一件T恤。因为画得太丑，被同学嘲笑——估计他平时也是气场很弱而容易被嘲笑的人。结果小男孩的老师把这件事发到网上之后，得到了整个田纳西大学学生的支持，小男孩收到了各种正版的带有田纳西大学logo（标志）的周边纪念品，并且田纳西大学还用这个小男孩的画制作了"特别版"的T恤。

在这样声势浩大的声援下，小男孩画的丑丑的画反而变成了他的骄傲，让他很容易就跳出了被霸凌嘲笑的氛围。

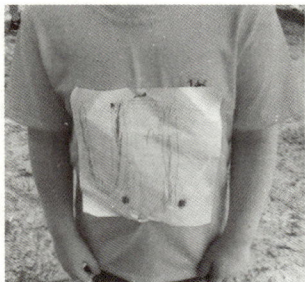

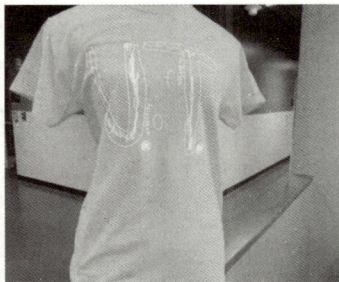

田纳西大学用小男孩的画制作T恤

加拿大有"pink shirt day"，也是为反霸凌而设的，起因是一个喜欢粉色的小男孩被霸凌，事件曝光之后，全加拿大的学生，无论男女，都穿上粉色衣服，声援这个男孩，由此形成了一年一度的反校园霸凌纪念日。

反校园霸凌纪念日

所以，当孩子因为某些缺点而被霸凌时，我们要做的并不是让孩子"改正缺点"，反而要及时"护短"——权威应当适时介入，充当故事里圣诞老人的角色，把被霸凌孩子的这个被针对的缺点转变成他的"骄傲"，才能真正成功地永久反击霸凌。

只不过有的时候这种"护短"需要一个大家有清醒认识的大环境，不仅需要父母持之以恒的精神支持和鼓励，更需要老师、学校乃至整个社会的善意。

这些年，校园霸凌案件频繁发生，国人也多了很多反霸凌的意识，但是更多人好像仅仅去关注那些比较暴力的霸凌案件，却忽视了很普遍的"精神霸凌"，更没有意识到如何去真正消灭霸凌——关注关怀每一个看上去丑丑的、笨笨的，有一些缺陷和问题的弱势孩子，不去关注孩子的缺点，多鼓励多肯定，找到每个孩子的闪光面，让不那么完美的孩子也可以骄傲自信地生活在阳光下。

说说北美人民
既矫情又心大的养娃风格

昨天，我在果果的书包里发现了幼儿园老师写给我的字条，上面写着"请帮孩子把水果切成小块再带到学校，尤其是葡萄这种圆的东西"。

我模模糊糊地记得入学须知里好像讲过这件事情，不要给孩子带圆形的水果，因为不安全，怕孩子卡到气管里窒息。但是我觉得我家娃天天吃葡萄，人家吃得很没问题，于是没在意，结果刚带了一次葡萄，就被老师点名了……心中第一个想法就是：太夸张了吧！不至于吧！葡萄这种东西切成两瓣，再放两个小时，还能吃吗？！

北美人民养娃真是很细致，有的时候细致到一种变态的程度，尤其是在安全方面，学校有各种奇葩要求，葡萄的事只是一个缩影。

第一件让我感到很震撼的事情是对"过敏"的重视，我所接触过的所有学校和幼儿园都会有"peanuts free"（无花生）的要求，因为集体里可能会有对花生过敏的小孩，所以要求全校所有的孩子都绝对不可以带花生制品来学校，甚至会要求孩子早餐不可以吃花生酱这种东西，因为嘴巴里喷出来的气息也有可能会对花生过敏的孩子造成生命危险，虽然概率很小，但也必须这样做。

我有个朋友家里有个小孩，两岁左右的时候，家长发现她吃某些坚果嘴巴会有点肿，但也不是每次都肿，于是带她去医院过敏科看，做了测试，发现孩子对腰果有轻度过敏反应，结果医生就给妈妈开了那种过敏急救笔，让妈妈无论何时都随身携带，说孩子现在虽然是轻微过敏，但是你不知道她哪次就会变严重，更不知道是不是还有其他致命过敏原，以防万一，急救笔要随身带着。然后这位妈妈把急救笔随身背了三年，孩子过敏的症状慢慢消失了，并没有用到。

　　像对待"过敏"这种宁可白麻烦一千次，也不可以一次对危险不设防的态度，可以说渗透到北美人民养娃的方方面面。

　　最普遍的就是让孩子用安全座椅这件事，北美人民真的超级自觉，虽然从理论上说，不给孩子坐安全座椅是犯法的，但实际上被警察发现的概率非常小（警力有限，街上也基本没啥摄像头），想摸鱼是绝对可以的，但是几乎所有父母都会非常自觉地让孩子用安全座椅，哪怕孩子哭闹不止，也决不会抱着孩子坐车。即便孩子长大上小学了，学校组织孩子去郊游，只要需要搭乘小型车辆，老师一定会叮嘱孩子带着安全座椅来学校，如果忘了带，孩子就不可以外出，老师会打电话让家长把孩子领回家。安全座椅在英语里叫作"car seat"，直译过来叫作"汽车座椅"，上汽车就得坐，这是基本原则，没商量。

　　还有一件事也要求得很严格，就是绝对不允许小孩脱离大人的照看哪怕一分一秒，满大街都是"多管闲事的"。毛头一岁多的时候，有一次，我带着他购物回家，发现他在车上睡了，我就想先把车上的东西运进屋里再抱他，因为他起床气超大，超难搞，结果刚进屋放完东西回来，就发现车旁边站着一位白人邻居大妈，非常郑重地和我说："你绝对绝对不可以把孩子独自留在车里，下次再让我看见你这样做，我可是会报警的！"吓得俺瑟瑟发抖，再也不敢这么干了。

让我感到瑟瑟发抖的还有一件事，我打算申请去孩子学校当志愿者，也就是在外出教学的活动中，帮忙做一些用车运送孩子，给老师打打下手这样的工作，结果被告知，要当志愿者必须出示两个证明：一个是驾驶记录，证明我没有出过重大交通事故；一个是无犯罪记录证明，证明我是个良民……我也是很无语了，免费送上门给你们干杂活，你们居然把我当贼防吗？不过转念一想，这也是为孩子安全着想，要求严格一点没毛病啊！

不过，我还是经常在心里吐槽，北美人民为了孩子的安全，是不是花费了太高成本呢？我当年上学前班的时候，就在脖子上挂着钥匙，自己上下学了有没有？现在就必须从小接送到大，无论是学校还是家长，都无法承担一丝一毫的风险。

效率和安全永远是相互矛盾的，北美人民在孩子的安全上都是采取"尽量麻烦一些，以确保安全"的策略，有时候甚至会显得非常矫情。

但是，你要是根据以上现象认定北美人民对孩子照顾得非常细致入微，面面俱到，那也是绝对误会他们了，他们养起娃来其实非常随性，我觉得自己已经是个糙人了，但依然经常会被当地人彪悍的养娃风格吓到。

譬如，不客气地说，他们看上去很"不讲卫生"，小孩子在草地上、泥巴坑里滚来滚去、爬来爬去的，根本就不管，手也不洗，回头就抓零食吃，这是非常普遍的现象。

上次我写过一篇文章，说鼓励孩子玩泥巴，结果很多读者留言说，哎呀，橙子你不知道，国内地上的土可脏了，会有狗狗便便和各种垃圾什么的，不能让孩子玩啊！对此我只能说，你以为这些脏东西北美的土地上就没有吗？这边狗啊猫啊超多好吗，虽然会有人清理粪便，但是地面上也会沾啊，看不出来而已。还有各种各样的野生动物，那种加拿大鹅（北美的一种黑雁）最喜欢成群结队地在公园草地上停留，吃完草就满地拉屎，因为屎是绿色的，踩一脚就看不出来了，然后小孩子就继续在草地上滚来滚去……画面太美不忍心看啊！但是人家北美的父母好像不太在乎这种事，只要肉眼看不见，就当没有，随便让孩子在地上滚，也是真的心大。

另外一件他们特别心大的事情就是从来不怕孩子着凉，秋风瑟瑟的时候，我都穿上外套了，还看到大街上小婴儿露着胳膊和腿，满大街穿短袖短裤的小孩子在疯跑，我看着都冷，人家父母根本不管，你爱穿啥穿啥。就算下着不小的雨，所有学校和幼儿园依然会让孩子穿上雨衣到外面玩，温哥华的冬天阴雨连绵，孩子们在学校每天至少被雨浇一小时……好吧，其实他们还是很开心的。

这次我给我家果果买校服的时候也发现，女孩的校服居然没有裤子，一年四季都要穿裙子，也是醉了。我弱弱地问卖校服的，孩子不会冷吗？人家耸耸肩说，你也可以让孩子穿男孩的裤子啊，不过绝大多数小姑娘都不要穿啊！很快就要到冬天了，我家小妞不知道要不要一整个冬天都穿裙子，一想到她要光着大腿在雪地里走，就算只有一两分钟，老母亲心里也有点难以接受啊……

你要问，孩子穿得这么不保暖，难道不会冻病吗？

谁知道呢，北美人民好像不认为冷和病有啥关系，大雪纷飞的天气里，穿着短裤出来倒垃圾的大叔大妈比比皆是，有人甚至一年四季都穿着短袖T恤，好像也很健康，估计从小被心大的爹妈锻炼出来了。

说到生病，那就要说到北美另一个奇葩的地方——医院了，我真的已经无力吐槽。上次我家果果在家发烧四天，就有人说我实在心大，孩子烧这么高，难道不要去医院验个血，查查为啥发烧吗？

　　真的不是我心大，当年我也是抱着流鼻涕的娃连夜跑急诊的人啊，实在是被北美的医院给逼佛了，被攒回来太多次，儿医说的那些话我都能背下来了，每次都是问完一大堆问题，就说这个情况没啥事，回家休息吧，难过就吃退烧药，多补充液体别脱水，会好的。根本也不给验血啊！只用肉眼看一下就直接诊断是病毒，自愈吧您哪！It is nothing I can do（我什么都做不了）！无论你是狂拉肚子两三天，还是咳嗽一个月，还是流鼻涕流到崩溃，基本都是这套话。

　　每次带娃去医院，我都憋了一肚子脏话回来……好吧，最后孩子确实自愈了，但这些医生是不是太随性了一些啊，难道不怕万一有啥严重的并发症吗？要求全校学生不许带花生的劲头哪儿去了？

　　所以，北美人民养娃的风格就呈现出这样一种精分的状态，会出人命的事情，哪怕只有一丢丢可能，也要花费大把资源无比重视；但凡不会出人命的事情，就一点都不在乎。一开始我也十分不懂，但是时间长了，我也有些被同化了，因为周围的大环境如此，所有人都这么干，就觉得很正常了，有的时候看到国内的妈妈提出的一些问题，甚至会受到反向冲击：

　　孩子一坐安全座椅就哭怎么办？

　　孩子出门被风一吹就会流鼻涕怎么办？

　　孩子下雨天非要出门怎么办？到了外面就玩土怎么办？

　　孩子发烧两天了还不退烧怎么办？

　　怎么办？到北美这片神奇的土地上住一段时间，你就知道怎么办了。当你局限在周围亲戚朋友的信息里时，你就会以为小孩子喝下肚的都要是温热的液体，不被风吹到，不被雨淋到，不受寒受凉，生病赶紧送医院，是天经地义的，不这样做，就是不负责任。但事实上，世界上还有很多父母根本不把这些事情当回事，但是他们会对一些你从来都想不到的方面特别重视。

　　这里不评价哪个地方的养娃风格更好，但是，当你多了解一些这种信息，发现有些你觉得重要无比的事情，很多人并不在乎，也不会普遍发生什么特别了不得的大事时，你的养娃生涯应该会变得轻松一些吧。

美国的孩子从不挨打，
为什么反而懂规矩？

国内有一类社会新闻或者话题总是很吸人眼球，叫作"熊孩子闯祸"，每隔一段时间就会有个刷新认知下限、"熊"出天际的倒霉孩子出现，引起舆论一片哗然：什么泼火锅汤烫人脸啊，往电梯上撒尿啊，从20楼往下扔瓶子啊，用可乐洗钢琴啊，甚至闹出人命……

对这种熊孩子，所有吃瓜群众的评论好像来来回回离不开俩字——"欠揍"，就好像孩子挨多少打和他的道德品质好坏直接成正相关关系一样。吃瓜群众不负责任地随便打打嘴炮就算了，当父母的千万不可以这么简单粗暴地看问题。

如果孩子挨多少揍真的和道德水平挂钩，那么在那些立法禁止打孩子的欧美国家，应该满街都是无法无天捣蛋作乱的熊孩子才对。但事实好像正好相反。

经常有人问橙子，美国的父母真的不打孩子吗？

虽然每个州的法律不太一样，有些州也允许父母用某种特定的方式打孩子（打孩子用的板子多长多厚都规定好了），但是绝大多数家长为了避免麻烦，还是不敢打孩子，万一失手打重了，孩子委屈出去乱说，或者身上的伤痕被发现，那是有失去抚养权的风险的，到时候连见孩子一面都难。代价太大，有的时候不是不想打，是真的惹不起啊！那么，下一个问题来了：那些没挨过打的孩子，还能被管住吗？

美国孩子给人的第一印象确实挺自由奔放、无法无天，无论男孩女孩，个个都活泼好动，没有一个"乖巧"的。如果你经过一个典型的北美国家的儿童游乐场，你可能会怀疑里面乱窜的孩子都处于某种半疯状态。

孩子可以甩掉鞋子，光脚踩在沙地上乱跑，可以在地上乱爬，滚得满身都是土，可以放肆地嬉闹，没命地追赶奔跑，登高爬低一刻都不停……没有任何人觉得这有什么不妥。整个游乐场看起来极端无序混乱，像一锅沸腾的粥在翻滚，随时会爆炸。

但是说也奇怪，这么多孩子在场子里疯闹，却几乎没有什么冲突发生，孩子们好像会自动自发地排队轮流玩，避免冲撞。

为什么能保持这种喧嚣下的和谐呢？

因为有人管啊！场子里的孩子可以说是一个萝卜一个坑，每个孩子旁边都有一个成年人在紧紧盯着，手机都不拿出来，就算嘴巴上在和别人聊天，眼睛也一直在追着孩子，一方面是为了保护孩子的安全，一方面是看着孩子的行为，只要发现自己的孩子侵犯他人，无论是有心的还是无心的，大人一定会在五秒钟之内做出反应。

我非常清楚地记得第一次看到美国的父母管教孩子的情景，可以说非常典型。

那时候毛头还不会走路，有一次，我带他在小区游乐场荡秋千，带来的一个崭新的玩具小推车就放在秋千架旁边，然后场子里跑来了连喊带叫的兄弟两个，目测一个三岁一个五岁的样子，特别淘气，满场嬉笑打闹喊叫，疯得我觉得头都大了。不出所料，那个三岁左右的男孩很快看上了我摆在旁边的玩具推车，拿起来就乱摔，刚摔了一下，这孩子就被一个胖大婶拎了起来，并且拽到我面前。"说对不起！"胖大婶声音不大，但是语气很坚定。我连忙摆手说，不用不用，玩一下不要紧，小孩子嘛！胖大婶说，那可不行，这孩子需要上课，知道别人的东西不能乱动。那孩子明显不太乐意，但还是扭扭捏捏地说了声"sorry"（对不起），胖大婶满意地说了一句"good boy"（好孩子），才松手让他继续玩。俩孩子依然玩得很疯，但是他们再也没碰过我家的推车一指头，而且明显有意识地避开我和我家娃一定的距离。

和中国孩子相比，美国孩子确实普遍显得"野蛮奔放"一点，有的孩子兴奋起来甚至有点疯疯癫癫的，基本看不到沉稳的"小大人"。但是，他们再怎么疯怎么淘，在公共场合都会有基本教养：

他们可能会在公园的泥地里乱爬，但是绝对不会在超市里横冲直撞；

他们可能会因为情绪崩溃而大哭，但是绝对不会在安静场合故意喊叫喧哗；

他们可能会吃饭吃得满脸都是，但是绝对不会在吃饭的时候下地乱跑。

他们也会孩子气十足，会大哭大笑，会莽撞冲动，但是行为举止却非常有分寸底线，甚至内化成一种无意识的习惯。我曾经看到过一个三四岁的孩子不知道因为何事哭得上气不接下气，但是咳嗽的时候依然记得用手肘掩住鼻子，抽抽噎噎地说话时，依然会用礼貌用语。

在美国和加拿大一共待了九年多，我基本没在公共场合看到过特别惹人烦的熊孩子，偶尔有，也会被在旁边紧紧盯着的家长消灭在萌芽中。

而让孩子有这么好的教养，并不需要打孩子，美国的父母不光不打孩子，连厉声斥责都很少，和孩子说话从来都是温温柔柔的，但是对该有的原则却异常坚持，如果孩子在公共场合行为举止欠妥，又拒绝改正，家长一定会不顾孩子哭闹把他带离现场，让孩子知道他的行为不被接受。天长日久，不用打骂，孩子就知道不该做什么。

所以说，这世界上哪有什么熊孩子，所谓"孩子小""不懂事""太淘气""管不了"，都是推脱责任的借口。

每个在公共场合喧哗、搞破坏、骚扰他人的熊孩子背后，都站着一对不负责任的父母，他们害怕孩子反抗和哭闹，不想承担对孩子管教的重任和压力，于是放弃了自己作为父母的权威，把本该在家庭里就解决的问题踢到了社会上，让公众来承担教育成本，这才导致了种种"熊孩子闯祸"事件。你看在那些事件里，有哪个孩子是父母监管到位的？

当然了，即便是在中国，这样放任孩子为所欲为的熊父母肯定也是极少数，大多数父母还是希望自己的孩子懂事得体有教养。但是，一提到管教孩子，很多中国父母除了打屁股和吼一顿，好像就没有其他手段了。其实打骂是最差劲的管教方式，你越是用肢体和语言暴力来"修理"孩子，孩子越会从你身上学到这种行为，他会认为施加肢体和语言暴力是没问题的，爸爸妈妈都这样做，而我现在之所以不能这么做，是因为我相对爸爸妈妈还太弱小，当我找到比我弱小的家伙时，我就可以用暴力发泄我的情绪或者命令控制他了。

所以，有的父母越是"管教"孩子，越是让孩子的行为问题变得更严重。

那么，不打不骂如何管教孩子？有些父母总觉得这太难了，但这在美国只是日常情况。

其实哪里有什么妙招，都是日复一日坚持下去的笨功夫：

1. 行动起来，别怕孩子哭。规矩就是规矩，底线就是底线，无论孩子如何哭闹，做侵犯他人的事情就是不被允许的。一旦看到孩子做出打人抢东西等不妥行为，请闭紧嘴巴，第一时间用行动阻止，把孩子带离现场，等孩子情绪平复之后，再开口和他讲道理。

2. 批评孩子的行为，但是要爱孩子。蹲下身子，直视孩子的眼睛，用平静的语气告诉孩子，你是个好孩子，妈妈爱你，但你这个行为是不对的，需要改正，不可以这样做，如果再这样做，妈妈就只好带你离开这个地方了。

3. 重复一百遍。不要指望孩子被教育几次就能改正坏行为，孩子做出某些不妥行为是因为年龄特点，需要进行几个月甚至几年的教育才能真正有效。切莫着急，在孩子心灵里种下一颗善意的种子，等时间静静流淌，孩子一定会变好。

总而言之，还是那句话：行为温柔，态度坚定，缺一不可。如果你行为温柔，态度不坚定，娇惯出一个无法无天的熊孩子就是妥妥的！如果你行为很暴力，态度却不坚定，那就是纸老虎，吓不住孩子，孩子很快就会学会用哭闹、撒娇、自残、不吃饭、当众耍赖、找救兵等各种方法来搞定你。如果你态度坚定，行为方式却很暴力，孩子可能一时在你面前懂规矩，但是这样会严重损害亲子关系，孩子要么习惯压抑自己，畏缩懦弱，要么变得乖张暴戾，一眼看不到就完全失控。

在中国，舆论总是更多地把焦点集中在熊孩子身上，说这样的孩子有多可恶。但其实在我看来，熊孩子现象只是父母管教不当的一个侧面而已。中国的很多父母不懂得科学方法，总是倾向于简单粗暴地对待孩子，对孩子的管教呈现一种两极分化的状态：

要么完全放任不管，孩子完全不知道边界和规则，变成无法无天的熊孩子；要么管得太死，把孩子管到一种害怕父母的程度，压抑自己的情绪，伪装成一副乖巧懂事的样子，做什么都要看父母眼色，失去了孩子应有的活泼和童真。

这两种方式都是不对的。

愿每个父母都能修炼自己，不单要管孩子，还要用正确科学的方式来管。愿我们的孩子都能早早地清楚边界和底线所在，习惯用善意待人，在社交中获得快乐；更愿他们能在爱与鼓励中成长，可以拥有放肆的笑容和疯狂的念头，有孩子该有的样子。

快乐教育和"鸡血"推娃，两者其实并不矛盾

很多国内的家长对欧美国家的教育有一种很深的刻板印象，觉得这些发达国家奉行快乐教育，小孩整天都在玩，根本不学习。这几年，有很多文章也在搞反转：其实快乐教育是对穷人制造的骗局，发达国家中产阶级和上层父母也很焦虑，天天逼着孩子偷摸使劲学，把孩子忙得都没觉睡呢！

对于这种反转，国内的广大焦虑父母也喜闻乐见，感觉我不是一个人在战斗，既然全世界负责任的父母都在推娃，那我就放心了！

橙子作为一个加拿大私校小学生的母亲，在这里要负责任地澄清一下：以上这两种理解都是非常片面的。

欧美国家的小孩整天在玩，感觉很快乐是真的，家长整天忙着推娃也是真的，但是这两者一点都不矛盾啊有没有！

既能快乐又能学习，这真的能做到吗？

亲身体验过北美这边的教育方式后，我可以确定地说，能！真的能做到，骗你是小狗！那些推娃推得自己崩溃娃也崩溃的父母，根本没有掌握推娃的正确姿势好吗！

很多家长推娃痛苦，是因为他们总喜欢把最复杂的任务留给孩子，把最简单的任务留给自己。

譬如教孩子认字，传统方法下，父母的任务很简单，发号施令——"今天把这些背下来"，并且监督孩子执行。

可孩子的任务如下：

探索记忆的方式方法；

探索把这个字和其他字区分开的方式方法；

控制自己集中注意力；

控制自己感到无聊的情绪；

激励自己的意志力；

抵御来自父母的各种压力和情绪；

如果一时背不下来，还要努力克服自卑以及自我否定……

这得多神的孩子，才能每次都把这些事做得很好呢？

这相当于你命令孩子盖一座大楼，从设计到施工都让孩子负责，你只负责质检啊有没有！你觉得这对劲吗？

给孩子布置学习任务，恰恰要倒过来，复杂的任务由大人来完成，只给孩子简单的任务，不要让孩子盖楼，而要让他搬砖，让他不知不觉地搬着搬着，就把大楼盖好了。

还拿认字这事来说，举个我家毛头的例子，英语里有很多单词是需要死记硬背的，就是所谓的"sight word"，有200多个，毛头是怎么背的呢？

他从学校带回家一沓子十几张小卡片，每个卡片上有一个单词，让我每天挨个拿给他认，认识的卡片就给他，不认识的卡片再认一遍，再有不认识的就再来一遍，直到全都认识为止。第二天再把所有卡片拿出来让他认，可能忘了一大半，没关系，像第一天那样过一遍，直到有一天，这些卡片上的单词一遍就全都认识了。然后，毛头就把这十几张卡片拿回学校还给老师，再领十几张卡片回来，说这是level 2（第二级）的单词，然后是level 3（第三级）、level 4（第四级）。就这样，过了俩月，他就把所有的sight word倒背如流。背单词居然如此简单，毫无痛苦啊！

同样是背单词的任务，为什么这个过程就看起来这么轻松，让孩子没压力呢？因为老师把"背"这个任务怎么执行详详细细地告诉孩子了，孩子只是无脑地执行命令而已，所以做起来一点压力都没有，也不累。孩子接受度高，自然就背得快。

这才是一个教育者要做的事情：**把一个复杂的大任务拆分成多个非常容易做到的小任务，让孩子感觉很容易就能完成。**

这个思路也适用于完成其他学习任务。

譬如学做数学题，就可以拆分成简单任务，让孩子学会10以内的加减法这个任务太大了，所以要使劲拆分。

今天只解决X+1的问题，只做五道题：1+1=？ 2+1=？ 3+1=？ 4+1=？ 5+1=？ 这个任务就简单多了吧！

明天再学X+2的问题，也只做五道题，多学几天，10以内的加减法是不是就都学会了？

再譬如练钢琴，让孩子弹好这首曲子不出错，这个任务太复杂了，应该给孩子"今天把这首曲子弹三遍"这样的任务，不必一定让孩子练到不出错，只要孩子肯每天坚持弹，错误自然会慢慢消失。

毛头原来每天都有一项作业，叫作"5+5"，意为默读五分钟，朗读五分钟，这学期变成了"10+5"，时间也很短。因为是简单任务，小朋友觉得容易，也很愿意坚持，反正不管读得多慢，读错了多少字，都可以忽略，读了就行。

虽然我一开始觉得这种程度的练习和玩儿一样，但是绳锯木断，水滴石穿，坚持了半年多，孩子的阅读能力肉眼可见地越来越好。

我才明白，传说中醍醐灌顶的"顿悟"都是骗人的，**真正的学习是要相信时间的复利**，今天不行，明天再练，明天不行，后天再练，每天都做一点点，坚持把一块一块砖搬下去，就能把大楼建成。

只不过这样做对教育者要求很高，如果学习中孩子执行的是简单任务，那教育者就要执行复杂任务了：要为孩子设计拆分出适合他水平和能力的小任务，每天不能忘不能偷懒，要统筹安排每个任务，把日程安排好，坚持提醒并监督孩子去做，还要克服自己的焦虑心理，耐住寂寞，不能给孩子施压，更要控制住自己的脾气，孩子做错了，也不能生气崩溃……

虽然这种学法会让父母很累，孩子学得相对慢，准确率也不那么高，但是你会收获一个积极好学、有成就感、可以坚持、喜欢探索未知领域的孩子啊，不是很值得吗！

我可以确定我家毛头并不是什么智商超群的孩子，他现在上二年级了，可以看整本都是字的故事书，可以写上百字的作文，可以心算200以内的加减法和20以内的乘除法，各种天文地理、物理化学杂七杂八的知识更是随口就能说出来一堆。

我知道这可能就是国内同龄孩子的一般水平，可能还差一点，问题是他是在完全没有压力的情况下开开心心地学成这样的，我没见他死记硬背过一个单词，记不住就明天记，也没见他抓耳挠腮地死磕过一道习题，不会就下次再试试看。他总是对自己迷之自信，觉得自己很聪明，一定能学会。

我和娃爹没给他开过学习方面的小灶，顶多就是提醒他做作业，迄今都是他自主学习，从小这么死倔的孩子，到现在居然对学习没有丝毫抵触情绪，非常喜欢去学校，这也打破了我认为"学习必须要刻苦"的固有观念。所以，欧美国家的孩子是很快乐，但是快乐并不代表放羊不学习，其实他们每天学很多很多东西，只不过因为每个学习任务都很适合他们的能力，有非常好的可执行性，所以他们没有心理压力，不畏难，不自我怀疑，总是抱着积极的心态，自然就会让学习事半功倍。

我知道现在国内世道艰难，家长们很焦虑，孩子们竞争很残酷，但是你要懂得，学习这件事没那么简单，成绩好坏并不和流多少汗水泪水成正比，更多的时候是欲速则不达，家长越着急，孩子越学不好。

所以，各位虎妈虎爸，别吼孩子了，死磕自己吧！**想要有效推娃，先从给孩子定一个合理的小目标开始吧！**

图书在版编目（CIP）数据

最好的养育是不焦虑 / 橙子著 . -- 长沙：湖南文艺出版社，2021.1

ISBN 978-7-5404-9641-8

I. ①最… Ⅱ. ①橙… Ⅲ. ①家庭教育 Ⅳ. ①G78

中国版本图书馆 CIP 数据核字（2020）第 067805 号

上架建议：畅销·亲子家教

ZUI HAO DE YANGYU SHI BU JIAOLÜ
最好的养育是不焦虑

作　　者：橙　子
出 版 人：曾赛丰
责任编辑：刘雪琳
监　　制：于向勇
策划编辑：王　琳　刘洁丽
文案编辑：郑　荃
营销编辑：王　凤
封面设计：末末美书
版式设计：李　洁
内文排版：麦莫瑞
出　　版：湖南文艺出版社
　　　　　（长沙市雨花区东二环一段 508 号　邮编：410014）
网　　址：www.hnwy.net
印　　刷：旺源文化发展（天津）有限公司
经　　销：新华书店
开　　本：680mm×955mm　1/16
字　　数：255 千字
印　　张：21
版　　次：2021 年 1 月第 1 版
印　　次：2021 年 1 月第 1 次印刷
书　　号：ISBN 978-7-5404-9641-8
定　　价：58.00 元

若有质量问题，请致电质量监督电话：010-59096394
团购电话：010-59320018